中国经济文库

理论经济学精品系列（二）

河南师范大学学术专著出版资金资助

# 制度环境、对外直接投资对母国技术创新的作用机理研究

Study on the Mechanism of Institutional Environment, OFDI on Home Country's Technological Innovation

宋跃刚◎著

中国经济出版社
CHINA ECONOMIC PUBLISHING HOUSE
北 京

**图书在版编目（CIP）数据**

制度环境、对外直接投资对母国技术创新的作用机理研究／宋跃刚著．
北京：中国经济出版社，2017.11
ISBN 978－7－5136－5003－8

Ⅰ.①制… Ⅱ.①宋… Ⅲ.①对外投资—直接投资—作用—技术革新—研究—中国
Ⅳ.①F832.6 ②F124.3

**中国版本图书馆 CIP 数据核字（2017）第 287192 号**

责任编辑　焦晓云
责任印制　马小宾
封面设计　华子图文

**出版发行**　中国经济出版社
**印 刷 者**　北京建宏印刷有限公司
**经 销 者**　各地新华书店
**开　　本**　710mm×1000mm　1/16
**印　　张**　16.75
**字　　数**　248 千字
**版　　次**　2017 年 11 月第 1 版
**印　　次**　2017 年 11 月第 1 次
**定　　价**　68.00 元
**广告经营许可证**　京西工商广字第 8179 号

**中国经济出版社** **网址** www.economyph.com **社址** 北京市西城区百万庄北街 3 号 **邮编** 100037
本版图书如存在印装质量问题，请与本社发行中心联系调换（联系电话：010－68330607）

**版权所有　盗版必究**（举报电话：010－68355416　010－68319282）
**国家版权局反盗版举报中心**（举报电话：12390）　　**服务热线**：010－88386794

# 序　言

随着世界经济增长速度放缓，全球贸易保护主义泛滥，中国经济面临严峻挑战。要扭转国内经济“不平衡、不协调、不可持续”的局面，需培育新的经济增长动力、调整经济结构、转变经济发展方式。大转型时期，推动经济中高速增长的劳动力、资本、自然资源等传统动力出现一定衰弱，新生动力加快孕育成长。新旧动力正处在转变之中，我国经济增长的动力正从传统的要素驱动、投资驱动向创新驱动转变，创新成为经济发展的新引擎。

研究与开发（R&D）活动及技术创新是一个企业、产业、国家（地区）核心竞争力的决定因素。企业技术创新是国家创新的基础，产业技术创新与区域技术创新是国家创新系统的重要组成部分，国家创新能力是一国综合国力的重要组成部分，科技竞争力已成为国家之间综合国力竞争的关键。而技术创新能力的培育与提升绝非朝夕之功，而是由大中型企业、高等院校、研究机构等多主体共同参与的系统工程，是诸多创新基础因素与子系统耦合互动的过程。对技术要素尚欠优势的中国而言，要有效提升企业、区域、产业、国家层面的技术创新能力和全要素生产率，除了依靠自主研发和人力资本投入，一方面要依赖中国所进行的以建立市场经济为导向的制度改革与完善，另一方面要积极“走出去”，参与全球市场竞争。

在以往的研究中，许多学者分析了发展中国家跨国公司的对外直接投资行为，研究的重点是企业生产率高低和对外直接投资的区位选择，而有关中国企业对外直接投资成效的研究则相对较少。那么，中国企业是否应该“走出去”，应该如何“走出去”，又该走到哪些国家去呢？从理论与实践的角度对中国企业对外直接投资（OFDI）行为及其成效给出逻辑一致的解释，从而指导我国企业不断加快国际化进程，是目前政府职能部门与理论界亟待解决的重大理论与现实问题（李泳，2009）。随着“新增长理论”“新创新经济学理论”“新经济地理学理论”相继被引入技术创新理论，相关研究开始关注对外直接投资能否以及在多大程度上获得逆向技术溢出，是否促进了企业生产率的提高，以及技术创新能力的提升。目前，学术界对这一问题的研究较少，有限的研究结论也不一致。此外，中国是一个发展中大国，具有典型的区域发展不平衡特征，区域与产业层面的技术创新差异也较为明显。技术创新能力与全要素生产率在不同省份之间是存在溢出效应，还是集聚效应？上述问题的答案对中国能否跨越“中等收入陷阱”显得尤为重要。

与现有文献将制度环境、OFDI 逆向技术溢出效应和技术创新三者割裂开来研究不同，本书从制度环境入手，将三者纳入统一的分析框架，紧密围绕“制度环境、OFDI 对母国技术创新的作用机理”这一基本问题进行了一系列研究。具体而言，本书遵循从微观到宏观、由表及里、由浅入深的原则对以下几个问题进行了研究：第一，制度环境、OFDI 逆向技术溢出对企业、区域、国家层面技术创新的影响。第二，在微观层面，制度环境、对外直接投资对企业全要素生产率和技术创新能力的影响；在实证分析过程中，纳入空间相关性与空间交互作用后的结果如何。第三，在区域层面，制度环境、OFDI 逆向技术溢出对技术创新能力和全要素生产率的影响。第四，在国家层面，东道国制度环境（双边制度距离）、OFDI 逆向技术溢出对国家创新能力提升的效果。

传统的经济理论研究以单因素分析和时间维度为主，而现实的经济地理系统是一个复杂的系统，各要素之间相互关联、相互影响，如果在理论与实证分析过程中忽略空间集聚（溢出）效应与空间相关性，必然会导致回归结果出现偏误。首先，从企业、区域、国家层面分析制度环境、OFDI 逆向技术溢出对技术创新能力和全要素生产率影响的内在机理，并结合相关文献与逻辑演绎提出本书研究的假设命题与理论模型。其次，基于 1999—2007 年中国工业企业数据库与商务部对外直接投资企业名录匹配的

742764 条数据，运用 O－P 方法核算我国规模以上工业企业的全要素生产率（TFP），并在此基础上考察了制度环境、对外直接投资对企业全要素生产率和技术创新能力的影响，并采用空间计量分析方法对省域层面全要素生产率的空间交互作用进行了实证研究。最后，基于 2003—2013 年区域、国家层面的相关数据，运用空间数据探索分析（ESDA）和空间杜宾模型（SDM）分析了制度环境、OFDI 逆向技术溢出对技术创新的影响。

基于上述研究，本书得出以下结论：

第一，企业、区域层面的技术创新能力与全要素生产率在样本期间表现出显著的集聚效应。空间自回归系数 $\rho$ 显著为负，意味着技术创新能力和全要素生产率较强的省份并没有对周围省份的技术创新能力和全要素生产率产生正向辐射作用。另外，结合 Moran 指数的 $I$ 值，可以发现某些省份的技术创新能力和全要素生产率远高于周围省份，成为高值孤立区，而有的省份则成为低值空心区域。总体而言，技术创新能力和全要素生产率出现显著的极化现象，空间集聚效应大于空间溢出效应，导致不同省份之间技术创新的空间分异特征日趋明显，即考虑空间异质性和空间相关性后，技术创新能力与全要素生产率在不同区域的差异逐年扩大。

第二，制度环境、OFDI 逆向技术溢出可以显著促进企业及省域全要素生产率的进步。在微观层面：制度环境对企业全要素生产率的进步有显著的促进作用；国有、民营、外资企业的对外直接投资均显著提升了企业的全要素生产率；无论是向 OECD 国家还是向非 OECD 国家开展的对外直接投资，均可以提升企业的全要素生产率；研发加工型对外直接投资显著提升了企业的全要素生产率，且提升幅度最大，贸易销售与多元对外直接投资次之。在宏观层面：考虑空间交互作用与集聚效应，发现制度环境、OFDI 逆向技术溢出可以显著提升省域层面的全要素生产率，且省域全要素生产率总体上存在显著的集聚效应，即全要素生产率较强的省份并没有对周围省份的全要素生产率产生正向辐射作用，反而表现出显著的极化现象。制度环境有利于提升民营企业的全要素生产率，OFDI 逆向技术溢出则会对民营企业和外资企业的全要素生产率产生显著的正向影响，民营企业的全要素生产率表现出明显的极化现象。

第三，制度环境、OFDI逆向技术溢出可以显著提升区域技术创新能力，人力资本存量、研发资本存量是影响区域技术创新能力的主要因素。首先，利用动态面板数据模型的系统GMM方法进行实证分析，发现OFDI逆向技术溢出可以有效提升区域技术创新能力，东部地区OFDI对区域技术创新能力的提升效应最大，而中西部地区均不明显；其次，制度环境未能有效提升区域技术创新能力，但是东部地区和中部地区的制度环境对区域技术创新能力产生了显著的正向影响；最后，根据空间杜宾模型（SDM）的结果可以发现，制度环境可以显著提升综合区域技术创新能力；OFDI逆向技术溢出、人力资本存量、研发资本存量是影响区域技术创新能力的主要因素；省域层面的技术创新能力在样本回归期间存在显著的集群效应，而没有表现出邻近省份之间的空间溢出效应。

第四，东道国制度环境（双边制度距离）、OFDI逆向技术溢出可以显著提升国家层面的全要素生产率和国家创新能力。首先，东道国制度环境和双边制度距离均可显著提升我国的综合创新能力和全要素生产率；其次，OFDI逆向技术溢出可以显著提升我国的全要素生产率和综合创新能力；人力资本与国内研发资本存量仍然是影响我国全要素生产率和综合创新能力的最主要因素；吸收能力可以显著提升国家综合创新能力。

以上研究结论有助于我们深入了解制度环境、OFDI逆向技术溢出对技术创新非均衡发展影响的作用机制。另外，本书对技术创新理论的发展也具有一定的贡献：一方面，从空间相关性和空间异质性视角研究技术创新能力和全要素生产率的非均衡发展，进一步拓展了技术创新的研究边界；另一方面，运用探索性空间数据分析（ESDA）和空间杜宾模型（SDM）分析制度环境、OFDI逆向技术溢出对技术创新非均衡发展的影响，进一步对空间效应进行了可视化和量化处理，这为相关领域开展空间效应系列研究打下了扎实的基础。

# 目　录

# 1 绪 论

## 1.1 研究背景

### 1.1.1 现实背景

技术创新能力是决定一国在国际竞争中成败与否的关键因素(Grossman & Helpman,1991)。随着国际金融危机的蔓延与经济全球化的冲击,世界各国纷纷进入依靠创新繁荣实体经济的深度调整时期,创新全球化加速了人才、技术等创新要素的跨国流动,这不仅为我国技术创新能力的提升带来了良好机遇,而且带来了严峻挑战。为在全球大调整、大变革中掌握主动权,中国必须加快提升技术创新能力,从引进模仿创新向自主创新、集成创新转变,从跟随者向领导者转变,抢占技术创新的制高点。我国经济进入转型时期,经济增长的动力正从传统的增长点向新的增长点转变,经济发展方式正在从规模速度型粗放增长向质量效率型集约增长转变,经济结构正从增量扩能为主向调整存量、做优增量并存的深度调整转变。随着工业化进程的加速推进,原材料、用工成本、环境保护成本逐年上升,迫切需要依靠技术创新来缓解资源能源与生态环境的约束,集中解决经济长期高速增长所带来的突出矛盾和主要问题。目前,我国技术创新能力和技术创新效率仍处于较低水平,进一步提升我国技术创新能力和技术创新效率具有重要的现实意义和理论意义。

技术创新活动是由大中型企业、高等院校、研究机构等多主体共同参与的系统工程。由于自身的复杂性,技术创新主体在技术创新活动过程中存在合作与协调等诸多问题，因此，一系列组织和制度因素成为影响技术创新活动的新因素。在相当长的一段时期内，技术创新都是在特定的制度环境中进行的，制度环境决定着企业技术创新模式与资源配置效率，并通过“扩散机制”和“市场竞争机制”直接或间接影响技术创新能力。节约交易成本的制度框架、制度安排以及制度创新，将直接影响国家、区域、产业、企业层面的技术创新能力和全要素生产率。我国从 20 世纪 80 年代开始实施的市场经济体制改革从本质上说就是制度变迁①的过程，制度环境的改善提高了资源的配置效率，降低了交易成本，已经成为我国经济持续健康发展的关键动力。2016 年 5 月，中共中央、国务院印发的《国家创新驱动发展战略纲要》中指出，要把制度创新与科技创新作为推动经济持续健康发展的第一动力，推动我国社会主要市场经济体制不断完善，加快创新型国家建设，实现制度创新与科技创新的有机统一。因此，分析制度环境对技术创新的影响具有重要的战略意义。

在经济全球化背景下，技术创新能力的提高一方面源于企业内部的自主技术创新，另一方面来自于参与全球市场竞争获得的国际 R&D 技术溢出。全球创新活动主要集中在科技资源发达的国家或地区。充分利用国际 R&D 技术溢出已经成为提升我国技术创新能力的重要途径。改革开放以来，我国通过“以市场换技术”战略吸引来的外商直接投资在一定程度上提升了我国的技术创新能力，但外商投资企业对我国一直严格封锁核心技术。随着我国整体技术创新能力的提升，成熟的技术已无法满足我国经济社会发展的需要，我国的跨国公司必须走出国门，开展对外直接投资，通过在海外建立产品设计与研发中心，利用技术合作、战略联盟以及跨国并购等方式构建研发资源平台，并利用企业内部机制向母公司转移和扩散先进技术，促进母公司生产率进步与技术创新能力提升，同时使这些先进技术在母公司所在国的企业间扩散和再创新，才能最终提升企业、区域乃至整个国家的技

① 制度变迁是指一种关于制度的转换、交易、替代过程的理论，是制度环境的动态变化过程。本书对制度变迁和制度环境不做严格区分。

术创新水平。

进入21世纪,全球对外投资体系发生了显著变化,对外直接投资流入与对外直接投资流出相互作用,从传统的发达国家向发展中国家投资、发达国家向发达国家投资,转变为发展中国家向发展中国家投资、发展中国家向发达国家投资。随着"走出去"战略的实施,以及各项配套设施的逐步完善,越来越多的中国跨国公司开始走出国门,中国对外直接投资的行业、范围在逐年扩大,对外直接投资的质量在逐步提高,对外直接投资的存量与流量也开始大幅增长。截至2014年底,中国1.85万家境内投资者在全球186个国家共设立了2.97万家境外企业,对外直接投资流量从2003年的28.55亿美元增加到2014年的1231.2亿美元,连续3年位居全球国家(地区)的第3位,对外直接投资存量在2014年底达到了8826.4亿美元,境外资产总额在2014年底达到了3.1万亿美元(中国对外直接投资公报,2014)。中国对外直接投资数量和金额的大幅度增加,已经成为促进中国经济增长的重要因素。我国不仅成为吸引外商直接投资最多的发展中国家,也成为对外直接投资最多的国家之一。

欧美国家的经验已经表明,对外直接投资可以显著提升母国的技术创新能力和全要素生产率(Gazaniol & Peltrault,2013;Yang et al.,2013)。然而,我国国内企业的技术水平和"吸收能力"与发达国家相比,仍然存在一定差距。中国如此大规模的对外直接投资能否产生逆向技术溢出效应?如果存在逆向技术溢出,逆向技术溢出的大小又如何?OFDI逆向技术溢出能否提升技术创新能力和全要素生产率?我国东、中、西部之间经济发展水平与技术创新能力存在巨大的差距,各地区都能享受到逆向技术溢出带来的益处吗?从实践上对上述问题给出逻辑一致的解释,以便对迅速兴起的中国跨国公司国际化进程提供指导,已经成为学术界和相关职能部门必须面对的重大现实问题。

### 1.1.2 理论背景

技术创新能力的提高一方面依赖于广泛使用先进的技术生产设备、从事自主研发活动、参与全球价值链并不断向价值链的高附加值环节攀升、参与全球市场出口获得“出口中学习”效应,另一方面更要依赖我国所处的以建立社会主义市场经济体制为导向的制度环境的改革与完善(张杰等,2011;吴延兵,2006;成立为和孙玮,2012)。中国正处于从计划经济向市场经济转型的过程中,随着改革开放的深入,各级政府加快了制度改革与制度创新的步伐,逐渐从计划型政府转变为市场型政府、从决策集权型政府转变为民主参与型政府、从权力集中型政府转变为分散的多中心政府。由于政治传统、经济结构、社会性质、历史文化等原因,制度环境在我国不同地区间存在较大差异。这种具有地域特色的制度一方面决定了区域经济主体的行为,另一方面影响着制度变迁的方向,进而会影响各个区域的技术创新能力甚至经济增长方式。因此,从理论上分析区域制度环境差异对提升企业技术创新能力和企业全要素生产率的作用意义重大。

随着经济全球化进程的加速,任何一个国家都不可能也没有必要完全依靠自身力量去解决所有的技术难题,也不可能形成长期技术垄断。因此,各国应充分利用外商直接投资(FDI)、国际贸易、对外直接投资(OFDI)等渠道产生的国际R&D技术溢出,提升技术创新能力和全要素生产率。中国大规模的对外直接投资行为发生在加入WTO以后,学术界在相当长的一段时间内主要关注外商直接投资和国际贸易等渠道获得的国际R&D溢出。我国大规模的对外直接投资是否以及在多大程度上产生了逆向技术溢出引起了国内外学者的广泛关注,虽然国内外学者已经从理论上证明,相较于FDI和国际贸易渠道,发展中国家的跨国公司对发达国家的对外直接投资是快速获取国际R&D技术溢出、提升母国技术创新能力的另外一种有效方式(Pradhan & Singh,2009;赵伟等,2006;邹玉娟和陈漓高,2008;白洁,2009;李梅和柳士昌,2012),但中国对外直接投资是否提升了母国的技术创新能力,相关实证结论却存在较大分歧。有些学者的研究结论显示:中国的对外直接投资的确存在显著的逆向技术溢出,可以有效提升母公司乃至整个区域的技术创新能力。

赵伟等(2006)利用1985—2004年中国对外直接投资的数据验证了对

外直接投资的逆向技术溢出效应,实证结果表明,对外直接投资对中国国内企业技术提升的影响逐渐显现。邹玉娟和陈漓高(2008)认为,中国对外直接投资规模的逐年扩大必然会影响母国的技术进步,并利用1986—2006年的相关数据检验了全要素增长率与对外直接投资增长率之间的关系,实证结果表明,二者存在同步关系,这就意味着随着"走出去"战略的实施,对外直接投资增长率会提升全要素生产率。李梅和柳士昌(2012)基于2003—2009年的省际面板数据,采用系统GMM估计方法分析了我国OFDI的逆向技术溢出效应,并检验了影响OFDI对TFP和各种吸收能力因素的门槛特征。实证结果表明,OFDI逆向技术溢出存在显著的区域差异,东部发达地区逆向技术溢出效果要优于中西部地区。沙文兵(2012)基于省际面板数据,分析了OFDI的逆向技术溢出对国内创新能力的影响,结果表明,OFDI逆向技术溢出效应对以专利授权量为代表的区域技术创新能力产生了显著的正向影响。

而另外一些学者的研究结果表明,对外直接投资并没有显著提升投资母国的技术创新能力和全要素生产率。白洁(2009)基于1985—2006年中国对14个国家和地区的对外直接投资数据,运用L-P模型测度了对外直接投资获得的国际研发资本存量,通过实证分析对外直接投资对全要素生产率的影响,得知对外直接投资逆向技术溢出与全要素生产率提升存在正相关关系,但回归结果并不显著,其原因可能是技术获取型对外直接投资的规模和比例较小、对外直接投资主要集中在非技术密集型产业等。陈菲琼等(2013)基于2003—2010年的省际面板数据,通过在L-P模型中引入技术吸收能力和通过OFDI获得的国外研发资本存量的交互项,检验了OFDI与区域技术创新之间的关系。实证结果表明,OFDI无法显著提升我国的技术创新能力。

国内外很多学者分析了对外直接投资对母公司技术创新的影响,但结果却莫衷一是,可能的原因是在方法、数据、视角等方面存在差异。首先,中国的技术创新具有典型的区域发展不平衡的特征,这不仅表现在时间上的前后连续性,在空间上(横向)也存在相互关系,即具有明显的空间依赖或者空间相关特征，若忽略这种空间相关性的影响，必然导致估计结果出现偏误。因此，在实证分析过程中必须考虑空间集聚（溢出）效应和空间相关性。前人的研究由于计量方法和数据获取方面的限制，采用空间计量分析技术创新的论文较少，导致研究结论存在较大差异。其次，现有文献在衡量技术创新能力和技术创新效率时，普遍使用专利申请受理数量（批准量）和新产品销售收入作为指标（欧阳艳艳，2010；沙文兵，2012；陈菲琼等，2013），但这种做法在逻辑上等同于用创新绩效来衡量技术创新能力，显然这两者应属于不同的研究范畴。另外，现有研究在分析对外直接投资逆向技术溢出对技术创新能力的影响时，大多没有将吸收能力纳入研究框架。最后，相关文献中"国外研发资本存量"的测算公式以对外直接投资与投资东道国 GDP 的比值作为权重，但该做法的假定过于严格，加之不同作者对折旧率的选取标准不同，导致 OFDI 逆向技术溢出效应检验得出的结论存在较大差异。

针对上述问题，首先，本书在实证分析过程中，利用空间面板数据模型分析了制度环境、OFDI 逆向技术溢出对技术创新能力的影响。空间面板数据模型同时考虑了空间依赖和空间自相关特征，并控制区域单元之间的个体异质性，提高了回归模型的一致性与准确性（LeSage & Llano，2013）。其次，针对技术创新能力与技术创新效率指标的选取问题，技术创新能力测度方面，从技术创新的投入能力、产出能力、扩散能力、环境支持能力四个方面衡量技术创新能力，以期更为全面地反映各地区的实际技术创新差异；创新效率的测度方面，根据企业层面、区域层面、国家层面的实际状况，分别采用 O－P 方法、增长核算方法测算相应的技术创新效率。另外，本书在研发资本存量折旧率的测算方面，结合世界银行与 *OECD Factbook* 2014 公布的数据，以及各国的实际情况，选择恰当的折旧率。最后，与现有文献将制度环境、OFDI 逆向技术溢出效应与技术创新三者割裂开来研究不同，本书从母国制度环境入手，创新地将三者纳入统一的分析框架，回归结果更符合现实情况。

综上所述，本书在分析制度环境、OFDI 逆向技术溢出对技术创新非均衡发展的影响时，将空间集聚效应与空间溢出效应纳入分析框架中，为研究技术创新提供了一个崭新的视角。对中国这样的发展中大国而言,如何有效地借助 OFDI 获得国际 R&D 技术溢出,为我国自主创新能力的提升以及产业优化升级提供外源性的助推作用,无疑具有重大的理论价值。

## 1.2 研究问题

基于以上现实与理论背景,本书对“制度环境、OFDI 逆向技术溢出对母国技术创新的作用机理”这一问题进行了一系列研究。

第一,探究了制度环境的内涵演进与理论发展,构建了“中国化”的制度环境指标体系。

诺斯在其著作《制度、制度变迁与经济绩效》中指出,制度在一国经济发展中发挥基础性作用,是决定长期经济绩效的根本因素。制度环境更是解释过去 250 年经济增长的核心变量,制度环境差异而非要素禀赋是解释穷国和富国之间差异的重要变量,是一国比较优势的重要来源和诱发国际直接投资的因素(Belloc & Bowles,2011;Acemoglu et al. ,2011),也是导致技术创新在国家、区域、企业层面非均衡发展的主要原因(宋跃刚和杜江,2015)。因此,考察制度及制度环境的内涵演进与理论发展是研究技术创新非均衡发展的重要内容。本书在充分借鉴国内外学者研究成果的基础上,进一步明确了制度及制度环境的内涵演进,深入探讨了“中国化”制度环境指标的构建,从而为理论探讨与实证分析打下了扎实的基础。

第二,深入剖析制度环境、OFDI 逆向技术溢出对技术创新非均衡发展影响的内在机制。

中国区域制度环境处于不断的发展变革当中,制度改革是中国经济持续健康发展的根本动力,技术创新是企业生存和发展以及保持持续竞争力的源泉。技术创新活动是一项多部门共同参与的系统工程,在运行过程中必然存在协调与合作等诸多问题,因此,组织和制度因素成为影响企业技术创新的新因素。那么,制度环境影响技术创新能力的内在机制是什么?另外,OFDI 按照投资方式的不同可以分为绿地投资和并购投资,但是考虑到两者的重要性以及篇幅的限制,本书将主要从绿地投资视角分析我国跨国公司从东道国获得 OFDI 逆向技术溢出，进而提升技术创新能力的内在机理。

第三，在微观层面，制度环境、对外直接投资是否提升了企业的全要素生产率，纳入空间相关性与空间交互作用后的回归结果是否有显著变化。

哪些具体的制度因素真正推动了我国工业企业的技术创新能力提升与全要素生产率进步？国内多数研究采用宏观数据来分析此类问题。然而，企业的生产率进步与技术创新始终是微观企业的行为，本书从微观数据切入，弥补和改善了之前研究存在的不足，更具有现实意义。本书从制度环境、OFDI 逆向技术溢出与全要素生产率进步的理论探索与多维要素出发，建立了全要素生产率进步与制度环境、OFDI 逆向技术溢出的分析框架，从规范经济研究与新经济地理学理论相结合的新视角分析了制度环境、OFDI 逆向技术溢出与全要素生产率进步的关系，并创新性地将面板数据分析与空间计量分析方法应用于实证分析。

第四，在区域层面，制度环境、OFDI 逆向技术溢出是否提升了区域技术创新能力，考虑空间自相关性与空间异质性的回归结果是否会改变。

跨国公司能否通过 OFDI 快速获取新技术、提高竞争力，关键在于跨国公司能否以及在多大程度上获得逆向技术溢出效应。跨国公司通过 OFDI 能否获得逆向技术溢出效应？迅速增长的对外直接投资能否促进母公司所在国的区域技术创新？由于数据的可获得性和计量软件应用的限制，在实证分析过程中，从空间视角分析制度环境、OFDI 逆向技术溢出对区域技术创新能力影响的研究较少。随着新经济地理学与新增长理论的兴起，以及空间计量经济学、空间统计的逐步发展，从空间计量经济学视角分析制度环境、OFDI 逆向技术溢出对区域技术创新能力的提升作用，为本书研究提供了一种新的思路。

第五，在国家层面，东道国制度环境（双边制度距离）、OFDI 逆向技术溢出是否提升了国家层面的技术创新能力和全要素生产率。

东道国良好的制度环境以及中国与东道国之间的制度距离能否提升国家创新能力和全要素生产率？大规模的对外直接投资已经成为促进中国经济增长的重要因素，OFDI 逆向技术溢出能否促进国家创新能力和全要素生产率提升？上述问题的解决，有助于提升中国在全球价值链中的地位，同时会促进中国经济结构转型以及产业优化升级。

## 1.3 核心概念辨析及厘定

### 1.3.1 技术创新

著名经济学家熊彼特在1912年发表的著作《经济发展理论》中首次使用“创新”这一概念，认为创新是生产要素的重新组合，是一国经济持续增长的动力。熊彼特又先后于1939年和1942年出版了专著《经济周期：资本主义之理论的历史与统计分析》和《资本主义、社会主义和民主主义》。这两本专著中引入了颠覆性技术和创造性破坏等概念，进一步补充和完善了创新理论，强调创新是以创造性破坏为推动力的动态竞争过程。

技术创新是指企业按照市场需求将科技成果转化为商品并首次实现其商业价值的动态过程（江旅安，1997）。技术创新的定义重点强调以下三个方面：首先，企业是技术创新的主体；其次，技术创新是以市场为导向、以效益为中心的双向作用过程；第三，技术创新成功与否的主要标志是首次实现商业价值。技术创新按照层级可以分为企业技术创新、区域技术创新和国家技术创新。

#### 1.3.1.1 企业技术创新

同一技术在生产力发展水平较高的国家（地区）可能并不被视为创新，而在生产力发展水平较低的国家（地区）进行商业化则可能是一种创新，因此，企业技术创新概念的界定必须密切结合一国（地区）的生产力水平。结合我国企业目前技术贡献率偏低、投入产出综合效益不高的现状，企业技术创新的含义应当包含以下几点：①企业是技术创新的主体和行为者，一项技术发明必须经过企业创新才能真正成为商品。②企业是市场与新技术、新发明的结合点。③企业技术创新有首次技术创新和模仿技术创新两种形式。首次技术创新是指率先将技术发明商业化的企业行为过程（技术发明可以是企业自身完成的，也可以是别的企业或部门完成的），重点强调企业首次将技术发明商业化，而不考虑技术的提供者是谁；模仿技术创新是指技术发明已经被国内外其他企业率先成功商业化，而国内后继企业通过技术引进、消化、吸收、模仿、改进等方式进行创新并实现商业化的过程。④企业技术创新的内容包括新产品开发、工业创新、新设备及其引进、技术整合以及产品新造型等。

#### 1.3.1.2 区域技术创新

为了更好地理解区域技术创新的概念，首先要理解区域创新的概念。区域创新是指区域创新系统通过创造性地集成创新资源，在特定区域内形成新的能力集，表征了创新要素在特定区域内的集聚、整合及其对持续创新的推动能力。

国内外学者从不同视角定义了区域技术创新，本书参考相关定义（迈克尔·波特，2002；邵云飞和谭劲松，2006；党兴华和弓志刚，2013），从区域创新系统的层次性特征出发，认为区域技术创新是区域创新的一个子系统，具体是指在区域创新系统内，以提升区域竞争力为目标，以促进区域经济发展为动力，充分发挥企业、研发部门（高校与科研机构）、政府部门、中介机构等行为主体在新技术的创造、使用及扩散过程中的积极性与主动性，运用各种方法高效、合理地配置科技人力、资金、技术等创新要素，将技术创新方法转化为新服务、新产品、新工艺的综合能力。区域技术创新是由知识创新能力、知识获取能力、企业技术创新能力、创新绩效等多因素构成的一个复杂系统；区域技术创新的主体包括企业、研发部门（高校与科研机构）、政府部门、中介机构等；区域技术创新是一个综合性的开放系统，其效率与功能不仅取决于行为主体的运行机制，也取决于行为主体的交互作用及结合方式。

#### 1.3.1.3 国家创新能力

经济合作与发展组织（OECD）在1997年的《国家创新体系》报告中指出，国家创新体系是由企业、研发机构（高校与科研机构）、政府部门、中介机构等创新要素有机联系、相互作用所组成的网络，它使社会经济与科学技术融为一体,从而有效提升国家创新能力与国家创新效率。国家创新能力作为国家创新体系研究的延续和深入，是国家创新体系绩效跨国比较的一种形式化方法，也是内生增长理论和技术创新理论在国家创新研究中的应用。

国家创新能力是指一个国家(地区)在相当长的一段时间内产生的创新性技术,以及将这种技术商业化所实现的知识价值创造与增值。国家创新能力反映了创新过程中的要素投入与制度安排。国家创新能力、创新人才的培养和提高与国家创新系统的良性运转密切相关(迈克尔·波特,2002)。国家创新能力是决定一个国家在世界格局和国际竞争中地位的重要因素之一。

区域技术创新是国家创新系统的重要组成部分,是国家创新能力与企业技术创新能力提升的桥梁。区域技术创新决策目标的制定过程,就是国家创新目标与企业技术创新目标相互融合与相互作用的过程。

### 1.3.2 OFDI 逆向技术溢出效应

在界定逆向技术溢出效应的概念之前,需要厘清技术扩散等相关概念。技术扩散是指利用各种路径传播先进技术的行为,按照传播动机,可以分为有意识的技术扩散和无意识的技术扩散两种。有意识的技术扩散是指自主技术传播行为,主要包括技术许可、技术转让、技术销售等;无意识的技术扩散是指无意识的技术传播行为。技术扩散的“溢出效应”提升了技术接收方的全要素生产率和技术创新能力,但技术扩散的外部性使其不能获得全部收益。技术扩散的范围越广,使用该技术的企业越多,其“溢出效应”越大。

“逆向技术溢出效应”主要发生在技术获取型对外直接投资当中,是指东道国的先进技术、研发成果等战略资源有意识和无意识地溢出到投资国企业的海外子公司(R&D 机构),利用跨国公司内部机制向母公司转移和扩散先进技术,使得技术溢出在投资母国竞争企业间扩散、模仿、创新,带来集聚效应,最终提升投资母国的技术创新能力和全要素生产率。21 世纪以来,中国对外直接投资逐年增多,越来越多的跨国公司通过向发达国家直接投资获得先进技术,这与传统的发达国家向发展中国家直接投资的技术溢出效应方向相反,因此,被称为"OFDI 逆向技术溢出效应",如图 1 - 1 所示。

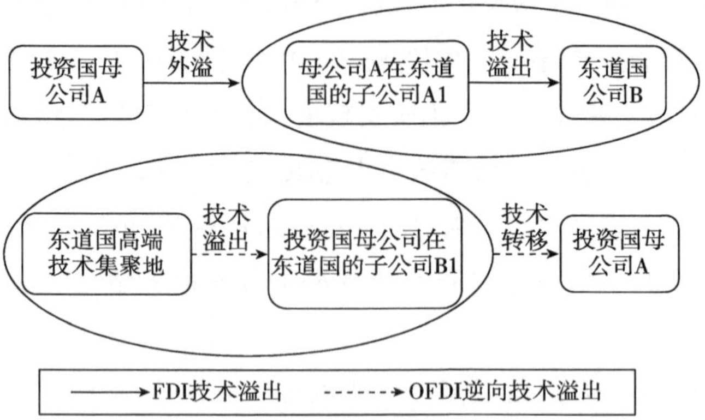


**图 1 - 1　OFDI 逆向技术溢出效应**

## 1.3.3　制度及制度环境的内涵与演进

### 1.3.3.1　制度的内涵与演进

最早提出"制度"这一概念的是以凡勃伦、康芒斯等为代表的当代制度经济学派。凡勃伦作为当代制度经济学的鼻祖,认为制度的本质是社会或个人对相关关系和某些作用的惯常思维和行为习惯。约翰・康芒斯是早期制度经济学派的另一代表人物,他强调制度的演化特征,将物品的分配视为产权的分配,认为产权转让应依据一定的规则进行,这样不仅可以减小交易双方的矛盾,还可以促进交易的顺利进行。因此,康芒斯认为,制度类似于规章制度或法律结构,是控制个人交易的集体行动。

随后,罗纳德・科斯等将交易成本等概念引入制度经济学,新制度经济学逐步兴起,并经过众多学者的深化与扩展,形成了交易成本经济学、委托代理理论、产权理论、不完全契约理论、关系型合约、经济史的新制度分析等众多流派。新制度经济学代表人物有科斯(Coase)、诺斯(North)、威廉姆森(Williamson)、阿尔钦(Alchian)等。与古典经济学强调通过竞争和专业化分工等手段来降低生产成本相比,新制度经济学派强调通过节约交易成本来降低生产成本。制度界定了交易的成本以及经济系统的形式,所以交易成本与所处的制度环境密切相关,制度成为新制度经济学研究的核心。

罗纳德·科斯在其1937年发表的论文《企业的性质》中提出了企业存在的原因和企业规模的决定因素。首先,企业存在是因为市场运行是有成本的,企业通过形成组织并允许某个权威"企业家"来支配资源达到节约交易成本的目的。当存在企业时,可以减少签订契约的数目,也可以用一个契约代替一系列契约。这也意味着市场的运行不仅涉及人与物的关系,还涉及交易过程中人与人之间的合作与协调。其次,科斯探讨了企业的规模问题,即企业必须扩大到企业内部组织交易的成本等于市场上公开交易的成本这一水平上,才能实现成本最低。

作为新制度经济学派的代表人物,诺斯(1990)在其著作《制度、制度变迁以及经济绩效》中对制度是这样定义的:"制度是一个社会的博弈规则,即制度是为决定人们之间的关系而制定出来的规则、守法程序与道德伦理规范,旨在约束追求效用或者个人福利最大化的个人行为。"同时,诺斯将制度区分为正式制度和非正式制度,并阐述了二者的实施特征:制度是指正式的约束,主要包括规章、法律、经济与政治规则等;非正式制度是指非正式的约束,主要包括风俗习惯、行为准则、道德规范、意识形态等。

Levchneko(2007)认为,制度是指包括政治体系、财产权利、投资者保护及合同执行等内容在内的一系列社会结构。他认为,制度就是合同的执行能力以及财产的保护力度等。

阿夫纳·格雷夫(Avner Greif)作为内生制度理论的集大成者,认为制度是信念、规则、组织与规范等共同作用并维系社会秩序所产生的系统,由"人为的非物质因素构成"。另外,格雷夫指出,并非所有的信念、规范、规则等都是制度因素,只有那些能够影响主体行为的因素才是制度要素。

青木昌彦(Masahiko Aoki)作为比较制度分析学派的代表人物,认为制度是共有信念的自我维护系统,是对均衡博弈的信息浓缩或概要表征。他如此定义制度,是想说明制度具有相互协助和制约的双重特性,从而解释了制度的刚性或稳定性。青木昌彦基于委托代理理论对参与人在不同领域之间的互动进行了深入分析，从而解释了制度的多重均衡的存在性和耐久性，并通过进一步分析人的信息处理能力和主观认识能力，指出制度是如何从多重路径中选择发展方向进而形成新的制度均衡的。

Alonso 和 Garcimartin（2013）基于阿夫纳·格雷夫的制度定义，进一步界定了制度，认为良好的制度能够激励参与主体从事高回报率的经济活动，保证分配的效率与公平，而较差的制度则会导致参与主体缺乏从事非生产性活动和参与社会活动的积极性。因此，良好的制度应当包括公信力（制度能否决定主体行为的规范性）、静态效率（制度能否激励主体参与降低成本的活动）、安全性（制度通过降低交易成本能否建立安全、稳定的社会关系）、适应性（制度能否预见社会变革且激励参与主体从事适应这些变化的活动）四个方面。

国内的学者也对制度进行了定义，并在相关研究中取得了一些成果。

林毅夫（2003）认为，制度一般是指制度安排，是管束特定关系和行动模型的一套行为准则。制度安排包括正式的制度安排和非正式的制度安排两种。正式的制度安排包括企业、工会、医院、政府等；非正式的制度安排包括风俗习惯、意识形态、价值观念等。

邵军和徐康宁（2008）将制度定义为制约人类交往的法律规范与行为规则。他们认为，制度最基础的方面是与产权、合同等有关的法律规则。另外，他们认为制度存在质量方面的差异，高质量的制度应当具有公信力和执行力，且体系完备。

本书在分析过程中主要采用诺斯的制度概念，内涵如下：

（1）制度与人的行为动机关系密切。制度是历史进程中人类行为的沉淀和积累，符合当时人们的利益，一旦形成，便具有历史惯性。

（2）制度是一系列习惯或规则的外在表现。习惯作为一种无形规则，与特定的社会进程或者文化模式联系密切，约束人们的行为；规则是制度的核心内容，具有很强的约束性和强制性。法律、法规、政策作为规则的重要组成部分，规范人类的行为与活动。

（3）制度中最基础、最重要的方面是产权制度。产权按照权能分为所有权、使用权、转让权和受益权。资源的稀缺性带来竞争冲突，为促进交易、降低交易成本,必须界定产权。产权是制度安排的基础,决定了参与主体之间的行为规范。经济主体的交换行为是围绕产权展开的。按照排他性程度,产权可以分为公有产权、私有产权及模糊产权等。其中,私有产权能够降低交易成本,激励产权使用者高效率地使用稀缺资源,促使经济活动的私人收益接近社会收益。

(4)交易成本是制度的核心概念。一切制度安排的目的都是降低交易成本,实现经济效益。制度通过界定盈利机会、传递信息,减少不完全信息和有限理性导致的机会主义行为和不确定性,降低相关交易费用。

#### 1.3.3.2 制度环境的概念界定

制度环境是指一系列用来建立生产、分配、交换基础的社会、政治以及法律规则。产权、支配权与合约权利的规则构成了经济环境的基本规则。作为一国的基本制度规则,制度环境中至关重要的是宪法与法律(诺斯,1994)。

#### 1.3.3.3 制度均衡的概念界定

制度是一种公共产品,资源的稀缺性和人们的有限理性决定了制度的供给是有限和稀缺的。随着个人和组织理性程度的提高,以及外界环境的变化,人们对新制度的需求逐渐增加,进而增加预期所获收益,当现存制度不能满足人们的需求时,就会发生制度变迁。制度均衡是指制度供给与制度需求在较短时期内出现相等的一种均衡状态。在一定时期内,制度具有稳定性;但从长期来看,制度非均衡是一种必然现象。一项制度不可能适应所有的环境,随着社会环境的变化,经济主体会对新制度、新规则产生需求,旧制度、旧规则要么进行自我创新适应新的社会环境,要么被抛弃。

#### 1.3.3.4 制度变迁的内涵

笔者认为,制度变迁是一种关于制度的转换、交易、替代过程的理论,是低交易成本、高效益的制度替代高交易成本、低效益制度的动态演进过程,也可以理解为更高效益制度的"生产过程"。诺斯等把制度变迁的动力归结于理性人对制度变迁收益与成本的对比,认为制度变迁的收益与成本的对比在推迟或者促进制度变迁的过程中发挥着关键作用,当预期收益大于预期成本时，行为主体才会推动制度的变迁。

### 1.3.4 空间集聚的内涵

空间集聚是区域经济活动最明显的特征，受到国内外学者的广泛关注（Krugman，1996；Duranton & Puga，2001；Henderson，2003；路江涌和陶志刚，2007）。全球范围内的产业空间集聚是经济发展到一定阶段的必然产物。

技术创新空间集聚是指技术创新活动在单个或者少数几个地理或者经济区域内的地理集中，创新能力较强或较弱区域在相邻空间范围内集中分布，并由此形成持续、强劲竞争优势的现象。

空间集聚作为区域组织的一种形式，可以提升集聚区域的经济发展水平和产业综合竞争力。空间集聚效应可以分为专业化效应和多样化效应，其中，专业化效应是指在某一区域相同或相关产业集聚产生的外部经济效应。多样化效应是指在某一区域多类产业集聚产生的外部经济效应。空间集聚已经成为区域乃至我国经济发展的重要模式，对我国经济发展具有重要的战略意义。

### 1.3.5 产业集聚的内涵

波特（Porter）在其著作《国家竞争优势》中将地理学领域的“产业集聚”概念引入经济学领域，认为一国生产率的提升与竞争优势的强化离不开专业化，专业化集聚必然形成产业集聚。产业集聚一方面可以降低交易成本，提高整体效率；另一方面可以改善跨国公司的创新条件，提升跨国公司的生产率。

产业集聚是指相关产业或不同类型产业在某区域内的地理集中，进而形成持续、强劲竞争优势的现象。产业集聚是目前发达国家主要的产业组织模式，是跨国公司对外直接投资区位选择的新趋势。Nachum 和 Keeble（2003）的研究结果表明，跨国公司要想在激烈的全球竞争中获胜，仅仅依靠内部获得的知识是远远不够的，还必须加入集群网络。相对于单个企业，产业集群拥有更为先进的技术、知识和管理技能，因此，海外子公司应当尽可能地融入东道国当地的产业集群，获得更多的资源与信息。

## 1.4 研究思路

### 1.4.1 技术路线

本书从空间计量经济学视角，试图通过整合空间集聚理论、空间溢出效应理论、探索性空间数据分析等众多领域知识，综合运用微观、区域、国家层面的数据，探索和验证制度环境、OFDI 逆向技术溢出对技术创新非均衡发展影响的作用机制，旨在揭示技术创新存在空间交互作用。本书的技术路线如图 1－2 所示。

第一，识别研究问题。笔者基于国家、区域、企业层面技术创新效率不高、缺乏创新动力与创新活力、知识产权保护环境较差、东中西部地区技术创新能力与技术创新效率存在巨大差异等一系列现实问题，识别出技术创新理论的研究切入点，据此提出本书的研究主题，即从制度环境和 OFDI 逆向技术溢出视角研究如何提升技术创新能力和全要素生产率。

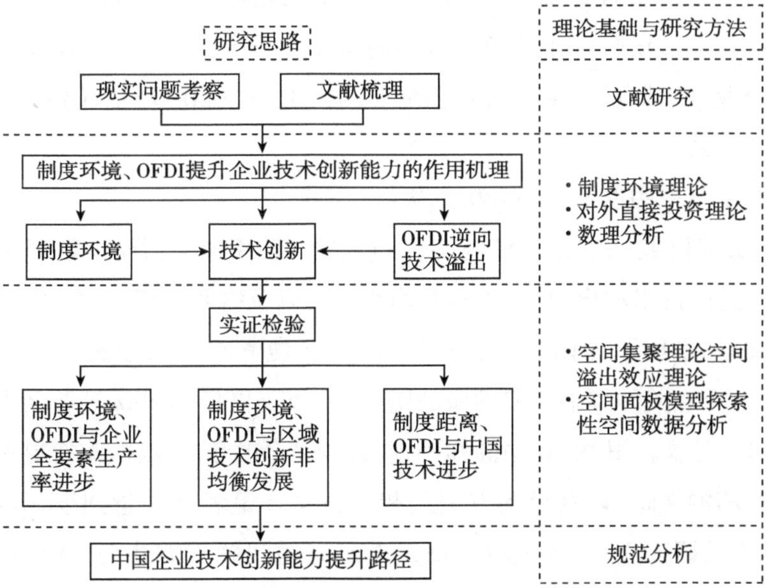


图 1－2 技术路线与研究框架

第二,理论演绎。在国内外相关研究的基础上,初步构建本书研究的理论模型,依次考察微观、区域、国家层面的制度环境、OFDI 逆向技术溢出对技术创新非均衡发展的影响机制,并通过归纳与演绎推理设定本书需要重点研究的问题。

第三,实证分析。在微观层面,基于 1998—2007 年中国工业企业数据库与商务部对外直接投资企业名录的匹配数据;在区域层面,基于 2003—2013 年各省区市统计年鉴、《中国科技统计年鉴》等数据;在国家层面,基于 2003—2013 年世界银行全球治理指标、《中国对外直接投资统计公报》等数据,阐明了制度环境、OFDI 逆向技术溢出对技术创新非均衡发展影响的作用机制,构建了制度环境、OFDI 逆向技术溢出、技术创新能力与全要素生产率等指标体系,并运用空间面板计量分析方法对相关理论假说予以验证。

### 1.4.2 研究方法

制度环境、OFDI 逆向技术溢出对技术创新非均衡发展影响的研究是一个跨学科与跨领域的交叉研究课题,需要综合运用多个学科的知识与多种研究方法。本书在探讨相关理论机制的基础上,利用空间杜宾模型(SDM)分析了企业、区域、国家层面技术创新非均衡发展与制度环境、OFDI 逆向技术溢出的关系。

本书主要采用以下几种分析方法:

(1)文献研究法。在选题与写作过程中,笔者收集、分析、整理制度环境、OFDI 逆向技术溢出、技术创新非均衡发展以及空间集聚与空间溢出效应的相关文献,采用了国内外文献相结合、广泛搜索与重点搜集相结合的方法。首先,重点关注本书研究领域的诺斯、阿西莫格鲁、Melitz 等著名学者的经典文献与论文。其次,在中国知网、谷歌学术等中英文数据库搜寻引用次数排名靠前的文献,以及最新发表的相关论文。笔者在大量阅读、分析、归纳、整理相关研究文献,确定本领域重点研究的问题与方法,并考虑可获取的微观与宏观层面的数据之后,结合中国的具体国情,提出本书研究的重点与研究思路。

(2)理论分析与实证分析相结合的方法。目前,从空间计量经济学视角研究技术创新非均衡发展的文献较少,少量研究仍停留在理论分析层面,尚未进入定量分析阶段。本书采用空间面板计量经济模型,将地理维度数据引入技术创新非均衡发展的估计当中,实证分析了制度环境、OFDI逆向技术溢出对技术创新非均衡发展的影响。常用的空间计量经济模型主要包括空间滞后模型(SAR)、空间误差模型(SEM)、空间杜宾模型(SDM)三种。与传统的普通最小二乘方法相比,空间计量经济模型的优点是,在回归过程中考虑了空间依赖或者空间相关特征,从而有效降低了偏误发生的概率。如果在实证分析过程中仅使用普通最小二乘法回归,得出的研究结果与推论必然不完整、不科学,缺乏令人信服的解释力。另外,针对相邻空间数据存在空间自相关导致估计结果存在偏差的问题,空间计量经济模型通过将空间相关性引入空间模型和恰当的参数估计,可以准确地测度空间相关性对技术创新非均衡发展的影响。

(3)微观、中观、宏观研究相结合的方法。在实证分析过程中,笔者首先采用了中国工业企业数据库与商务部对外直接投资企业名录的匹配数据;其次,采用了区域和国家层面的对外直接投资数据;最后,对相关研究假设进行微观、中观、宏观多个层面的检验。从多个层面检验制度环境、OFDI逆向技术溢出对技术创新非均衡发展的影响,一方面可以弥补单一层面数据特性的局限,另一方面也可以从不同层面进行佐证,保证回归结果的真实可靠。

(4)探索性空间数据分析(ESDA)方法。探索性空间数据分析将现代图形技术与统计学结合,用直观的方法展现空间数据中隐含的空间模式、空间分布以及空间交互作用等特征。探索性空间数据分析工具可以分为两大类:第一类是全局空间关联指标,分析区域整体关联性分布特征,包括全局莫兰指数$I$(Moran,1950)、盖里指数$C$(Geary,1954);第二类是局部空间关联指标,分析区域内各个地域单元之间的关联性特征,包括局部莫兰指数LISA(Anselin,1995)、盖里局部聚类检验$G_i$指数(Getis & Ord,1992)。全局空间关联指标用于测度各个变量之间的空间交互作用,是一个综合指标,因此,本书使用探索性空间数据分析测度企业、区域、国家层面技术创新的空间效应及空间分布特性,并将其与空间面板计量方法、动态面板计量方法相结合,分析技术创新关联溢出变化与技术创新非均衡发展的相关关系。

## 1.5 研究内容

第1章为绪论。首先,介绍现实背景与理论背景,提出研究目的;其次,界定了技术创新能力、制度及制度环境、OFDI逆向技术溢出等关键概念;最后,提出本书的技术路线、所采用的研究方法、研究内容和主要创新点。

第2章为理论基础及相关研究综述。首先,系统回顾了技术创新理论、制度变迁环境、对外直接投资理论和OFDI逆向技术溢出理论的发展脉络。其次,综述OFDI逆向技术溢出、空间集聚等领域的最新研究成果,寻找本书研究的切入点,为分析制度环境、OFDI逆向技术溢出对技术创新非均衡发展的影响奠定理论基础。

第3章为制度环境、OFDI逆向技术溢出对技术创新非均衡发展影响的内在机制。从绿地投资的视角出发,首先从企业层面分析制度环境、OFDI逆向技术溢出对企业技术创新能力与全要素生产率影响的微观机理;其次,从区域层面予以深入分析;最后,从国家层面分析东道国制度环境(双边制度距离)、OFDI逆向技术溢出对技术创新能力的影响机理,并提出本书的研究命题。

第4章为技术创新过程中的空间效应及检验估计方法。首先,分析空间相关性与空间异质性的概念,然后利用探索性空间数据分析(ESDA)对技术创新数据是否存在空间效应进行识别和检验。纳入空间效应的空间面板数据模型是研究国家、区域、企业层面技术创新的有价值的途径与方法。

第5章为制度环境、OFDI逆向技术溢出与企业全要素生产率进步的空间视角分析。首先,基于中国工业企业数据库与商务部对外直接投资企业名录的匹配数据,分析制度环境、对外直接投资与企业生产率进步之间的关系;然后,进一步利用空间杜宾数据模型(SDM)实证分析制度环境、对外直接投资与省域全要素生产率进步之间的关系,同时将省域全要素生产率按照企业类型分为国有企业、民营企业、外资企业三种类型,分别考察制度环境、对外直接投资对省域层面不同所有制生产率进步的影响。

第6章为制度环境、OFDI逆向技术溢出与区域技术创新的空间计量分析。首先,选取2003—2013年省际面板数据,运用动态面板数据模型的系统GMM方法,实证检验制度环境、OFDI逆向技术溢出对包括投入能力、产出能力、扩散能力、环境支持能力在内的区域技术创新能力的提升作用;其次,利用空间杜宾模型(SDM),从空间、时间、截面三个维度分析制度环境、OFDI逆向技术溢出对区域技术创新能力的影响。

第7章为制度距离、OFDI逆向技术溢出与中国技术进步。利用1997—2013年国家层面的相关数据,在阐明我国创新能力影响因素和形成机理的基础上,从东道国制度环境和双边制度距离入手,实证分析制度距离(东道国制度环境)、OFDI逆向技术溢出对我国全要素生产率和国家创新能力的影响。

第8章为结论与展望。首先,根据相关实证分析结果,归纳本书研究的主要结论;其次,针对主要结论,提出相应的政策建议;最后,阐述本书研究存在的不足,并提出进一步研究的方向。

## 1.6 主要创新点

在世界各国激烈争夺科技制高点以及我国积极培育和构建自主创新能力的宏观背景下,笔者对制度环境、OFDI逆向技术溢出与技术创新非均衡发展关系的相关文献进行了系统梳理,并采用理论分析与实证分析相结合、探索性空间数据分析(ESDA)、微观与宏观研究相结合的方法,系统全面地分析了制度环境、OFDI逆向技术溢出与技术创新非均衡发展的关系,从选题角度、理论假设、计量方法与模型选择、研究结论等方面进行了一系列创新性研究。归纳起来,本书研究的创新点主要体现在以下几方面:

(1)从理论与实证层面分析了制度环境、OFDI逆向技术溢出对技术创新非均衡发展的影响。与现有文献将制度环境、OFDI逆向技术溢出与技术创新三者割裂开来研究不同,本书以OFDI逆向技术溢出为研究主线,创新地将三者纳入统一的分析框架,为技术创新发展提供了一个更为新颖的研究视角。在分析与整理制度变迁环境、OFDI 逆向技术溢出效应理论的基础上,通过理论阐述与实证研究,深入考察了制度环境、OFDI 逆向技术溢出对技术创新非均衡发展的影响。

(2)在分析技术创新的影响因素时,本书考虑了空间异质性与空间相关性,并构建多种空间权重矩阵进行稳健性检验。传统的计量经济模型由于忽略了空间相关性与空间异质性对技术创新的重要作用,导致模型设定不恰当,分析结果不够精确。区域要素流动、技术外溢、技术创新等空间属性数据具有很强的空间相关性和空间异质性,现有的研究很少考虑上述因素,导致研究结论与现实存在诸多不符(Anselin,1988)。现实的经济地理系统是一个复杂的系统,各要素之间相互关联、相互影响,本书利用探索性空间数据分析(ESDA)方法,对技术创新数据是否存在空间效应进行识别和检验,刻画了技术创新的空间格局与集群特征。空间权重矩阵的引入是进行空间计量分析的前提与基础,合理选取空间权重矩阵对技术创新能力和全要素生产率的分析至关重要。本书从多个角度构建了空间地理距离权重、空间经济距离权重、空间人力资本权重,以期更加全面、客观地解释技术创新能力的空间影响因素。

(3)全面、科学的技术创新能力与全要素生产率测度方法。在研究技术创新过程中,无法回避技术创新的测度问题。首先,在技术创新能力的度量方面,国内对技术创新能力度量表现出两种极端。一方面,大量实证研究仅以专利授权数或者新产品销售收入来衡量技术创新能力,无法全面体现技术创新能力;另一方面,少数研究分析指标又过多,如《中国区域创新能力报告》所包含的明细指标多达 145 个,使得某些指标高度相关,导致测评结果产生严重偏误。本书从技术创新的投入能力、产出能力、扩散能力、环境支持能力四个方面衡量区域与高技术产业技术创新能力,以期更为全面地反映各地区的实际技术创新差异。其次,在全要素生产率的测度方面,本书基于 1998—2007 年中国工业企业数据库提供的 116 万条数据,运用 O－P 方法核算了我国规模以上工业企业的全要素生产率(TFP)。O－P 方法可以在一定程度上解决企业生产率进步与投入要素相关所导致的联立性问题(Simultaneity)和企业生产率与退出市场相关的样本选择问题(Selection)。

(4)使用空间杜宾模型(SDM)分析制度环境、OFDI 逆向技术溢出对国家、区域、企业层面技术创新能力和全要素生产率的影响。空间杜宾模型(SDM)克服了空间滞后模型(SAR)忽略误差项的空间依赖特征以及空间误差模型(SEM)忽略因变量的空间依赖特征的缺点。考虑到中国经济具有典型的区域发展不平衡特征,省域层面的技术创新具有明显的空间依赖或者空间自相关特征,如若忽略这种空间相关性的影响,必然会导致估计结果出现偏误。因此,本书使用同时考虑被解释变量与解释变量空间加权滞后变量的空间杜宾模型(SDM),考察制度环境、OFDI 逆向技术溢出对技术创新的影响,同时将企业类型分为国有企业、民营企业、外资企业三种类型,分别考察制度环境、对外直接投资逆向技术溢出对省域不同所有制企业技术创新的影响。

(5)企业、区域层面的技术创新能力与全要素生产率在样本期间表现出显著的集聚效应。本书的实证结果表明:空间自回归系数 $\rho$ 显著为负,意味着技术创新能力与全要素生产率较强的省份并没有对周围省份的技术创新能力与全要素生产率产生正向辐射作用。另外,结合 Moran 指数的 $I$ 值可以发现,某些省份的技术创新能力与全要素生产率远高于周围省份,成为高值孤立区,而有的省份则成为低值空心区域。总体而言,技术创新能力与全要素生产率出现显著的极化现象,空间集聚效应大于空间溢出效应,导致不同省份之间技术创新的空间分异特征日趋明显,即考虑空间异质性和空间相关性后,技术创新能力与全要素生产率在不同区域间的差异逐年扩大。本书采用了全面、科学的技术创新能力与全要素生产率测度方法,得出的结论更加真实可靠,对进一步提升我国技术创新能力和全要素生产率具有重要的现实意义和理论意义。

# 2 理论基础及相关研究综述

受到内部技术发展路径和外部环境的强力制约，技术创新在国家、区域、企业层面存在空间异质性。在此情况下，要缩小区域经济发展差距，必须长期关注技术创新非均衡发展问题。对技术要素并不丰裕的中国而言，要有效提升国家、区域及企业层面的技术创新能力，除了依靠自主研发和人力资本投入，还可以通过改善制度环境和增加对外直接投资从海外市场中获得先进技术和研发成果等战略资源，并通过消化吸收再利用，最终提升投资母国的技术创新能力。鉴于此，本章重点阐述技术创新理论、“新”新经济地理学理论、制度环境理论、对外直接投资理论，以及 OFDI 逆向技术溢出理论。

## 2.1 技术创新理论研究脉络

由于受到同时期凯恩斯理论的影响，熊彼特在 1912 年发表的著作《经济发展理论》中提出的技术创新理论在出版后的 20 年内并没有受到学术界和相关职能部门的重视，直到 20 世纪 50 年代，伴随着西方国家经济的发展出现了长达 20 年的高速增长，这一现象无法通过传统经济学的劳动和资本来解释，学者们才逐渐意识到技术创新对经济增长的重要性。Solow(1957)在著名的索洛模型中指出，技术进步是经济增长的重要来源。Schmookler(1966)首次使用专利统计分析数据测度了技术进步，通过实证分析得出发明专利的活跃程度和方向取决于市场需求的结论，进一步拓宽了技术创新的实践和理论研究范围。Mansfield(1968)在其著作《产业研究与技术创新》《技术变革经济学》中，从创新视角分析了技术预测和国际技术转移的不确定性、产业创新的投资回报率等问题。Utterback(1974)从技术创新的起源、过程、作用等方面进一步扩展了“创新”的研究范围。Romer(1990)在其论文《内生技术变革》中将技术创新视为经济发展的内在因素,通过构建内生经济增长模型说明知识和技术具有递增的边际收益。Nelson(1993)在其著作《国家创新系统:比较分析》中指出,一个国家(地区)的技术水平是该国(地区)竞争优势的关键来源。

经过学者们的不断研究,技术创新理论已经形成了新古典学派、新熊彼特学派、制度创新学派和国家创新系统学派四大理论学派。本章依据理论发展脉络依次进行分析。

### 2.1.1　技术创新的新古典学派

技术创新的新古典学派以索洛(Solow)、罗默(Romer)等为代表,对技术创新的研究建立在“市场失灵”的基础上,主要研究技术创新对现代经济增长的作用,以及如何将技术创新纳入经济增长模型。该学派的观点包括:①技术创新是经济增长的内生变量,是经济增长的基本要素;②与其他商品一样,技术创新存在创新收益的非独占性、外部性、公共品等市场失灵行为,适当的政府干预有利于提升企业的技术创新能力和全要素生产率;③建立了索洛剩余模型,并将其用于测度技术创新对现代经济增长的贡献率。

Solow(1957)利用1909—1949年美国非农业部门的相关数据,实证分析了技术进步对非农业部门劳动生产率的影响。研究结果表明,技术进步对美国非农业部门劳动生产率的贡献率超过了85%。技术创新的新古典学派在研究技术进步对经济增长促进作用的同时,还分析了政府干预在技术创新过程中的作用,认为当市场无法调节技术创新的供给和需求以及技术创新资源配置无法满足社会要求时,政府应当通过直接调控手段(法律手段、税收政策、金融调控)和间接调控手段(政府采购)来干预技术创新活动,提升技术进步对经济增长的促进作用。

### 2.1.2　技术创新的新熊彼特学派

技术创新的新熊彼特学派以曼斯菲尔德(Mansfield)、阿罗(Arrow)、施瓦茨(Schwartz)为代表,秉承熊彼特的技术创新观点,深入研究了熊彼特所忽略的技术扩散过程。该学派的研究内容包括:①技术创新与企业规模、市场结构的关系;②技术发明、技术创新与技术扩散相互重叠、相互作用的关系;③技术进步与经济增长的结合方式、内在机制及影响因素等。该学派的观点包括:①技术进步和技术创新是经济持续增长的核心动力;②技术创新的主体是企业;③技术创新是多种要素相互作用的复杂过程;④揭示了"黑箱"内部运作机制,并在此基础上提出了技术创新周期、技术创新扩散等一系列模型。本章根据该学派的观点,重点介绍技术创新与技术模仿和市场结构的关系。

(1)技术创新与技术模仿的关系。曼斯菲尔德通过分析新技术在部门内部的推广速度及其影响因素,认为模仿比例、模仿相对盈利率、投资额等因素影响新技术在部门内部的推广速度。曼斯菲尔德理论在某种程度上填补了技术创新与技术模仿关系的空白,有助于解释技术模仿和技术创新扩散行为。

(2)技术创新与市场结构的关系。阿罗(Arrow)、施瓦茨(Schwartz)等在20世纪70年代从垄断与竞争的视角研究了技术创新与市场结构的关系,提出垄断竞争型的市场结构是最有利于技术创新的市场结构。阿罗(Arrow)通过对比完全竞争市场结构和完全垄断市场结构对技术创新的影响,发现:与完全竞争相比,完全垄断更不利于技术创新,且二者对技术创新的促进作用均低于垄断竞争。施瓦茨(Schwartz)的研究结果也表明,垄断竞争型的市场结构更有利于技术创新。

### 2.1.3 技术创新的制度创新学派

技术创新的制度创新学派以兰斯·戴维斯和道格拉斯·诺斯为代表,利用比较静态均衡和一般静态均衡方法,从制度的视角分析了技术创新的外部环境。该学派的主要观点包括:①"制度创新决定论",即制度创新决定技术创新,良好的制度创新有利于技术创新,较差的制度创新不利于技术创新能力和技术创新效率的提升;②技术创新活动的个人收益与社会收益存在一定差异,有效的激励制度可以使每一项技术创新活动的个人收益近乎等于社会收益;③产权的界定与变化是制度变迁的动力和诱因,系统的产权制度是技术创新发展的重要条件,可以提高个人收益,使之接近社会收益;④完善的所有权体系可以保护个人的专有权,并通过改革使发明创新者的个人收益最大化。

根据兰斯·戴维斯和道格拉斯·诺斯的观点,制度创新过程分为五个阶段:①形成推动制度变迁的主导集团;②形成制度变迁的方案;③评估和选择制度变迁方案;④形成推动制度变迁的次要集团;⑤主导集团与次要集团共同努力实现制度变迁。

制度创新与技术创新之间的关系经历了三个发展阶段:"技术创新决定论""制度创新决定论""技术创新与制度创新互动关系论"。"技术创新决定论"认为技术创新决定制度创新;"制度创新决定论"认为制度创新决定技术创新;"技术创新与制度创新互动关系论"认为技术创新与制度创新是互相依存、互相促进的辩证关系,技术创新推动制度创新,制度创新促进技术创新。通过实证分析,笔者认为制度创新与技术创新是互相依存、互相促进的关系。

技术创新的制度创新学派深入分析了制度变迁与制度安排对经济增长的作用,进一步完善了熊彼特的制度创新思想。该学派的制度是指金融组织、工会制度及公司制度等具体的经济政治制度,并没有包括作为背景的社会环境制度。另外,技术创新的制度变迁理论中,产权和交易成本等是非常模糊的概念,在实证分析中无法广泛应用。

### 2.1.4 技术创新的国家创新系统学派

技术创新的国家创新系统学派以弗里曼、纳尔逊、伦德瓦尔等为代表。该学派在肯定技术创新与制度创新互相依存、互相促进的同时,将制度创新与技术创新融合起来,形成技术创新的国家创新系统学派。该学派的主要观点包括:①技术创新是由国家创新系统推动的,而非单个企业或企业家的功劳;②国家创新系统是行为主体、关系网络及运行机制相互作用的综合体系,企业、组织等技术创新主体相互作用,共同推动技术创新的引进、消化、吸收及应用,从而提升国家整体的技术创新水平。

弗里曼是最早提出国家创新系统的学者，他通过分析日本在技术相对落后的状况下，将技术创新与政府职能结合起来，形成国家创新系统，在短短几十年内成为工业强国，得出国家创新系统对日本经济腾飞起到至关重要的作用的结论。因此，国家创新系统在技术创新过程中发挥着关键作用。

纳尔逊认为，美国的国家创新系统由市场制度、高等教育制度、专利与知识产权保护制度以及政府产业支持政策等组成，强调制度结构的适应性及技术创新的必要性，技术创新过程中充满了不确定性。因此，在国家创新系统中，制度安排应当具有灵活性和适应性。

伦德瓦尔认为，国家创新系统是私营部门、公共机构及最终用户等相关组织和机构组成的系统，这些组织和机构在知识和技术的生产、使用和扩散过程中相互影响、相互作用。

综上所述，技术创新理论对世界各国管理政策的制定以及技术创新实践发挥着重要的指导作用。然而，无论是新古典学派、新熊彼特学派，还是制度创新学派、国家技术创新系统学派，其理论都是建立在特定假设基础上的，都有各自的适用范围。因此，技术创新理论研究存在一定的局限性。国内外有关制度创新和技术创新方面的研究文献大多割裂了制度创新与技术创新之间相互促进、相互作用的关系，目前有关制度创新对技术创新促进作用的研究还很缺乏，因此，本书在分析制度环境、OFDI 逆向技术溢出与技术创新非均衡发展的过程中，深入分析了制度创新提升技术创新能力和改善技术创新效率的内在机理。

## 2.2 “新”新经济地理学理论

新经济地理学也称空间经济学（Spatial Economics）。20 世纪 90 年代初，保罗·克鲁格曼（Paul Krugman）将空间的概念引入迪克西特—斯蒂格利茨（Dixit et al.，1977）的垄断竞争分析框架中，用冰山运输成本、垄断竞争、规模报酬递增等理念构建新的经济地理模型，掀起了新经济地理学（New Economic Geography）革命，提出了“中心—外围”（Core－Periphery）模型。随着藤田昌久等（Fujita et al.，1999）、鲍德温等（Baldwin et al.，2006）对相关理论的逐步完善,新经济地理学逐渐从边缘进入主流经济学。21 世纪以来,“中心—外围”模型由于不能较好地解释美国的经济新现象,且数字模拟方法过于复杂、缺乏可操作性等,受到了一些人的批评,为此,Baldwin 和 Okubo (2006)、Okubo(2010)等学者将企业异质性引入新经济地理学中的 F – C 模型与 F – E 模型,以集聚经济和企业异质性为切入点,深入分析了生产率异质性对企业空间区位选择的影响,由此形成了“新”新经济地理学理论。

### 2.2.1 理论渊源

1977 年,迪克西特(Dixit)和斯蒂格利茨(Stiglitz)用严格的数学逻辑证明了张伯伦的垄断竞争模型。该模型在经济学领域掀起了垄断竞争和规模报酬递增革命,产生了新产业组织理论、新贸易理论、新增长理论、新经济地理学理论、“新”新经济地理学理论(引入企业异质性的新经济地理学)的创新高潮(见表 2 – 1)。D – S 模型以严密的数学逻辑证明了斯密—扬格定理(分工一般地取决于分工),得出分工与交换产生的动态反馈机制是规模报

**表 2 – 1 新古典理论向新经济地理学理论的演进过程**

| | 新古典理论 | 新贸易理论 | 新经济地理学理论 | “新”新经济地理学理论 |
|---|---|---|---|---|
| 市场结构 | 完全竞争 | 垄断竞争 | 垄断竞争 | 垄断竞争 |
| 产品差异性 | 无差异 | 有差异 | 有差异 | 有差异 |
| 规模报酬 | 不变 | 递增 | 递增 | 递增 |
| 要素流动性 | 不流动 | 不流动 | 流动 | 流动 |
| 区位模式决定因素 | 技术差异与要素密集度 | 规模报酬递增、产品差异性、市场规模 | 贸易成本、前向与后向集聚力、要素非流动性及成本差异 | 非对称区位、产业集聚效应、人才归类效应、异质性企业 |
| 经济活动分布 | 外生的、资源禀赋决定 | 内生的、市场结构决定 | 内生的、劳动流动性决定 | 市场选择、要素流动 |
| 经济一体化与集聚的关系 | 单调且存在唯一均衡 | 非单调且存在唯一均衡、U 型或分叉的 | 非单调并存在多重均衡、U 型或分叉的 | 非单调并存在多重均衡、U 型或分叉的 |

资料来源:Surico P. The Agglomeration Dilemma: Should I Stay or Should I Go [J]. Growth and Change,2003,34(3):261 – 275.

酬递增的主要原因(刘安国和杨开忠,2001)。新贸易理论主要研究斯密—扬格定理中的规模与市场结构演变;新经济增长理论主要分析斯密—扬格定理中的增长逻辑;新经济地理学是沟通规模结构演变与增长逻辑的中介;“新”新经济地理学从企业层面解释经济活动的空间分布。与其他理论相比,新经济地理学将贸易理论所描述的趋同力量和发展经济学强调的趋异力量纳入统一的分析框架,有助于更好地理解区域政策与全球经济一体化倾向。“新”新经济地理学认为,企业异质性是一种集聚力,高生产率的企业倾向于流入中心市场,企业生产率与迁移至中心市场的意愿成正比,低生产率的企业随着贸易成本的下降倾向于集聚。

### 2.2.2 理论基础

(1)新经济地理学的理论基础主要包括“冰山运输成本”、垄断竞争、规模报酬递增三个方面。首先,冰山运输成本的建模作为一种分析工具,可以简化模型。新经济地理学理论将冰山运输成本设定为距离的连续方程,相关理论与实证分析更加符合现实。其次,垄断竞争模型经过 Spence、Dixit 和 Stiglitz 等的发展,变得简化且易于处理。其中,D-S 模型使用的不变替代弹性在实证分析中得到了广泛应用,但模型过于复杂,多数研究缺乏显性解(颜银根,2013)。最后,生产要素不可分割等原因导致企业生产经常表现出规模报酬递增。垄断竞争与规模报酬递增理论的发展经历了产业组织理论、新贸易理论、新增长理论,但并没有进入主流经济学,直到克鲁格曼在 D-S 模型中纳入“冰山交易成本”,考虑了空间因素的新经济地理学,才被纳入主流经济学。

(2)“新”新经济地理学的理论基础主要包括双寡头模型、非对称区域和异质企业。首先,竞争者的进入会使垄断的定位选择变得日益复杂,在合理的条件下,双寡头企业在策略互动后会产生“集聚”和“排序”两种不同的均衡结果,双寡头企业共同集聚在成本较低、市场需求规模较大的地区;或者生产效率较高的企业定位在成本较低、市场需求规模较大的地区,生产效率较低的企业会选择成本相对较高、市场需求规模相对较小的地区。其次,当市场规模和企业生产成本存在明显差异时,在模型中引入企业生产率异质性,生产成本较高、生产率较低的企业由于内生比较劣势会避免集聚在优势区域;进一步扩展至多企业模型,生产率较高的企业会集聚在生产成本较低、市场规模较大的优势区域,生产效率较低的企业则会扩散至相对劣势的区域。

### 2.2.3 分析框架

新经济地理学中最核心的分析框架是“中心—外围”(Core - Periphery)模型,该模型分析了两个外部条件相同的区域在“冰山运输成本”、人口流动、规模报酬递增相互作用的情况下,从均匀分布逐渐演化成“中心—外围”结构。另外,新经济地理学的分析框架还包括国际专业化模型、全球化和产业化模型以及区域专业化模型。与新经济地理学相比,“新”新经济地理学在分析过程中进一步引入了企业异质性,重点分析了企业异质性与集聚经济的关系,分析过程和结果更加符合实际。“新”新经济地理学的分析框架主要包括 D - S 垄断竞争模型、OTT 垄断竞争模型和 BEJK 分析框架(陈勇兵等,2013)。

### 2.2.4 实证研究进展

新经济地理学的相关模型假设推导出来的结论可以较好地解释现实经济活动,推动了相关实证研究的快速发展。新经济地理学的实证分析主要集中在市场潜力与空间工资结构、集聚区及其空间协调、本地市场效应、集聚与技术效率、循环累积过程和多重均衡等方面。随着“新”新经济地理学理论建模与实证分析的逐步完善,越来越多的学者通过实证分析证明相关理论预测,从而丰富了“新”新经济地理学的相关研究。实证分析主要包括企业异质性与集聚经济、企业异质性与税收政策应用、企业组织选择与竞争策略、劳动者异质性与城市经济等内容。

随着“新”新经济地理学的快速发展,区域技术创新主体的相互作用、资金技术外部性产生了空间层面的规模递增报酬,规模报酬递增可以有效降低区域的经济活动成本,推动区域经济持续发展,导致区域间技术创新能力和技术创新效率出现显著差异。另外,"新"新经济地理学重新引入了"极化—扩散"效应,经济活动在某一区域内集聚超过"门槛"值时,会导致生产要素价格上涨,通过联动机制对周边区域产生扩散效应。劳动力要素流动以及技术溢出在经济发达地区容易形成强强组合的经济极化带,而在欠发达地区则表现出强弱、弱弱组合的空间关联溢出结构。与传统的经济学理论相比,"新"新经济地理学在分析过程中引入了不完全竞争、规模报酬递增等概念,通过内生经济变量的变化解释空间集聚效应和空间溢出效应。

## 2.3 制度环境理论及研究评述

诺斯在其著作《制度、制度变迁与经济绩效》中指出,制度在一国经济发展中发挥着基础性作用,是决定长期经济绩效的根本因素。制度变革更是解释过去250年经济增长的核心变量,制度环境差异而非要素禀赋是解释穷国和富国之间差异的重要变量,是一国比较优势的重要来源和诱发国际直接投资的因素(Belloc & Bowles,2011;Acemoglu et al.,2011),也是导致国家、区域、产业、企业层面技术创新非均衡发展的主要原因(宋跃刚和杜江,2015)。

### 2.3.1 制度环境的发展阶段

按照历史进程,制度环境理论可以分为奠基和产生时期、继承与发展时期和蓬勃发展时期。

(1)制度环境的奠基和产生时期(19世纪末到20世纪30年代),代表人物有凡勃伦、康芒斯和米契尔。

凡勃伦开创了制度理论,认为当技术条件变化导致环境发生变化时,人们会对外来刺激做出反应,调整制度的主力通常是受制度约束最大的群体,即从事"工业"的相关人员(Veblen,1921)。因此,凡勃伦的制度变迁是指当技术条件发生变化时,受制度约束最大的群体克服现存制度阻力、推进技术进步的过程。在制度变迁过程中,环境的变化又会产生与之相对应的习惯,从而形成阻力。克服制度阻力的活动永远存在,社会的变化也一直在持续,因此，制度变迁是一个逐步适应环境变化的过程，其结果往往是不公平的（凡勃伦，1899）。为此，凡勃伦提出用“生活的便利程度”来衡量制度变迁的好坏，认为只要社会整体的生活便利程度得到提高，就是制度进步的体现（张林，2003）。

康芒斯认为，制度变迁主要是由于组织和个人为追求自身经济利益最大化而改进现存规则结构，以及集体和个人的意志在解决冲突方面的相互作用而产生的。康芒斯试图从经济角度寻找制度变迁的根源，采用的分析方法接近于正统经济学的分析模式。康芒斯重点分析了权力机构对制度规则变化的影响，而忽略了人民群众对制度变迁的决定力量，这暴露了康芒斯制度变迁理论的缺陷（蒋雅文，2003）。

米契尔在制度变迁方面的观点与康芒斯类似，强调用货币交换替代劳动支付和实物支付带来了效率的提升和交易成本的降低。随着货币交换逐渐替代早期的世俗关系，以及人们交易行为的不断规范，人们的意识形态也由封建主义逐渐转变成日益金钱化的资本主义。

（2）制度环境的继承与发展时期（20 世纪 30 年代到第二次世界大战结束），代表人物有约·莫·克拉克、特格维尔、阿里斯等。

约·莫·克拉克认为，完全竞争假设否定了市场经济的动态特征，在现实经济中很难实现。他认为，应当采用更符合市场实际情况的“有效竞争”来替代完全竞争假设。另外，克拉克区分了“商业效用”和“社会效用”，为后人研究社会成本和“外部性”打下了坚实的基础。

特格维尔认为，20 世纪 20 年代末期美国的工业制度尽管已经十分完善，但企业制度并不成熟。美国技术进步的目标是高消费、高投资、高生产与低价格、低成本，而企业家思想意识严重落后成为阻碍美国实现技术进步的主要原因。

在分析制度环境时，阿里斯认为，科技进步是制度环境和社会变化的主要推动力。他在早期的著作中，采取批判的态度分析制度及其作用，认为尽管制度可以帮助人们解释社会经济和政治现象，但制度环境有可能阻碍经济发展和技术进步。阿里斯在后期的著作中认为，一项新的制度尽管包含某些过时的风俗,但在一定程度上仍然推动了社会发展,并且新制度通常是建立在旧制度基础上的,制度促进了经济发展与技术进步。

(3)制度环境的蓬勃发展时期(第二次世界大战结束到 20 世纪 70 年代),代表人物有加尔布雷斯、科斯、诺斯等。

加尔布雷斯作为新制度经济学派的代表人物,认为科技进步推动了经济制度和社会结构发生动态变化,经济学应采用演进的方法研究经济社会制度及其变化。新制度经济学派在研究过程中将研究对象从个人和企业转向整个社会(加尔布雷斯,1980)。该学派认为,现代资本主义经济存在"计划"和"市场"两种体系。"计划体系"由若干大公司控制,实行有组织的计划经济;"市场体系"由许多分散的个体、小企业、农场构成。"计划体系"和"市场体系"在经济社会中的地位是对立的、不平等的,两大体系的冲突是资本主义的基本冲突。因此,资本主义改革本质上是如何改革这两个体系的相互关系。

### 2.3.2 制度变迁的基石

诺斯在其 1981 年出版的专著《经济史中的结构与变迁》中提出制度变迁的三大基石:

(1)将制度变迁与产权理论相结合,描述了激励个人或组织的产权理论。

高效的产权可以降低交易费用,替换无效率的经济组织。产权结构的创新作为制度创新的重要内容,可以创造更有效率的市场;有效的知识产权鼓励技术变革,推动技术进步,提高创新的私人收益,使私人收益率接近社会收益率。

(2)将制度变迁的国家理论称为"界定实施产权的国家理论"。

制度变迁理论需要同时解释国家的兴衰和造成经济组织或政治组织无效率的内在原因。诺斯指出,国家提供的基本服务是博弈的基本规则。国家一方面通过降低交易费用使产出和国家税收最大化,另一方面通过界定产权结构竞争与合作的规则最大化统治者租金。国家在降低交易费用、促进税收最大化和使统治者租金最大化的产权结构方面存在持久的冲突,因而不能实现持续的经济增长。

(3)在吸收马克思主义意识形态理论和西方正统经济学意识形态理论的基础上,发展了制度变迁理论。

诺斯指出,要用意识形态理论解释新古典理论个人主义理性所产生的偏差,伦理法则和道德意识形态是降低交易成本的一种制度安排。当界定和执行产权的收益小于相关成本时,不能依赖产权来解决"搭便车"问题,而需要通过意识约束来规范人们的行为。诺斯还提出,应通过控制集团成员数目和为个人提供选择性激励来解决"搭便车"问题。

### 2.3.3 制度变迁的原则和分类

权衡收益与成本是推迟或者促进制度变迁的关键因素,当预期收益大于预期成本时,行为主体才会去推动制度变迁。制度变迁可分为诱导性制度变迁和强制性制度变迁。前者是"自下而上"的制度变迁,后者是"自上而下"的制度变迁。

### 2.3.4 制度变迁的"路径依赖"

在人类历史的演化过程中,形成了各种各样的制度,产生了人类社会变迁中的锁入(lock - in)效应和路径依赖(path dependence)效应。诺斯将阿瑟(W. Brian. Arthur,2007)针对技术演变过程提出的"路径依赖"和"自我增强"机制(Self - Reinforcing Mechanisms)应用到制度变迁当中,提出了制度变迁过程中的"路径依赖理论"。路径依赖是指历史因素对人们各种选择的影响,制度变迁过程存在"规模报酬递增"与"自我增强"机制,当制度沿着某一路径演进时,既定的方向会得到进一步强化,过去的选择决定了未来的发展方向。经济制度与政治制度沿着既定路径的变迁一方面可能进入良性发展阶段,另一方面也有可能沿着错误的路径从而使整个经济和市场陷入下滑阶段,甚至被"锁定"在无效率的状态。

### 2.3.5 制度环境理论

制度环境相关理论与学说在学界呈现日益繁荣的态势，最早可追溯到马克思主义制度环境理论。本部分从马克思的制度环境理论开始，依次介绍亚当·斯密、诺斯、阿西莫格鲁、林毅夫等学者的制度环境理论。

#### 2.3.5.1 马克思的制度环境理论

尽管马克思主义政治经济学研究的重心不是“制度”，但它包括制度环境理论的多数议题，其观点和分析框架对制度经济学的发展产生了深刻影响。在马克思和恩格斯的前期著作中，“制度”出现的频率并不高，但在《资本论》的核心概念（生产关系、经济基础、上层建筑）中，基本上包含了诺斯的正式制度、非正式制度和实施机制。其中，生产关系涉及产权制度（生产资料所有制）、生产组织（人们在生产中的地位与关系）及分配制度等，这些都是经济制度的重要组成部分。上层建筑中的意识形态、政治和法律制度与诺斯的非正式制度和政治制度一一对应。因此，马克思政治经济学可以看作有关制度解说的学科。经济基础与上层建筑的对立统一构成了社会形态的基本结构。其中，经济基础包括生产、分配、交换、消费等关系的经济合约和经济规则，即所谓的正式制度安排；而政治法律制度及社会意识形态则属于非正式制度安排。

马克思用生产力与生产关系之间的关系解释制度变迁过程：生产力是社会生产中最活跃、最革命的因素，而生产关系则相对稳定；生产力决定生产关系的性质及其发展变化，即技术的发展变化决定制度变迁的过程。当生产力发展到一定阶段时，现有的社会制度将会成为生产力进一步发展的桎梏，随着经济基础的变革，上层建筑缓慢发生变化，新的社会制度会随着现行社会制度的崩塌而形成，新制度能促进经济社会的发展，但当经济社会发展到一定阶段时，该制度又会成为经济社会进步的桎梏，这一过程循环往复，直至共产主义社会目标的实现。因此，每一种制度都会有诞生、发展、壮大、灭亡的过程。马克思制度环境理论是从辩证的角度来看待技术与制度变迁的关系，而并非如凡勃伦与阿里斯那样，片面地看待技术进步对制度的决定作用(拉坦,1994)。

#### 2.3.5.2　亚当·斯密的制度环境理论

制度环境是一个值得长期研究的命题。亚当·斯密在《国富论》中论证“看不见的手”这一命题时,实际上就不可避免地引出了制度安排等内容。他通过对比自由市场制度与国家干预制度,认为一国经济社会的发展是生产技术、政治、法律、契约的综合安排,自由市场制度在一国资源配置中发挥着不可替代的作用。随着自然与社会条件的变化,一国的制度也必将发生相应的变迁,因此,亚当·斯密认为,制度及制度变迁是社会发展进程的一种体现。亚当·斯密的理论思想也对制度经济学和新制度经济学的发展产生了深远的影响。

#### 2.3.5.3　诺斯的制度环境理论

诺斯认为,制度变迁(Institutional Change)对人类历史的社会演化方式起决定作用,是理解历史变迁的关键。制度变迁可以理解为低交易成本、高效益的制度替代高交易成本、低效益的制度,也可以理解为更高效益制度的“生产过程”。诺斯认为,制度变迁的动力一方面源于生产要素价格比率(资本—土地、土地—劳动、劳动—资本、技术水平以及信息成本)发生了根本变化,另一方面也源于人们偏好的改变。人们的行为模式和偏好会随着相对价格的变化而改变,从而导致交易的一方或者双方通过改变合约来改善自身处境,实现帕累托改进。生产要素价格比率以及人们行为偏好的改变削弱了原有行为规范的势力,新的行为规范替代原有的行为规范,新的风俗习惯侵蚀或替代旧的习俗或传统(黄晖,2012),因此,制度变迁决定了社会演进的方式。

#### 2.3.5.4　阿西莫格鲁的制度环境理论

阿西莫格鲁(Acemoglu)沿袭诺斯(1990)关于政治过程界定和产权实施的相关思路,在总结前人研究成果的基础上,运用动态博弈均衡分析框架构建了一个制度环境与经济增长的动态理论模型,并在模型中纳入了政治与资源配置因素,生动刻画了一国经济制度的动态变迁过程(Acemoglu,

2005)。阿西莫格鲁的制度环境理论来源于科瑟尔等的“社会冲突论”和诺斯的“国家理论”,他通过构建一个具有微观基础的政治决策理论,得出政治制度与资源配置是引起经济制度变迁和经济绩效变化的原因的结论。另外,阿西莫格鲁认为,实际政治权利的掌控和如何解决“可信承诺问题”是导致政治制度变迁的主要原因,政治权利以及政治制度的变化决定了一国经济制度与经济绩效的变迁。良好的政治制度能够促进社会政治权利配置的相对平等和分散,从而有效解决“可信承诺问题”,有利于经济制度的变迁,经济制度反过来又可以影响政治权利的分配和政治制度的自我强化与实施。因此,阿西莫格鲁的制度环境理论重点强调政治制度对经济制度的决定作用,这也是他对制度环境内生化的主要贡献。

#### 2.3.5.5 林毅夫的制度环境理论

国内学者林毅夫从均衡视角分析了制度环境理论,认为导致制度不均衡的主要原因包括制度选择集合、制度安排、制度服务需求的改变。制度不均衡产生获利机会,个人和组织在追求获利机会的过程中会创造新的制度安排。当某个特定的制度安排不均衡时,制度结构整体也表现为不均衡。制度变迁成本以及人们的有限理性等导致制度变迁从一个制度安排逐渐传导至其他制度安排。

中国以及其他转型经济体国家在从计划经济向市场经济转变的过程中,制度环境的作用主要体现在市场对经济资源的配置程度上。为了反映我国在转型时期的制度环境,本书在微观层面分析制度环境对企业创新和生产率的影响时,将制度环境理解为经济自由度和市场化程度,这点更符合制度环境在转型国家的特征与表现;在分析区域层面的制度环境时,使用相关数据构造宏观制度环境,制度环境是指中国以市场化改革为主的经济体制与政治体制变革;在分析国家层面的制度环境时,诺斯等(2007)认为,“第三世界国家贫困的根源是制度方面的制约”,良好的制度环境可以促进国家和区域的生产活动。本书从东道国制度环境以及东道国与中国的双边制度距离入手,分析东道国制度环境和双边制度距离对技术创新的影响。

## 2.4 对外直接投资理论演进及评述

经济全球化加快了各国(地区)之间的商品、技术、资金、信息的交流,提高了资源在全球范围内的配置效率。对外直接投资作为经济全球化的重要表现形式,已经成为推动各国经济持续健康发展的重要动力。已有的文献主要按照时间顺序来分析对外直接投资理论。考虑到对外直接投资是母国跨国公司和东道国宏观主体之间的经济活动,本书从参与活动主体的新视角来分析对外直接投资决定理论,即从微观层面的企业视角、中观层面的区域与产业视角、宏观层面的母国与东道国视角对发达国家与发展中国家对外直接投资理论进行系统的梳理和评述,并对国内外的最新研究成果进行介绍和说明。

### 2.4.1 微观层面的相关理论

#### 2.4.1.1 发达国家对外直接投资理论

国外学者从20世纪60年代开始研究发达国家的对外直接投资理论,重点分析跨国公司对外直接投资的动机、决定因素、行为方式、区位选择等。早期的对外直接投资理论解释了跨国公司为什么选择对外直接投资而不是通过贸易等方式进入东道国市场,认为跨国公司内部拥有的无形资产具有公共产品的性质,贸易产生的外部性会影响跨国公司的收益。但这种解释只能说明跨国公司为了避免外部性具有增加不同生产厂家的可能,而不能解释跨国公司将生产内部化的原因。基于此,早期的对外直接投资理论补充了交易成本与市场失灵假设,认为通过许可证安排等方式转让跨国公司的无形资产不利于买方在该资产全部展示之前评估其真实价值。因此,出让方为防止外部效应通常不愿意在出让合同签订前完全展示其无形资产,跨国公司会通过对外直接投资实现扩张,从而实现自身利益最大化,由此产生了垄断优势理论和内部化理论。

##### 2.4.1.1.1 垄断优势理论

垄断优势理论最早由美国学者斯蒂芬·赫伯特·海默(Stephen Herbert

Hymer)提出,并由麻省理工学院的金德尔·伯格(C. P. Kinder Burger)在20世纪70年代进行补充和完善。垄断优势理论认为,对外直接投资是市场不完全的产物,只有摒弃传统理论的完全竞争假设,才能建立对外直接投资理论。垄断优势理论借用产业组织理论中的垄断原理分析跨国公司的对外直接投资行为,指出当东道国市场的"不完全"时,母国跨国公司可通过自身垄断优势来获得超额利润。东道国市场的"不完全"主要体现在产品市场、生产要素市场以及规模经济引起的市场不完全等方面。跨国公司的垄断优势主要包括市场垄断、生产垄断以及规模经济等。

综上所述,海默和金德尔·伯格提出的垄断优势理论从跨国公司垄断优势角度解释了跨国公司对外直接投资的根本动因,同时也解释了跨国公司需要根据自身垄断优势进行对外直接投资的区位选择。

2.4.1.1.2 内部化理论

基于科斯(Coase)的交易成本理论,巴克利(P. J. Buckley)和卡森(M. Casson)提出了内部化理论。该理论认为,对跨国公司行为的研究没有考虑货物生产和服务以外的研发、销售、培训、财务管理等商业活动,而这些商业活动与原材料、半成品、专利权、人力资本等中间投入品密切相关。这些中间投入品市场与最终产品市场一样,存在交易性市场失灵(Dunning & Rugman, 1985),导致市场中间品交易成本居高不下。交易性市场失灵的原因主要有三个:首先,双方在交易前存在信息不对称,容易产生机会主义、有限理性、道德风险和逆向选择等问题,不利于市场发挥作用(Teece,1981;Williamson,1985;Dunning & Lundan,2008);其次,交易存在外部经济和外部不经济等外部性;最后,资源稀缺导致厂商无法实现规模经济和范围经济。

当中间投入品存在交易性市场失灵时,跨国公司为了实现利润最大化,会促使这些中间投入品在跨国公司内部实现转移,当跨国公司内部转移的效率高于市场效率时,分布在两个或者多个国家的经营活动将被置于统一的治理结构之下(Rugman,1982)。跨国公司内部转移效率高于市场效率的原因是在组织系统和信息网络框架下,跨国公司可以通过行为约束的方式替代市场价格来实现资源的优化配置。另外,跨国公司内部化并非避开市场,而是通过企业内部雇佣协议替代一系列契约(市场)交易的方式移动企业与市场之间的边界(Hennart,1986)。

综上所述,跨国公司只有将中间品市场交易纳入公司内部的经营活动,通过内部转移替代外部市场,才可以降低相关交易成本,提高利润率。因此,跨国公司通过构建以母国公司为核心的跨国网络体系,并在该网络体系中使用和控制中间投入品获得高额利润。21 世纪以来的跨国并购、跨国投资都反映了跨国公司建立全球网络系统的战略目标。内部化理论是国际直接投资的主流理论,具有较强的国际影响力,强调技术、管理水平对跨国公司国际化的影响,但该理论难以解释国际生产的地理分布和国际生产的必然性。

2.4.1.1.3 国际生产折衷理论

邓宁(John H. Dunning,1977)基于海默的垄断优势理论和巴克利的内部化理论,提出了国际生产折衷理论,该理论认为,跨国公司只有同时具备所有权优势、内部化优势和区位优势,才可以开展对外直接投资。邓宁在其 1981 年出版的论文集《国际生产与多国企业》中全面系统地阐述了国际生产折衷理论。该理论的核心是"三优势分析范式"(OIL Paradigm),其中,O 表示所有权优势,表明企业为什么(Why)从事国际生产;I 表示内部化优势,表明企业如何(How)利用所有权优势;L 表示区位优势,表明企业去哪儿(Where)从事国际生产活动(邓宁,1988)。

邓宁将 OIL 分析范式应用到微观领域,分析了跨国公司对外直接投资的方式、范围和格局:首先,拥有超过东道国企业的竞争优势;其次,利用所有权优势、区位优势、内部化优势获得资产与收益的增值;最后,从事这些增值活动的企业选择哪些东道国进行投资。

邓宁的分析范式主要用于分析静态投资模式,缺乏普遍适用性。为此,邓宁通过吸收和借鉴维农(Vernon)的产品生命周期理论,将 OIL 分析范式动态化。他认为,跨国公司的 $t+1$ 期投资受到第 $t$ 期 OIL 外部变量和配置的影响,而第 $t$ 期 OIL 的配置取决于跨国公司预期在第 $t+1$ 期需要维护的 OIL 配置。随着 20 世纪末跨国公司并购、非股权联营、发展中国家对外直接投资的兴起，邓宁提出“创造性资产”等概念，重新界定了跨国公司的所有权优势；邓宁将外国证券投资纳入国际生产折衷理论，指出新建投资与跨国并购之间存在互相促进的关系；邓宁还引入互联网、关系资产及电子商务等新变量，重构了OIL分析范式。

尽管邓宁在修正的OIL分析范式中改进了处理动态问题的能力，但该分析范式只能处理宏观领域的动态问题，而无法处理中观或者微观层面的动态问题。另外，邓宁的国际生产折衷理论并没有将时间因素纳入分析框架，没有说明什么时间是合适的投资时机。

#### 2.4.1.2 发展中国家对外直接投资理论

随着全球经济发展，许多发展中国家正在或者已经成为资本净输出国，发展中国家对外直接投资额日益增长，其目的和原因是什么、竞争优势在哪里、有什么特点等都是理论界和学术界亟待解决的理论与现实问题。为了解释发展中国家迅速增长的对外直接投资，国内外学者从多个视角创立了新的理论学说，但仍缺乏系统成熟的理论。已经形成的理论影响力远小于发达国家跨国公司的对外直接投资理论，但这些理论的影响力正在增大，研究这些理论可以为中国的对外直接投资提供有益的借鉴。

##### 2.4.1.2.1 小规模技术理论

美国经济学家刘易斯·威尔斯（Louis T. Wells）在其1977年发表的论文《发展中国家的企业》中提出了小规模技术理论，随后又在1983年的专著《第三世界跨国公司》中对小规模技术理论进行了系统阐述 。跨国公司的竞争优势不仅包括大规模生产中的现代技术，还包括小规模生产的低成本优势。发展中国家跨国公司的竞争优势源于产成品市场的需求量较小、市场规模不大，企业技术具有低成本、劳动密集、高灵活性等一系列比较优势，这与母国的市场特征密切相关。

刘易斯·威尔斯从以下三个方面分析了发展中国家对外直接投资的比较优势：

（1）小规模制造。发展中国家国内市场普遍小于发达国家跨国公司在当地投资建厂的规模起点。发达国家已经过时的技术通常也能够满足发展中国家的需求,为了适应小规模市场的需要,发展中国家通常会采用劳动密集型技术,这恰好能满足东道国市场劳动力丰裕、资本短缺的现实需求。因此,发展中国家有限的市场规模恰好能满足其跨国公司的生存空间,可以与发达国家跨国公司进行竞争。

(2)当地采购与生产具有本国特色的产品。发展中国家的跨国公司为了适应东道国进口的限制以及节约成本,通过吸收和利用东道国的技术、人才适应东道国当地居民的需求。这种与发达国家跨国公司截然不同的做法通常能够获得东道国政府及企业的真诚合作。发展中国家对外直接投资的另外一项内容是生产具有母国特色的产品,这些产品主要是为了服务与投资母国有血缘、民族关系的社区,如海外的华文报纸等。

(3)低价产品营销策略。发展中国家跨国公司与发达国家显著的区别是前者摒弃了垄断技术、品牌商标、营销网络等优势,通过低价营销策略来销售产品。发展中国家跨国公司产品价格低廉的主要原因是用工成本低、基建费用低、广告费用少等。

小规模技术理论将发展中国家对外直接投资竞争优势与东道国的市场特征紧密结合,为经济落后的发展中国家的对外直接投资提供了理论支撑。因此,发展中国家的跨国公司尽管技术不够先进、生产规模不够庞大、经营范围比较狭窄,但由于全球市场是多层次、多样化的,仍然可以通过对外直接投资获利。但小规模技术理论将发展中国家跨国公司的竞争优势仅局限于小规模生产技术的使用,导致发展中国家的跨国公司被永远“锁定”在全球价值链低端环节以及产品生命周期的最后阶段,很难解释发展中国家高技术企业的对外直接投资行为,也无法解释日益增长的发展中国家对发达国家的对外直接投资行为。

#### 2.4.1.2.2 技术地方化理论

技术地方化理论是英国经济学家拉奥在其1983年出版的专著《新跨国公司:第三世界企业的发展》中首先提出的,该理论从技术变动的视角解释了发展中国家跨国公司的对外直接投资行为。拉奥通过分析印度跨国公司的投资动机和竞争优势,发现发展中国家的跨国公司虽然呈现出规模小、劳动密集型、标准化等技术特征，但是这种技术的形成与波动却包含跨国公司内在的创新活动，有助于提升发展中国家跨国公司的国际竞争力（Sanjaya Lall，1983）。因此，拉奥认为，发展中国家跨国公司的竞争优势主要体现在以下几个方面：

（1）技术。发展中国家的技术优势主要体现在利用成熟的技术进行当地化改造，而发达国家的技术优势主要体现在大规模的研发资金投入。发展中国家跨国公司对技术的消化、改进和主动创新主要是为了满足东道国对产品质量和要素价格条件的标准，这种创新活动可以形成比较竞争优势。

（2）管理。与发达国家相比，发展中国家跨国公司的管理阶层和技术人员的薪资水平普遍较低，且管理方式能较好地适应恶劣的商业环境与落后的生产条件。

（3）产品特征。发展中国家的跨国公司根据东道国市场的特征生产出适合当地居民需求的产品，从而形成独特的竞争优势，尤其是当东道国的市场规模较大、消费者的购买力和品位存在较大差异时，来自发展中国家跨国公司的产品具有较强的国际竞争力。

综上所述，拉奥的技术地方化理论重点强调了发展中国家跨国公司的竞争优势及其创新来源，其技术吸收能力、创新活动主要受东道国当地的需求条件、生产供给因素的影响。另外，拉奥认为，发展中国家跨国公司对技术的消化、吸收不是被动的复制与模仿，而是主动的改进与创新，这种创新活动形成了跨国公司的竞争优势。拉奥的技术地方化理论将发展中国家跨国公司的研究引向了微观层面，为发展中国家的对外直接投资提供了理论支撑。

#### 2.4.1.2.3 技术累积理论

坎特威尔（J. A. Cantwell）和托兰惕诺（Paz Estrella E. Tolentino）提出的技术积累理论认为，发展中国家跨国公司的国际化进程是技术变迁和技术积累的过程，二者相辅相成（Cantwell & Tolentino，1987）。发展中国家的跨国公司在国际化初期，主要向周边国家或者文化接近、有联系的发展中国家进行投资，然后向非邻近的发展中国家开展比较简单的制造业和服务业投资，最终通过技术能力的积累，升级为向发达国家进行复杂高端的制造业和服务业投资。

发展中国家的跨国公司通过对外直接投资在海外进行生产和研发活动，一方面可以获得先进的技术信息，另一方面还可以为本国的技术积累和技术创新打下良好的国际基础，然后通过对成熟技术的内化和改造，参与高端市场的竞争，成为产业链的主导创新者，进一步推动母国的技术进步。

2.4.1.2.4 基于实物期权视角的对外直接投资理论

21 世纪以来，跨国公司国际化进程中面临的不确定因素逐渐增加，国内外学者主要从交易成本视角和实物期权视角来分析不确定条件下跨国公司的国际化行为（Ahsan & Musteen，2011）。基于交易成本视角的跨国公司国际化分析主要强调消极规避不确定性；基于实物期权视角的跨国公司国际化分析不仅承认交易成本原则，而且更加关注“价值创造”和“机会成本”。该理论认为，跨国公司国际化环境的不确定因素越大，“权变决策”越有价值，跨国公司越有机会减少不利因素造成的损失，同时通过甄别国际化环节中的外生与内生不确定性，采取早期试探性和适应性投资等方式来把握面向未来扩张机会的战略期权。跨国公司在国际投资过程中同时面临投资不可逆性、环境不确定性等条件，实物期权理论比交易成本理论更好地解释了跨国公司的国际化行为，因此，实物期权理论逐渐成为不确定条件下跨国公司国际化研究的主流理论（吴崇和胡汉辉，2012）。

跨国公司在国际化进程中需要关注外生不确定性和内生不确定性。外生不确定性主要包括制度、汇率等变化导致的不可控制（Miller & Reuer，1998）。外生不确定性与企业自身的行为无关。跨国公司只能等到外部不确定因素由不利转为有利时，才进行国际直接投资。Ahsan 和 Musteen（2011）对 2008 年全球金融危机的研究充分说明了跨国公司缺乏应对外部不确定性所需的知识与技能。内生不确定性主要包括市场需求不确定性（Brouthers et al. ，2008）和文化整合不确定性（Cuypers & Martin，2010），发展中国家跨国公司主要凭借学习能力和积极主动的行为降低或者消除内生不确定性(Guillen & Canal,2009)。

### 2.4.2 中观层面的相关理论

#### 2.4.2.1 发达国家对外直接投资理论

2.4.2.1.1 产品生命周期理论

美国经济学家弗农(R. G. Vernon)在其1966年发表的论文《产品生命周期中的国际投资与国际贸易》中,通过实证分析美国跨国公司的国际直接投资行为提出了"产品生命周期理论"。弗农将产品生命周期与国际直接投资结合起来,分析了产品生命周期变化对跨国公司对外直接投资产生的影响。经过赫希哲和威尔斯等的拓展,产品生命周期理论逐步完善。

产品生命周期理论从动态角度考察了跨国公司的对外直接投资行为,认为是否进行对外直接投资一方面受到要素优势互补的影响,另一方面也受到制度安排及自身发展战略的影响。弗农将产品生命周期分为创新阶段、成熟阶段和标准化阶段。跨国公司对外直接投资行为是根据比较优势和竞争条件的变化,运用产品生命周期规律做出的战略选择。产品生命周期理论从内因和外因的角度解释了发达国家对外直接投资迅速增长的原因。

产品生命周期理论的不足之处包括:首先,对外直接投资研究的范围仅局限于美国特定时期高度创新的制造业,难以解释资源与能源行业等与产品生命周期无关的对外直接投资行为,也无法解释跨国公司的全球战略性安排;其次,对于跨国公司将新产品的研发、生产、销售直接放在国外,或者同时在国内外市场推出相同产品的投资行为,未能给出相应的解释。

2.4.2.1.2 国家竞争优势理论——基于空间组织发展模式的视角

迈克尔·波特(Michael Porter,1990)在其专著《国家竞争优势》中系统地描述了国家竞争优势理论。该理论的核心内容"钻石模型"从四种环境因素入手,解释了国家特定产业在激烈的国际竞争中获胜的条件(详见

图2-1)。①生产要素状况。主要包括两种分类方法:第一种,将要素分为初级要素(自然资源、气候、非熟练劳动力等)和高级要素(基础设施、人力资本、科研机构等);第二种,依据专业化程度,将生产要素分为通用要素(公路系统、融资等)和专用要素(技术型人力等)。根据波特的“钻石模型”,一国某产业基于生产要素建立持久的国际竞争力离不开高级要素和专用要素,即必须从事生产要素的创造,才能形成持久的国际竞争优势。②国内需求状况。国内市场需求通过三种方式影响一国产业的国际竞争力:一是国内市场需求性质,即国内市场需求是否具有全球性、超前性、高标准等特点;二是国内市场的规模与成长速度;三是转化为国际市场需求的能力。③支持性产业与相关产业状况。一方面,当本国支持性产业(供应商)的国际竞争力较强时,这些产业可以通过各种方式促进国内企业的技术创新和信息传递,提升下游产业的国际竞争力。另一方面,当某产业的国际竞争力较强时,通过“提升效应”(Pull-Through Effect)可以带动国内相关产业的发展。④企业战略、企业结构与竞争。波特通过实证分析发现,国内市场的激烈竞争迫使企业通过技术创新、品牌管理等手段提高生产效率,从而取得持久的产业竞争力,这也是创造和保持一国产业国际竞争优势的主要因素。⑤政府。波特在其著作《国家竞争优势》中提倡,政府应当扮演具有建设性、行动性的角色,政府的首要任务是创造一个有利于生产率提升的社会环境,在定价、贸易壁垒等方面应减少干预,而在提供高质量的基础设施、人才培养等方面应扮演积极的角色。波特认为,良好的制度环境如教育、职业协会、标准制定机构及法律系统等,可以有效提升产业的国际竞争力。

竞争优势理论认为,产业国际竞争力的提升仅仅依靠劳动力、自然资源、资本投入等存在片面性,强大的科技基础和高素质人才是国家竞争优势的主要来源。但是,波特的国家竞争优势理论是企业和产业竞争优势加总的一个推广,将企业和产业简单加总存在方法论上的错误,不能简单向上加总扩展成为指导国家制定产业政策的依据(林毅夫和李永军,2003)。

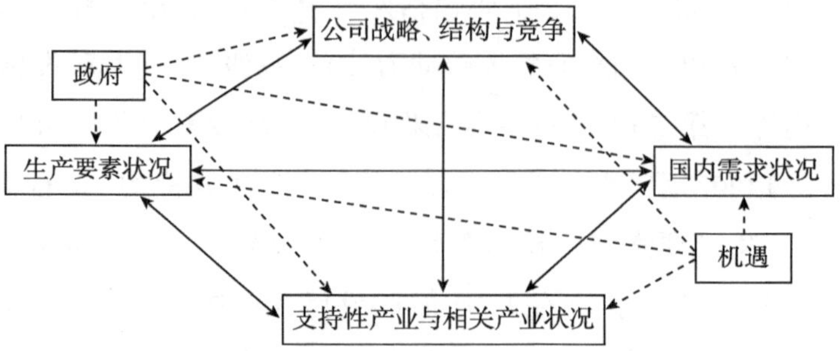


**图 2-1　迈克尔·波特的"钻石模型"**

资料来源：Porter M E. The Competitive Advantage of Nations [M]. London: MacMillan, 1990.

#### 2.4.2.2　发展中国家对外直接投资理论

##### 2.4.2.2.1　比较优势理论：边际产业扩张理论

日本学者小岛清（Kiyoshi Kojima，1977）以日本 20 世纪 50—70 年代的对外直接投资为研究对象，运用比较优势原理提出了"边际产业扩张理论"。该理论认为，对外直接投资应当从本国（投资国）的边际产业依次进行。边际产业是指在投资国已经或者即将丧失比较优势，而在东道国还具有明显或者潜在比较优势的产业。他针对国内的经济情况提出日本在对外直接投资方式上应选择与东道国技术差距较小的产业依次进行投资的建议，同时采用与东道国政府合办或者非股权安排方式建立合资公司；在投资国别上，应选择从差距较小、容易转移的技术向发展中国家进行投资；在投资与贸易关系方面，对外直接投资与贸易之间是互补关系，即对外直接投资不会替代投资母国同类产业的出口，反而会进一步带动国内相关产业的发展。

小岛清的"边际产业扩张理论"对处于对外直接投资发展初期阶段的中国而言意义重大。我国对外直接投资的对象主要是发展中国家。将我国成熟的技术与东道国廉价的生产要素相结合，可以有效满足东道国当地的市场需求。

比较优势理论在诸多领域取得了重大进展（Bombardini，2012）。金融发展、制度环境、规模经济以及异质性企业等因素对比较优势的影响受到学术界的广泛关注（Morrow，2010；Lai & Zhu，2008）。国内外学者主要关注比较优势与经济理论的融合、产业内贸易、技术进步等新经济现象,同时在分析方法上也突破了静态分析的局限,对不断更新的国际经济实践给出了更为合理的解释。

2.4.2.2.2 一体化国际投资发展理论

“一体化国际投资发展理论”由小泽辉智(T. Ozawa,1992)提出,他将对外直接投资、比较优势和经济发展三种具有相互作用的因素融为一体。发展中国家可以利用国家间动态比较优势的互补性和经济社会发展阶段的差异性实现赶超或者经济转型(Ozawa,1992)。

2.4.2.2.3 对外投资不平衡理论

Hwy－Chang Moon 和 T. W. Roehl(2001)从跨国公司资产组合平衡的视角提出了著名的“对外投资不平衡理论”。该理论认为,对外直接投资有利于跨国公司提升竞争优势与产品的升级换代。当跨国公司存在缺乏技术优势、无法实现规模经济以及资产相对不平衡等问题时,可以通过对外直接投资在东道国寻求技术等补偿性资产,实现资产组合平衡,从而提升跨国公司的国际竞争力。因此,对外直接投资是发展中国家摆脱相对劣势、实现转型升级的有效途径。

2.4.2.2.4 LLL 分析框架理论

Mathews(2006)基于发展中国家的视角,通过分析亚太地区跨国公司对外直接投资行为和跨国并购的相关案例,提出了“LLL 分析框架理论”。该理论认为,新兴经济体的跨国公司作为后来者,可以通过对外直接投资获得外部资源联系(Linkage)、杠杆效应(Leverage)、干中学(Learning),从而形成新的竞争优势,实现产业结构的调整和优化升级。

### 2.4.3 宏观层面的相关理论

#### 2.4.3.1 发达国家对外直接投资理论

发达国家的对外直接投资理论主要是东道国生产要素决定论。该理论认为,东道国的要素价格和要素质量在一定程度上影响了对外直接投资,发达国家的跨国公司通常会选择劳动力要素价格较低的国家(地区)进行对外直接投资。实证研究结果表明,东道国劳动力价格的高低与国际直接投资流入存在反向相关关系(Moore,1993;Love & Lage Hidalgo,2000)。Klein 和 Rosengren(1994)、Barrell 和 Pain(1996)对发达国家 FDI 流入规模与劳动力成本的实证研究表明,一国的劳动力价格较高时,会使本国更多的 FDI 流出以及更少的 FDI 流入。

#### 2.4.3.2 发展中国家对外直接投资理论

##### 2.4.3.2.1 投资发展周期理论

邓宁(John H. Dunning)从动态视角解释了发展中国家的对外直接投资行为,丰富和完善了国际生产折衷理论。投资发展周期理论认为,一国的对外直接投资行为直接取决于该国人均 GNP 的高低。邓宁根据人均 GNP 的差异划分了四个经济发展阶段,与之相对应,对外直接投资地位也分为四个层次。①人均 GNP 低于 400 美元的国家几乎没有对外直接投资,吸引的外国直接投资也几乎为零;②人均 GNP 为 400 ~ 2000 美元的国家对外直接投资水平很低,随着本国制度环境的改善,吸引的外商直接投资逐年增多,但对外直接投资净额仍然为负;③人均 GNP 为 2000 ~ 4750 美元的国家对外直接投资迅速增长,增速有可能超过吸引外国直接投资的速度,但对外直接投资净额仍然为负;④人均 GNP 在 4750 美元以上的国家对外直接投资要大于吸引外商直接投资额,对外直接投资净额为正,且逐年增加。

随着学科之间的交叉与融合逐步加快,邓宁在吸收新制度经济学派诺斯(North)和纳尔逊(Nelson)最新研究成果的基础上,提出了一个结合微观层面跨国公司及其子公司创新能力、适应能力与宏观层面制度变迁的综合分析框架,进一步丰富和完善了国际生产折衷理论。

对外直接投资活跃以及资本输出多的国家,其经济实力和生产力均比较发达,但该理论仅将人均 GNP 作为划分对外直接投资水平和经济发展时期的唯一指标存在诸多局限性,与现实国际直接投资实践相悖。

##### 2.4.3.2.2 投资诱发要素组合理论

投资诱发要素组合理论的核心观点是,任何形式的对外直接投资都是由人力资本、技术、管理技能等投资直接诱发因素和间接诱发因素相互作用发生的。当投资国在直接诱发因素上有相对优势时,投资国可以通过对外直接投资将技术、资源、信息等要素转移出去；反之，当东道国有直接诱发要素的比较优势时，投资母国可以有效利用东道国的这种要素对东道国进行国际直接投资。间接诱发投资的要素主要包括投资国政府诱发因素、东道国诱发因素以及全球性诱发因素。其中，投资国政府诱发要素主要包括双边投资协定、鼓励直接投资的政策法规等；东道国诱发因素主要包括完善的基础设施、有效的知识产权保护体系、稳定的政局等；全球性诱发要素主要包括集团化与区域化的发展程度、汇率与利率的波动、技术革命等。

投资诱发要素组合理论的创新之处在于强调了间接诱发投资要素对国际直接投资的重要作用，而先前的投资理论主要强调人力资本、技术、资源、管理技能等直接诱发要素在对外直接投资中发挥的作用，因此，该理论从新的视角解释了一国对外直接投资的条件与动因。尽管直接诱发要素是一国进行对外直接投资的主要诱发因素，但绝大多数发展中国家在直接诱发因素方面处于劣势，其对外直接投资主要依赖间接诱发要素。该理论为发展中国家的对外直接投资提供了新的理论支撑。该理论的不足之处主要表现为没有深入分析对外直接投资的发展规律与过程（朱巧玲和董莉军，2011）。

## 2.5 企业异质性与对外直接投资的区位选择

目前，学术界在微观层面主要研究企业异质性与是否进行对外直接投资的关系。Bernard 等（1995）首先提出了企业异质性的概念；Melitz（2003）利用主流分析方法，将企业的生产要素差异作为衡量企业异质性的主要标准，开创了企业异质性理论。目前，以企业异质性为视角的研究已经成为国际学术界的前沿。

Antras 和 Helpman（2004）的研究结果表明，企业异质性允许生产性企业采取不同的发展战略将自身生产链条的一部分转移至其他国家，生产性企业基于自身在技术、管理、信心等方面的特性选择进入海外市场，因此，异质性造成了跨国公司对外直接投资战略的多样性。

Bernard 等（2006）通过分析美国对外直接投资企业、非出口企业、出口企业的全要素生产率、经济规模以及劳动密集度等指标，发现生产率最低的企业只在国内销售,生产率较高的企业选择出口,而生产率最高的企业则会选择对外直接投资。

Mayer 和 Ottaviano(2007)通过对欧盟企业的数据进行实证研究发现,大部分欧洲企业并没有选择出口或者对外直接投资,只有极少部分企业选择出口或者对外直接投资,并且这些出口或者对外直接投资企业的生产率要比其他企业高许多。

Damijan 等(2007)利用斯洛文尼亚的数据验证了对外直接投资与企业生产率之间的关系,结果与 Helpman 等(2004)的结论基本一致——生产率最高的企业往往选择对外直接投资,其他企业选择出口或者国内销售。另外,Damijan 等的研究还发现,跨国公司对高收入国家和低收入国家的投资门槛不存在显著差异。

Yeaple(2009)基于美国跨国公司的数据进行实证研究后发现,对外直接投资企业与出口企业类似,都存在二元边际,即跨国公司对外直接投资不仅存在投资额的增长,也存在投资东道国数量的增加。结果显示:美国跨国公司的集约边际和扩展边际同时产生作用。一方面,跨国公司生产率越高,海外子公司的销售收入和公司规模越大;另一方面,跨国公司的自我选择效应会影响其对外直接投资区位选择的广度,当跨国公司的生产率高于多数东道国生产率的“阈值”时,会选择对更多的国家开展国际直接投资。因此,企业生产率较高的企业,对外直接投资的存量和流量也较多,在目的国和当地的销售额也越多。

Ryubei 和 Tanaka(2009)利用日本的相关数据分析了日本跨国公司对外直接投资区位选择对企业生产率的影响,研究结果表明,同时在美国和欧盟投资的跨国公司比只在美国或欧盟投资的跨国公司的企业生产率高,而投资东亚国家跨国公司的企业生产率不一定高于日本国内生产或者出口的企业。

随着研究的深入,国内外学者不仅从生产率差异视角分析跨国公司对外直接投资的区位选择,而且从不同生产率的跨国公司通过自身选择效应视角分析跨国公司对外直接投资的区位选择。

Chen 和 Moore(2010)利用法国微观数据测度了企业的全要素生产率(TFP),并从企业异质性的视角分析了法国跨国公司如何通过自身选择效应自动地进入不同的东道国。实证结果表明:法国高生产率的跨国公司更愿意到制度环境更差的东道国,尤其是那些进口关税税率较低、市场潜力较小、单位劳动成本较高的国家(地区)开展对外直接投资;控制国家(地区)、跨国公司差异因素后,发现生产率差异对跨国公司的自我选择效应存在显著影响。

Ryuhei 和 Takashi(2012)基于我国台湾地区的企业数据分析了该地区跨国公司的国际化行为。研究结果表明:向高收入国家进行投资的跨国公司要比向低收入国家进行投资的跨国公司企业生产率更高,但不一定比非对外直接投资企业的生产率高;向多个东道国投资的跨国公司要比向单个东道国投资的跨国公司生产率高。

随着中国企业大规模的"走出去",越来越多的国内学者开始关注中国企业的对外直接投资行为。

阎大颖、洪俊杰、任兵(2009)利用 2006—2007 年中国工业企业数据库与商务部对外直接投资企业名录合并的微观数据,实证分析了政府政策扶持、海外关系资源以及企业融资能力三种制度因素对中国跨国公司对外直接投资的动机与能力的影响。研究结果表明:政府政策扶持、海外关系资源和企业融资能力三种制度因素对贸易型、生产型、研发型、资源型对外直接投资的影响存在显著差异。

余淼杰和徐静(2011)基于浙江省微观层面的对外直接投资数据,运用面板数据模型检验了企业生产率与对外直接投资的关系。实证结果表明:对外直接投资不会减少企业的出口,二者之间存在稳健的互补关系。

Wang 等(2012)对 2006—2007 年中国工业企业数据库与商务部对外直接投资企业名录数据进行合并,得到 667 个对外直接投资观测值,并在此基础上研究了政府参与和中国企业对外直接投资之间的关系。研究结果表明:政府参与程度可以显著影响企业对外直接投资的区位选择和投资金额。

田巍和余淼杰(2012)基于 2006—2008 年浙江省制造业对外直接投资

企业层面的数据,运用 O-P 法测度了企业全要素生产率,并深入分析了对外直接投资与企业生产率之间的关系。研究结果表明:企业的生产率越高,"走出去"的概率越大,对外直接投资的金额也越多;东道国收入水平与企业对外直接投资无显著关系。

王方方和赵永亮(2012)利用经典的企业异质性理论,分析了中国企业对外直接投资的区位选择及动力机制,并利用广东省企业层面数据实证分析了异质性对企业对外直接投资的影响。研究结果表明:企业异质性不仅影响了跨国公司对外直接投资的模式和数量,其空间效应还对跨国公司对外直接投资的区位选择具有直接影响。

蒋冠宏和蒋殿春(2013)利用 2005—2009 年中国工业企业数据库中的服装、纺织、鞋帽类企业的数据与商务部对外直接投资企业名录合并数据,分析了对外直接投资与企业生产率之间的关系。实证结果表明:企业生产率越高,越有可能进行对外直接投资;东道国收入水平与企业对外直接投资无显著关系;生产类企业的生产率高于商贸服务类企业;向多个东道国投资的企业不一定比向单个东道国投资的企业生产率高。

陶攀和荆逢春(2013)利用 2003—2007 年中国工业企业数据库与商务部对外直接投资企业名录的合并数据,得到 641 家企业的 806 个对外直接投资观测值,基于企业异质性理论探讨了中国企业对外直接投资的扩展边际,并分析了中国跨国公司对外直接投资的区位选择。实证结果表明:中国企业对外直接投资行为中存在自我选择效应,生产率越高的企业越有可能开展对外直接投资;向多个东道国投资的企业要比向单个东道国投资的企业生产率高;中国企业更偏向于选择 GDP 规模较大、劳动力成本较低、贸易成本较高和生产率阈值较低的国家进行对外直接投资。

综上所述,国内外学者基于企业异质性视角对中国对外直接投资的研究出现大幅度增长,表明中国的对外直接投资实践与经济理论前沿的进一步融合。目前的研究主要集中在企业生产率高低与对外直接投资区位选择之间的关系上,而关注中国企业对外直接投资能否提升中国企业的全要素生产率和企业技术创新能力的研究较少,本书便以此作为研究的重点。

## 2.6 对外直接投资逆向技术溢出效应

国外学者研究发达国家跨国公司对外直接投资行为时发现:跨国公司对外直接投资通过逆向技术溢出效应提升母公司及其他相关企业的技术水平,通过技术转移和技术扩散提升整个国家的技术升级与国际竞争力,形成良性的技术正向循环反馈机制。那么作为发展中国家的一员,我国对外直接投资能否产生逆向技术溢出效应?“走出去”战略能否提升母国企业、产业、区域乃至整个国家的技术创新能力和全要素生产率?

### 2.6.1 企业层面的逆向技术溢出效应

随着越来越多的中国跨国公司异军突起,中国的跨国公司不仅投资于发展中国家,也开始向发达国家进行直接投资,那么中国企业“走出去”的成效如何?是否提升了企业的生产率?这些都引起了国内外学者的广泛关注。我国国内有关对外直接投资成效的论文较少,且主要集中于定性研究和案例分析;关于对外直接投资对企业生产率进步以及技术升级影响的研究也较少。

Driffield 和 Love(2005)利用在英国直接投资企业的相关数据,实证分析了对外直接投资是否产生了逆向技术溢出。研究结果显示:来自美国的直接投资没有对英国本土企业产生技术溢出,而来自其他国家的直接投资与英国本土企业产生了双向技术溢出效应;外国跨国公司在英国技术密集型部门直接投资的目的是获取先进的技术、知识和管理经验等。

Pradhan 和 Singh(2009)利用印度汽车产业 1988—2008 年的企业层面数据,实证分析了印度汽车产业对外直接投资是否产生了逆向技术溢出。研究结果表明:无论是对发达国家还是对发展中国家进行直接投资,都显著提升了印度国内汽车企业的技术创新水平和全要素生产率。

赵伟等(2006)认为,对外直接投资通过研发费用分摊机制、研发成果反馈机制、逆向技术转移机制、外围技术研发剥离机制提升了中国国内企业的技术创新能力,并利用 1985—2004 年中国对外直接投资的数据验证了对外直接投资的逆向技术溢出效应。实证分析结果表明,对外直接投资对中国国内企业技术提升的影响逐渐显现。

李泳(2009)利用1996—2006年中国上市公司数据库与商务部对外直接投资企业名录合并的数据,实证分析了中国跨国公司对外直接投资的技术进步效应和产出增长效应。研究结果表明:总体上,我国跨国公司海外直接投资并没有显著提升企业的技术水平和产出增长;而对发展中国家的对外直接投资在短期内(1~2年)的技术提升效应和产出增长效应低于同期国内投资,长期无显著影响;对发达国家的投资在前两年不存在显著的产出增长效应,两年后开始有显著提升效应。另外,投资发达国家的技术提升效应在一年期内显著高于国内投资。

### 2.6.2 区域层面的逆向技术溢出效应

随着中国跨国公司OFDI的规模不断扩大,国内外学者也开始关注中国OFDI的逆向技术溢出效应及其对国内区域技术进步的促进作用。目前,学术界利用相关数据得出的结论不尽相同。

张宏和郭庆玲(2011)基于C-H模型和L-P模型,利用中国2003—2008年30个省份的面板数据,实证分析了对外直接投资对省域层面全要素生产率的影响。研究结果表明,对外直接投资显著提升了我国整体的全要素生产率,并且对我国东中西部地区的全要素生产率的提升作用存在显著差异。

李梅和柳士昌(2012)利用2003—2009年的省际面板数据,采用系统GMM估计方法分析了我国OFDI的逆向技术溢出效应,并检验了影响OFDI对TFP和各种吸收能力因素的门槛特征。实证分析结果表明,OFDI逆向技术溢出存在显著的区域差异,东部发达地区逆向技术溢出效果要优于中西部地区。

沙文兵(2012)基于省际面板数据,研究了OFDI的逆向技术溢出对国内创新能力的影响。结果表明,OFDI逆向技术溢出效应对以专利授权量为代表的区域技术创新能力产生了显著的正向影响。

而另外一些学者的实证结果却表明,对外直接投资获得国际 R&D 溢出并没有显著提升区域技术创新能力和全要素生产率。

李梅和金照林(2011)在阐明对外直接投资逆向技术溢出效应相关机理的基础上,利用 2003—2008 年的中国省际面板数据,实证分析了对外直接投资对全要素生产率的影响。研究结果表明:OFDI 获得国际 R&D 溢出并没有显著提升全要素生产率及区域技术创新能力,即没有出现积极的逆向技术溢出。进一步研究发现,我国东部与中部地区的对外直接投资对提升全要素生产率具有显著影响,而西部地区的回归结果则不显著,东部地区拥有丰厚的人力资本, 可以增强逆向技术溢出的吸收能力,从而提升全要素生产率与技术创新能力,而中西部地区由于人才匮乏,无法发挥人力资本的积极作用。

陈菲琼等(2013)基于 2003—2010 年的省际面板数据,通过在 L - P 模型中引入技术吸收能力和通过 OFDI 获得的国外研发资本存量的交互项,检验了 OFDI 与区域技术创新之间的关系。实证结果表明,OFDI 并不能显著提升中国的技术创新能力。

### 2.6.3 国家层面的逆向技术溢出效应

Potterie 和 Lichtenberg(2001)首次将 OFDI 作为溢出渠道引入 C - H 模型,以验证 OFDI 的逆向技术溢出效应。他们利用美国、日本等 13 个国家 1971—1990 年的数据验证了 OFDI、FDI、出口三种渠道的国际 R&D 溢出效应。实证结果表明,OFDI 的确提高了母国的全要素生产率和技术创新能力。

Braconier 等(2001)利用瑞典跨国公司的相关数据,通过实证分析得出 OFDI 规模、东道国的研发资本存量与母国跨国公司获得的技术溢出是正相关的关系。因此,跨国公司在技术研发要素丰裕的东道国集中投资有助于其获得更多的国际 R&D 溢出。

邹玉娟和陈漓高(2008)认为,中国对外直接投资规模的逐年扩大必然会影响母国的技术进步。他们利用 1986—2006 年的相关数据检验了全要素增长率与对外直接投资增长率之间的关系,实证结果表明二者存在同步关系,这意味着随着我国“走出去”战略的实施,对外直接投资增长率会进一步提升全要素生产率,但由于对外直接投资规模较小,对外直接投资增长率在提升全要素生产率方面并不显著。

白洁(2009)利用1985—2006年中国对14个国家和地区的对外直接投资数据,运用L-P模型测度了对外直接投资获得的国际研发资本存量,通过实证分析对外直接投资对全要素生产率的影响,得出对外直接投资逆向技术溢出与全要素生产率提升存在正相关关系的结论,但回归结果并不显著,其原因可能是技术获取型对外直接投资的规模和比例较小、对外直接投资主要集中在非技术密集型产业等。

王英和刘思峰(2008)基于1985—2005年的相关数据,实证分析了外商直接投资、对外直接投资、出口、进口四种投资渠道获得的国际R&D溢出对中国全要素生产率的影响。研究结果显示,对外直接投资为传导机制的国际R&D溢出对我国的技术进步并没有显著作用。

## 2.7 空间集聚效应研究及其测度

空间集聚是区域经济活动明显的特征,受到国内外学者的广泛关注(Krugman,1996;Duranton & Puga,2001;Henderson,2003;路江涌和陶志刚,2007),全球范围内产业的空间集聚是经济发展到一定阶段的必然趋势。空间集聚作为区域组织的一种形式,推动了集聚区域的经济发展,提升了产业竞争力,已经成为区域乃至我国经济发展的重要模式,对我国经济发展具有重要的战略意义。

目前,空间集聚已经成为国内外学者研究的热点。国内主要研究空间集聚的性质、优势、测度方法,而对形成机制、创新能力和创新绩效贡献等的研究较少。产业空间集聚的形成机制、空间集聚对我国区域和产业技术创新能力及技术创新效率的影响都是本书要分析和探讨的问题。

空间集聚效应可以分为专业化和多样化两种效应。专业化效应是指在某一区域内相同或相关产业通过集聚产生的外部经济效应。多样化效应是指在某一区域出现多类产业集聚所带来的外部经济效应。

### 2.7.1 空间集聚效应文献综述

Beardsell 和 Henderson(1999)基于美国 1977—1992 年的 317 个大城市计算机产业的面板数据,分析了该产业集聚的空间布局演变进程。研究结果表明,计算机产业存在非常明显的空间集聚效应,人力资源丰富的城市更能吸引计算机产业集聚,产业是否存在外部知识溢出主要取决于其集聚程度。

Devereux 等(2004)测度了英国产业的地理集聚效应和产业集聚效应。研究结果表明,在产业集聚方面,高技术产业并不是集聚程度最高的产业,很大一部分集聚程度较高的产业是技术含量不高、进入门槛较低、存活率较高、创造就业机会较少的产业。

Wang 和 Lin(2008)利用相关数据考察了中国电子及通信设备制造业(ICT)的集聚趋势。研究结果表明:ICT 制造业部门存在向东部沿海省份集聚的态势,空间集聚、创新与区域经济发展不存在显著的相关关系。

王子龙、谭清美、许箫迪(2006)基于 1994—2003 年的面板数据,使用多种方法分析了中国高技术产业的空间集聚水平。研究结果表明:利用产业空间集聚 $\beta$ 指数和行业集中度 $CR_n$ 指标测度的我国高技术产业总体集聚程度在逐年提高。高技术产业集聚一方面带来了经济增长,另一方面也加剧了我国区域间经济发展的不平衡。

梁晓艳等(2007)基于中国 1995—2004 年高技术产业的省级面板数据,使用高技术产业规模以上企业产值指标分析我国高技术产业的空间分布状况,通过使用 Theil 熵以及相对增长速度的计算方法发现,我国高技术产业向东部沿海省份集聚,这将加剧该产业省域间发展的不平衡。另外,使用空间计量模型中的莫兰指数发现,我国高技术产业的发展水平和发展模式存在明显的空间依赖特征。

陈建军和胡晨光(2008)以 1978—2005 年长江三角洲次区域数据为样本,运用误差修正模型和协整分析方法,从理论和实证层面分析了“中心—外围”式的产业集聚给相关集聚区域所带来的技术进步、经济发展和索罗剩余递增三种集聚效应。实证结果表明,产业在特定空间的自我集聚能够促进该地区的技术进步并提高居民生活质量,增强该产业的区域竞争力。

苏红键和赵坚(2011)以2001—2008年长江三角洲经济圈地级市的面板数据为样本,实证分析了该区域制造业增长所带来的空间结构效应。实证结果表明,在长三角经济圈内部,制造业的地理集聚显著降低了产业的增长速度,区域内存在广域集聚效应,制造业存在长期趋同的趋势。区域内城市层面的制造业专业化程度与产业增长负相关,表明区域内部城市制造业可以实现多样化发展。

孙玉涛、刘凤朝、徐茜(2011)以我国1995—2007年高技术产业数据为样本,运用空间基尼系数、集中度指数和莫兰指数,实证分析了我国高技术产业空间集聚效应和空间溢出效应。研究结果表明,我国高技术产业空间分布演变主要受到政府支持和市场力量的影响,学习能力、吸收能力是影响高技术产业空间集聚的重要影响因素。

席艳玲和吉生保(2012)基于我国1997—2010年高技术产业的相关数据,使用多种方法测度了该产业的空间集聚水平。研究结果表明,我国高技术产业空间集聚水平受到产业规模、基础设施完备程度、人资资本丰裕程度、外商直接投资规模等因素的影响。

金春雨和王伟强(2015)基于我国1999—2011年31个省份(市、自治区)高技术产业的空间面板数据模型,实证分析了我国高技术产业的空间集聚效应及其主要影响因素。实证结果表明:我国高技术产业在省域层面存在明显的正向集聚特征,其中基础设施、进出口、人力资本、研发资本等因素对高技术产业空间集聚存在正向显著影响;邻近地区的知识溢出、市场规模等因素存在负向显著影响。

### 2.7.2 空间集聚效应的测度

本书在分析产业空间集聚对技术创新能力和全要素生产率的影响时,首先,需要测度产业的集聚程度;其次,要建立空间面板模型,并分析其对产业技术创新能力和全要素生产率的影响。由于知识溢出、创新扩散、资本、人力等因素的跨区域流动,产业集聚程度会受到临近区域集聚水平的影响,即存在空间依赖或空间相关性。空间依赖性(相关性)是指观测值受到空间作用的影响而在地理上产生集聚或特定区位的观测值受到临近地区影响的现象。当相邻地区的低值或高值出现空间集聚时,则为正向空间自相关;反之,如果相邻地区的数值出现被相异值(高—低,低—高)包围时,则为负向空间自相关。

#### 2.7.2.1 产业层面空间集聚程度的测度

产业集聚能够给当地经济的发展带来集聚效应、协同效应、区位效应等一系列优势,对我国产业空间布局和区域经济的持续发展具有重要影响。本节从产业和区域两个视角来测度空间集聚水平。

空间集聚程度在产业层面的测度方法主要有产业集中度($CR_n$)、赫芬达尔—赫希曼指数(HHI 指数)、熵指数(Entropy Index)、空间基尼指数(Space Gini Coefficient)、E - G 指数、空间集聚指数(Concentration Index of Industry Space)等指标。上述测度方法以产业为研究对象,用于测度产业在不同区域间的空间集聚程度。

##### 2.7.2.1.1 空间基尼指数(Space Gini Coefficient)

美国著名经济学家保罗·克鲁格曼于 1991 年提出了空间基尼系数,用于测度美国制造业的集聚程度,经过一系列改进后用于比较地区某一产业的总产值占该产业全部总产值的比重。空间基尼系数是测度产业空间集聚的主要方法,计算公式如下:

$$G = \sum_{i=1}^{m} (x_i - s_{ij})^2 \tag{2-1}$$

一个经济体可划分为 $m$ 个单位(如省、市、区等),$x_i$表示区域 $i$ 全部总产值占全国总产值的比重,$s_{ij}$表示行业 $j$ 在区域 $i$ 的总产值占该行业全国总产值的比重。空间基尼系数越大,表明该产业的集聚程度越高。

##### 2.7.2.1.2 赫芬达尔—赫希曼指数(Hirschman - Herfindahl Index, HHI 指数)

HHI 指数最初由 A. Hirschman 提出,用于测度产业集聚程度,后经哥伦比亚大学的 O. Herfindahl 进一步完善,计算公式如下:

$$G_i = \sum_{j=1}^{N} S_j^2 = \sum_{j=1}^{N} (X_j/X)^2, j = 1,2,\cdots,N \tag{2-2}$$

式中，$X$ 表示产业的全国总产值，$X_j$ 表示企业 $j$ 的总产值，$S_j = X_j/X$ 表示企业 $j$ 的市场占有率，$N$ 表示该产业的企业总数量，HHI 指数赋予了大企业更高的权重。

2.7.2.1.3　产业集中度指数

产业集中度指数（$CR_n$）作为衡量产业集中度最简单、常用的指标，衡量了一国或区域的市场结构，其内在含义是指市场上 $n$ 家企业占全部市场 $N$ 家企业指标总额的比重，具体计算公式如下：

$$CR_n = \sum_{i=1}^{n} X_i / \sum_{i=1}^{N} X_i \tag{2-3}$$

式中，$X_i$ 表示厂家 $i$ 的某项指标（销售额、主营业务收入、员工总数等），分子代表 $n$ 家企业对应指标之和，分母代表市场上所有企业对应指标的数值总和。在产业分析过程中，一般 $n$ 取 1、4 或 8 等。

2.7.2.1.4　E－G 指数

E－G 指数用于测度产业空间集聚程度（Ellision & Glaeser，1997）。该指标的优势是充分考虑了技术溢出、企业规模等因素，计算公式如下：

$$\gamma_j = \frac{G_j - [1 - \sum_{i=1}^{m} x_i^2] H_j}{[1 - \sum_{i=1}^{m} x_i^2](1 - H_j)} = \frac{\sum_{i=1}^{m} (x_i - s_{ij})^2 - [1 - \sum_{i=1}^{m} x_i^2] \sum_{k=1}^{n} z_{jk}^2}{[1 - \sum_{i=1}^{m} x_i^2](1 - \sum_{k=1}^{n} z_{jk}^2)} \tag{2-4}$$

一个经济体可以划分为 $m$ 个单位，区域内行业 $j$ 共有 $n$ 个企业，$x_i$ 表示区域 $i$ 全部总产值占全国总产值的比重，$s_{ij}$ 表示行业 $j$ 在区域 $i$ 的总产值占该行业全国总产值的比重，$z_{jk}$ 表示企业 $k$ 的产值占行业 $j$ 的全国总产值的比值。另外，产值数据也可以用就业数据来替代。式（2－4）中，$H_j$、$G_j$ 分别表示行业 $j$ 的赫芬达尔—赫希曼指数和空间基尼系数。在实际分析过程中，$\gamma_j > 0$ 表示该行业呈现空间集聚化；当 $0 < \gamma_j < 0.02$ 时，表明该行业为低度集聚；当 $0.02 \leqslant \gamma_j < 0.05$ 时，为中度集聚；当 $\gamma_j \geqslant 0.05$ 时，为高度集聚；$\gamma_j < 0$ 表示该行业呈现空间分散化趋势。

结合我国的现实情况,统计年鉴中一般缺乏单个企业的数据,为此,本书假设同一规模的企业产值相同,则调整后的赫芬达尔—赫希曼指数计算公式为

$$H'_j = \frac{s_{js}^2}{n_{js}} + \frac{s_{jm}^2}{n_{jm}} + \frac{s_{jl}^2}{n_{jl}} \tag{2-5}$$

式中,$s_{js}$、$s_{jm}$、$s_{jl}$ 分别表示我国小型、中型、大型企业总产值占行业 $j$ 全国总产值的比重,$n_{js}$、$n_{jm}$、$n_{jl}$ 分别表示我国小型、中型、大型企业的个数。

2.7.2.1.5 熵指数

熵指数用于测度行业专业化水平,行业专业化水平越高,意味着该行业在区域之间的发展越不平衡;反之,行业专业化水平越低,行业在区域间的发展越均衡。

假设产业部门总产值为 $Y$(总就业人数、主营业务收入等指标),$Y_i$ 表示地区 $i$ 产业产值(就业人数、主营业务收入等指标),全国总计有 $N$ 个区域,则 $\sum_{i=1}^{N} Y_i = Y$。其中,$P_i = Y_i/Y$,$\sum_{i=1}^{N} P_i = 1$。产业集聚程度的熵指数的计算公式为

$$H = -\sum_{i=1}^{N} P_i \log P_i, H \geqslant 0 \tag{2-6}$$

当 $Y_1 = Y_2 = Y_3 = \cdots = Y_N$ 时,$P_1 = P_2 = P_3 = \cdots = P_N$。此时,产业专业化水平最低,产业区位分布均衡;反之,表明产业差距拉大,产业集聚程度较高。

2.7.2.1.6 产业综合集聚指数

笔者在实际分析过程中发现,使用不同单项指标得出的空间集聚程度结果存在较大差异。因此,单一指标难以客观公正地反映一个地区真实的产业空间集聚程度。为此,本书从产业投入与产出两个方面计算产业综合集聚指数($\mathrm{HTZH}_{it}$),该方法采用多维要素权重与分析方法测度产业空间集聚程度。

$$\mathrm{HTZH}_{it} = \alpha \mathrm{HTIZH}_{it} + \beta \mathrm{HTOZH}_{it} \tag{2-7}$$

$$\mathrm{HTZH}_{it} = \alpha\left[w_1 \frac{K_{it}}{\sum K_{it}/n} + w_2 \frac{L_{it}}{\sum L_{it}/n} + w_3 \frac{\mathrm{RD}_{it}}{\sum \mathrm{RD}_{it}/n}\right] + \beta\left[w_1 \frac{T_{it}}{\sum T_{it}/n} + w_2 \frac{P_{it}}{\sum P_{it}/n} + w_3 \frac{\mathrm{EXV}_{it}}{\sum \mathrm{EXV}_{it}/n}\right] \tag{2-8}$$

在式(2－7)和式(2－8)中，$\mathrm{HTZH}_{it}$、$\mathrm{HTIZH}_{it}$、$\mathrm{HTOZH}_{it}$分别表示省份$i$在第$t$年的产业综合集聚程度、投入集聚程度、产出集聚程度；在指标选取时，依据产业的实际情况和可供选择的指标两个原则，选择固定资产投入$K_{it}$、劳动力投入$L_{it}$、研发经费投入$\mathrm{RD}_{it}$、主营业务收入$T_{it}$、利润总额$P_{it}$、出口交货值$\mathrm{EXV}_{it}$；$n$表示省区市的个数。另外，在分析的过程中如何确定$\alpha$、$\beta$以及$w_1$、$w_2$、$w_3$的赋值是一个紧迫而现实的问题。本书参考施海燕(2012)的做法，并经德尔菲法测定，分别令$\alpha=0.45$、$\beta=0.55$；$w_1$、$w_2$、$w_3$分别赋值为0.5、0.3、0.2。

#### 2.7.2.2　区域层面空间集聚程度的测度

##### 2.7.2.2.1　区位熵指数

区位熵指数(Location Quotient，LQ)又称地区专业化指数，用于衡量某一产业在特定区域的集聚程度，计算公式为

$$\mathrm{LQ}_{ij} = \frac{HT_i}{X_i} = \frac{x_{ij}/\sum_i x_{ij}}{\sum_j x_{ij}/\sum_i \sum_j x_{ij}} \tag{2-9}$$

式中，$\mathrm{LQ}_{ij}$表示$i$地区$j$产业的区位熵指数，$x_{ij}$表示省份$i$产业$j$的总产值，$\sum_i x_{ij}$表示$j$产业的全国总产值，$\sum_j x_{ij}$表示地区$i$所有产业的总产值，$\sum_i \sum_j x_{ij}$表示全国所有产业的总产值。产业区位熵指数用于测度某地区$j$产业在全国产业中所处的水平，该指标越高，表明区域专业化水平越高，产业集聚程度也越高。当$\mathrm{LQ}_{ij}>1$时，表明$i$地区产业$j$的专业化水平处于相对比较优势的地位，$j$产业的集聚程度大于全国的平均水平；当$\mathrm{LQ}_{ij}<1$时，表明$i$地区$j$产业的专业化水平处于比较劣势的地位，$j$产业的空间集聚水平低于全国平均水平。因此，区位熵$\mathrm{LQ}_{ij}$越大，表明该地区$j$产业的空间集聚水平越高。

2.7.2.2.2 产业地方化系数

产业的空间集聚度也可以使用地方产业化系数(樊福卓,2007)来表示,计算公式为

$$Agg_j = \frac{1}{2}\sum_{i=1}^{m}[\mid s_{ij} - s_j \mid \sum_{j=1}^{n} E_{ij}] / \sum_{i=1}^{m} E_{ij} \qquad (2-10)$$

式中,$Agg_j$ 表示产业 $j$ 的地方产业化系数,$E_{ij}$ 表示 $i$ 地区产业 $j$ 的总产值,$s_{ij}$ 表示 $i$ 地区产业 $j$ 占该地区工业总产值的比重,$s_j$ 表示我国产业 $j$ 总产值占全国工业总产值的比重。产业 $j$ 的地方产业化系数的取值范围为[0,$1-s_j$],其值越大,表明产业 $j$ 的空间集聚程度越大。

2.7.2.2.3 区位基尼系数

区域基尼系数的基本原理是用地理单元及其经济活动指标替换洛伦兹曲线中的个体及个体收入指标,然后用所有地理单元及其活动按照从低到高的顺序替换原来的收入指标,并依据目标产业区位进行排序。其计算公式为

$$G_i = \frac{1}{2n^2\bar{s}_i}\sum_{p=1}^{n}\sum_{q=1}^{n} \mid s_p^i - s_q^i \mid \qquad (2-11)$$

式中,$G_i$ 为产业 $i$ 的区位基尼系数,$s_p^i$ 和 $s_q^i$ 分别表示区域 $p$ 和 $q$ 产业 $i$ 的区域总产值占全国总产值的比重,$n$ 为区域的总体数量,$\bar{s}_i$ 表示所有产业 $i$ 的区域总产值占全国总产值比重的平均值。区域基尼系数 $G_i$ 的取值范围为[-1,0],其值越大,表明该产业在区域内的地理布局与国家整体工业地理布局的差距越大,该产业的空间集聚程度越高,反之越低。

# 3 制度环境、OFDI 逆向技术溢出对技术创新非均衡发展影响的内在机制

一国(区域)经济长期稳定的增长离不开技术创新的发展和制度环境的改善。技术创新活动作为一项由大中型企业、高等院校、研究机构等多主体共同参与的系统工程,是在特定制度环境中进行的,会受到很多外在因素的影响。制度作为公共物品,通过制度框架、制度安排及制度创新等多种机制影响企业、产业、区域乃至国家层面的技术创新。

本章基于第二章有关发展中国家的“小规模技术理论”“技术地方化理论”“技术累积理论”和“全球价值链理论”来分析中国的对外直接投资行为。企业通过对外直接投资在海外设立子公司或 R&D 机构,可以更好地吸收国外的技术,实现技术竞争力的提升,并利用企业内部机制向母公司转移和扩散先进技术,促进母公司的生产率进步与技术创新能力提升,也使得这些先进技术在母公司所在国的企业间扩散和再创新,最终带来集聚效应,提升母国技术创新能力和全要素生产率。

结合研究对象,本章从绿地投资出发,首先从企业层面分析制度变迁、OFDI 逆向技术溢出对企业技术创新能力和全要素生产率影响的微观机理;其次,从区域和高技术产业层面予以深入分析;最后,从国家层面分析东道国制度环境(双边制度距离)、OFDI 逆向技术溢出对国家技术创新影响的作用机制。

## 3.1 制度环境、OFDI逆向技术溢出提升企业技术创新能力的内在机制①

### 3.1.1 制度环境提升企业技术创新能力的机制

我国企业技术创新能力的提升，一方面依赖于广泛使用先进的技术生产设备、从事自主研发活动、参与全球价值链并不断向价值链的高附加值环节攀升、参与全球市场出口获得“出口中学习”效应等；另一方面依赖于我国所处的以建立社会主义市场经济体制为导向的制度环境的改革与完善（张杰等，2011；吴延兵，2006；成立为和孙玮，2012）。中国正处于市场化转型过程中，从理论上分析制度环境对提升企业技术创新能力和企业全要素生产率的作用意义重大。

与广大发展中国家类似，中国内部的制度环境处于不断的发展变革当中，制度层面的改革是中国经济持续健康发展的根本动力，技术创新是企业生存和发展以及保持持续竞争力的源泉。在未来很长的一段时期内，企业的技术创新活动都将在特定的制度环境中进行。制度环境主要从以下几个方面影响企业的技术创新（如图3－1所示）。

第一，政府干预行为的减少有利于企业技术创新。

中国的制度变迁是强制性制度变迁，即由中央政府“自上而下”地推行，政府充当第一行动集团，以命令和法律形式强制实行的制度变迁。随着改革开放的深入，尽管政府对企业技术创新的干预程度在逐年降低，但也会贯穿于我国社会主义市场经济改革的始终。因此，在中国制度转型时期，不断变迁的经济制度会与既定不变的政治制度存在一定矛盾，不同制度要素的企业合法性也会相互抵触，这不利于企业技术创新行为的选择与实施。政府行政干预行为的减少在某种程度上降低了行政垄断对各种资源的扭曲，有利于市场对技术创新资源的合理配置，即可以把有限的技术创新资源配

① 本部分内容刊发于《科技管理研究》2015年第21期。

置到那些更适合市场需求的新产品当中,从而有效提升企业的技术创新能力和全要素生产率。

第二,完善的产品市场和要素市场有助于提升企业技术创新能力和全要素生产率。

首先,完善的产品市场能够更好地发挥价格信息和新产品信息等的传递功能。在价格信息传递方面,发育完善的产品市场能够及时有效地反映市场的供求关系,将企业有限的研发资源投入到收益更高、风险更低的产品当中(方军雄,2007);在新产品信息传递方面,发育完善的产品市场有利于企业针对新产品需求信息开展专业的研究与开发活动。

其次,发育完善的要素市场有利于高素质人才和要素资源在不同企业、地区、行业间的流动和转移,从而提升创新资源的效率;技术市场作为要素市场的重要组成部分,其发展和完善有助于各种新技术在不同企业之间的扩散和溢出,对提升企业的技术创新能力和技术创新效率具有重要作用。

第三,非国有经济的发展有利于企业提升技术创新能力和全要素生产率。

非国有经济的发展一方面改变了国有企业的行为,导致国有企业预算约束硬化,需要通过优化研发资源或裁减冗员实现技术创新;另一方面,非国有经济的发展提高了产品市场的竞争程度,激励企业提高创新资源的管理水平,优化创新资源配置,提升企业的技术创新能力(戴魁早和刘友金,2013)。

第四,明晰的产权和有效的专利保护制度有助于提升企业的技术创新能力。

明晰的产权可以保证创新者对研发成果享有一定的独占权,排除他人对创新权益者的侵犯,让技术创新主体最大限度地享受其权益并承担与之相应的义务。有效的知识产权保护制度可以极大地调动企业从事技术创新活动的积极性和主动性,一方面可以保证创新者有效地收回研发成本,另一方面也保证了创新成果在不同企业之间的有序转让,有利于技术创新和技术扩散。明晰的产权和有效的专利保护制度有利于社会产生更多的发明成果，从而提高整个社会的技术创新水平。

综上所述，在中国由计划经济向市场经济转型的过程中，良好的制度环境有助于增强企业整体的研究和开发能力，以及抵御各种风险的能力，这对推动我国经济的持续发展意义重大。

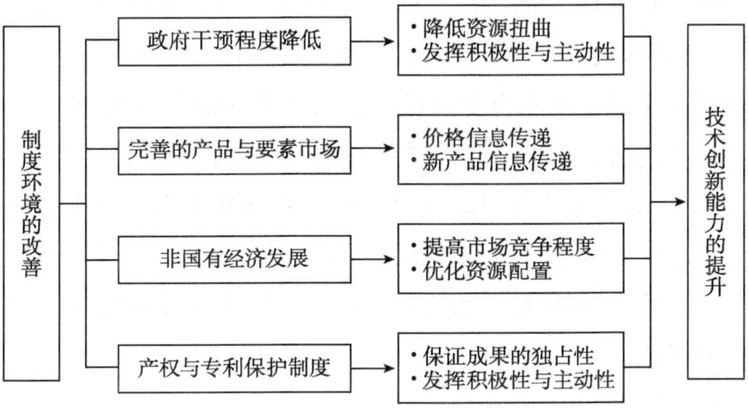


**图 3－1　制度环境提升企业技术创新能力的内在机理**

本章提出如下假设：

**假设** H3－1：对全样本而言，制度环境的改善有助于提升企业技术创新能力和全要素生产率。

作为全球最大的发展中国家，中国各地区在资源禀赋、文化习惯以及制度环境等方面存在明显差异，同时，我国实施的是财政分权制度，各级政府通过市场分割鼓励和扶持当地企业发展，导致各地区政策的制定与实施等存在较大差异，这些因素导致各地区制度环境存在显著差异，而制度环境差异必然影响各地区企业的技术创新能力和全要素生产率（见图 3－2）。

第一，各地区制度环境的差异会影响契约的实施效率，进而影响不同地区企业的技术创新能力和全要素生产率。当一个地区的制度环境较好时，契约的依赖性更强，企业之间的分工程度也更高，这些都有助于提升当地企业的技术创新能力和全要素生产率。张杰等（2010）指出，完善的制度环境会促进那些依赖契约实施质量的产业的中间供应商采取更先进的生产方式和组织方式，从而获得更高的创新能力和企业全要素生产率。

第二,各地区的制度环境和金融市场发展水平与当地企业的技术创新活动密切相关。地区的制度环境与金融市场发展程度存在正向相关关系,金融制度产生与演进的主要动力是节约交易费用,金融制度提供的规则与惯例降低了企业的融资成本,提高了企业的信贷额度,有助于那些依赖外部融资的企业和产业的发展。良好的金融制度可以降低机会主义发生的概率,同时为创新活动主体从事技术研发活动提供内在动力与激励。另外,一个地区良好的金融制度能将金融风险分散到不同的投资渠道,为技术创新活动提供更多的资金保证,从而提高企业技术创新活动的稳定性。

第三,地方政府实施的财政分权制度以及 GDP 锦标赛式的竞争导致各地区之间出现严重的市场分割和地方保护主义,这些影响了各地区制度环境的收敛速度,导致不同地区之间制度环境的差异,进而也影响了当地企业的技术创新活动。

基于此,本章提出假设 H3 -2。

**假设** H3 -2:省域制度环境差异可以显著影响各地区的企业技术创新能力和全要素生产率。

假设 H3 -1 和 H3 -2 将在本书的第 5 章第 5 节得到验证。

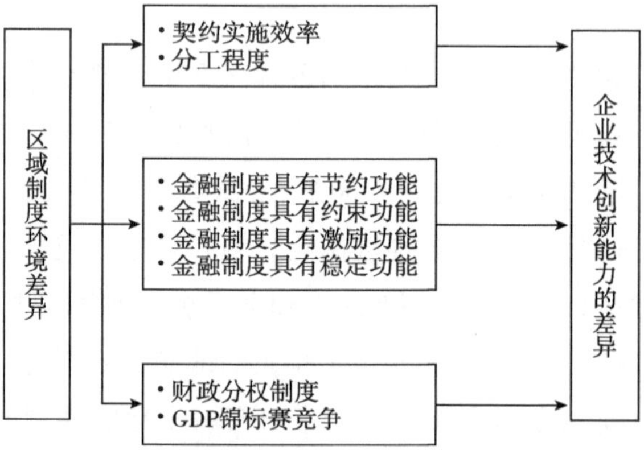


**图 3 -2　区域制度环境差异影响企业技术创新能力的内在机理**

### 3.1.2　OFDI逆向技术溢出提升企业技术创新能力的内在机制

跨国公司OFDI的形式按照投资方式的不同可以分为绿地投资①和并购投资②，但考虑到重要性以及篇幅的限制，本章主要从绿地投资视角分析我国跨国公司从东道国获得OFDI逆向技术溢出，提升企业技术创新能力的微观机理。在绿地投资过程中，OFDI主要通过以下两种途径影响母国跨国公司的技术创新：一是向技术要素密集的发达国家（地区）进行投资，通过国际R&D溢出效应影响跨国公司的技术创新；二是向劳动要素密集的发展中国家进行投资，通过扩大市场份额、提高产量、改变投资母国劳动力要素禀赋之间的比例等途径影响母国跨国公司的技术创新。

#### 3.1.2.1　绿地投资逆向技术溢出促进跨国公司技术进步的内在机理

在开放的经济体中，一国的技术进步主要取决于国内自主R&D投入和国际R&D溢出，其中，国际R&D溢出主要通过OFDI逆向技术溢出、吸引FDI、进口贸易三种渠道影响一国的技术创新。发达国家跨国公司主观上不会通过FDI扩散自己的先进技术，而是有目的地防止垄断技术扩散。目前，我国跨国公司不能期望从发达国家的FDI中获得过多的技术溢出，因此，我国需要实施"走出去"战略，开展OFDI获取国际R&D技术溢出。我国跨国公司绿地投资投向OECD国家的产业技术聚集地，并充分利用东道国地方产业集聚提供的技术溢出机会，才能最大化逆向技术溢出的效果。

另外，逆向技术溢出效应还会受到投资双方的制度环境、经济开放程度、金融发展程度等宏观因素的影响，也会受到外部网络和产业政策等产业层面因素的影响，更重要的是会受到投资企业自身的吸收能力和股权比例因素的影响（陈菲琼和虞旭丹，2009）。

---

① 绿地投资又称新建投资，是指母国跨国公司在东道国境内研发资本存量密集地区建立新工厂和研发机构的投资模式，然后通过自身研发投入以及东道国非自愿的技术扩散提升自身技术水平。

② 跨国并购是指母国跨国公司在东道国境内通过并购当地技术研发企业以及科研机构等方式，快速获取国外先进的技术经验。

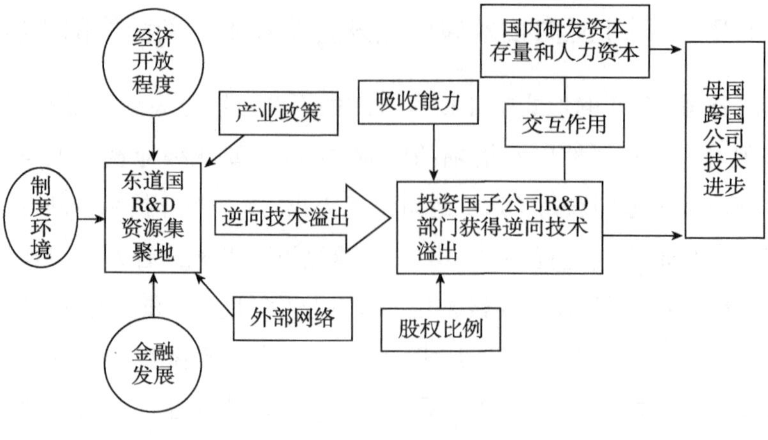


**图 3－3　绿地投资逆向技术溢出促进跨国公司技术进步的内在机理**

### 3.1.2.2　影响逆向技术溢出效应的因素

第一，宏观层面。东道国良好的制度环境、不断提高的经济开放程度、高效的金融体系都有助于我国跨国公司通过 OFDI 与发达国家先进技术要素融合，获得国际 R&D 逆向技术溢出。

第二，产业层面。技术外部网络可以通过转包等方式促进价值链上下游企业之间的技术联系，使得产业集群内的技术创新可以快速扩散至其他公司。因此，跨国公司通过 OFDI 嵌入当地技术网络，有助于增强子公司从技术外部网络获取国际 R&D 技术溢出。另外，东道国政府的产业政策也会影响 OFDI 逆向技术溢出。

第三，企业层面。我国跨国公司技术创新能力的提升不仅取决于 OFDI 逆向技术溢出效应的供给方，也取决于溢出效应接受方自身技术的吸收能力和子公司的股权比例。

（1）茹玉骢（2004）认为，“吸收能力”是 OFDI 促进跨国公司技术进步的前提条件。吸收能力是指公司对新技术的获取、识别、消化、吸收、模仿并最终实现商业化应用的一种能力（Cohen & Levinthal，1990）。Siotios（1999）指出，当东道国的技术水平较低时，或跨国公司自身不具备吸收和消化先进技术的能力时，国际 R&D 溢出的概率就会较小。因此，跨国公司自身的吸收能力对提升自身的技术创新能力至关重要。

(2)子公司的股权比例。跨国公司在东道国设立的子公司主要包括合资和独资两种所有权形式。不同的产权制度安排会影响国际 R&D 技术溢出的效果。Dunning(1998)的研究结果表明,海外子公司的研发活动若采取合资型股权方式,将更能对母公司及集团内其他子公司产生技术溢出效应,这主要归功于合资子公司更有利于投资双方员工的直接接触,有更多彼此相互学习和交流的机会。

#### 3.1.2.3 向发达国家投资的逆向技术溢出机理

跨国公司在 OFDI 过程中主要通过以下路径促进母公司技术创新能力的提升(如图 3-4 所示)。

第一,集聚溢出机制。这是 OFDI 逆向技术溢出的主要形式。很多学者认为研发活动是产生溢出的源泉(D. T. Coe & Helpman,1995;F. R. Lichtenberg & B. P. Potterie,2001),研发活动的集聚溢出受到广泛关注,研发活动要素、知识成果等在一定区域范围内可以共享,跨国公司的子公司可以嵌入当地的研发网络,掌握最新的技术动态;在区位上的聚集使企业更容易感受到竞争压力,从而加大技术投入,提升研发水平;跨国公司与技术优势企业形成战略联盟,可以零距离参与研发,获得更多的溢出并分享联合研发的成果(陈菲琼等,2003;陈岩,2011)。

第二,经营成果反馈机制。陈菲琼和虞旭丹(2009)的研究结果表明,海外子公司在东道国经营获得的收益如果继续留在子公司内部,就可以进一步增强子公司自身的吸收能力、股权结构以及技术溢出能力。另外,海外子公司在东道国经营获得的专利、管理经验、上下游渠道等战略资源,是母公司获取国际 R&D 逆向技术溢出的形式。

第三,人员流动机制。在开放的经济环境中,国内外公司之间的合作与交流逐渐增多,相关技术人员、管理人员等之间的流动大量存在于我国的 OFDI 中,人员流动能够产生新的知识外溢,通过培训等方式进一步扩大这种外溢效应,有助于提升母公司的技术研发能力和知识吸收能力。

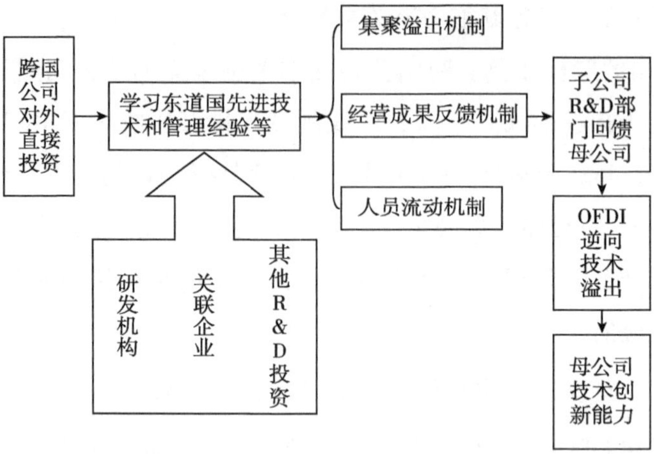


**图 3-4　企业层面向发达国家进行对外直接投资提升技术创新能力的微观机制**

#### 3.1.2.4　向发展中国家进行对外直接投资促进母国技术进步的微观机理

2014 年，我国 OFDI 流向发展中国家的金额高达 976.8 亿美元，占全国外向型直接投资总额的 79.3%（中国对外直接投资公报，2014）。因此，分析向发展中国家进行对外直接投资对促进母国技术进步的微观机理显得十分必要。向发展中国家进行 OFDI 时，劳动力成本是跨国公司所需考虑的重要因素，因此，我国跨国公司通常将价值链中需要密集使用劳动力的环节配置在发展中国家，而将需要密集使用熟练劳动力的生产活动留在国内。我国向发展中国家绿地投资的主要目的是降低成本和开拓市场，然而在客观上，市场的扩大以及产量的上升所带来的规模经济和研发费用的分摊也会促进公司整体技术水平的提升（如图 3-5 所示）。

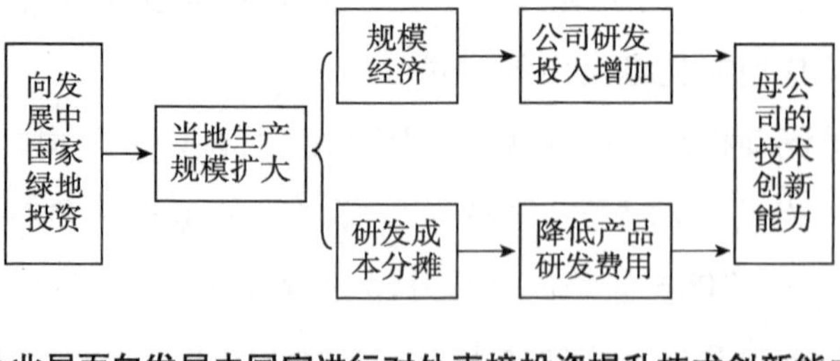


**图 3-5　企业层面向发展中国家进行对外直接投资提升技术创新能力的微观机制**

跨国公司在向发展中国家OFDI过程中主要通过以下路径提升母公司的技术创新能力。

第一,规模经济机制①。在全球价值链中,规模经济主要是指规模扩大到一定程度使得技术上不可分割的某一价值链环节的单位成本降低所带来的效益增加。跨国公司根据不同价值链环节要素禀赋特征在全球范围内寻找最适合的生产区位,并在价值环节空间重组和片段化过程中进行专业化的生产分工。当企业的产量达到规模经济所需的标准时,跨国公司就可以通过扩大销售市场来实现规模效益。随着企业总收入的增加,可用于研发投入的资金也将增多,进而增强企业的技术创新能力和全要素生产率。

第二,研发费用分摊机制。我国跨国公司与合资企业以及东道国政府之间相互合作,可以通过共同分摊研发费用达到降低单位产品研发费用的目的。此外,合作中的跨国子公司通过溢出效应将获得的技术创新能力反馈回母公司,可以有效提升母公司的技术研发实力。我国的跨国公司在发展中国家投资设厂,通过规模经济机制和研发费用分摊机制实现技术创新的良性发展。

基于此,本章提出以下假设:

**假设** H3－3:OFDI逆向技术溢出可以显著提升各地区的企业技术创新能力和全要素生产率。

假设H3－3将在本书的第5章第5节进行验证。

---

① 规模经济分为内在规模经济和外在规模经济。前者是指企业的平均生产成本随着企业自身规模的扩大而下降;后者是指整个行业(生产部门)的规模和产量扩大而使个别经济实体平均成本下降或收益增加,即企业平均成本主要与整个行业的规模有关,而与单个厂商的生产规模无关。

## 3.2 制度环境、OFDI逆向技术溢出提升区域技术创新能力的内在机制①

### 3.2.1 制度环境提升区域技术创新能力的机理

制度环境决定企业技术创新模式和资源配置效率，并通过“扩散机制”和“市场竞争机制”直接或间接地影响区域技术创新。因此，制度环境对区域技术创新的重要性已经得到广泛认同（张宗和、彭昌奇，2009；曹琪格、任国良、骆雅丽，2014）。基于此，笔者认为，制度环境从宏观和微观两个方面影响区域技术创新，如图3-6所示。

（1）从宏观方面看，所有制结构、资源分配方式、产业政策等制度因素都会影响区域技术创新能力。

在公有制条件下，企业产权不清晰，经济活动常常受到政府的干预，企业对自身的收益缺乏决定权和所有权，无法对技术创新活动进行有效的激励，这时利润最大化并不是企业的唯一目标。因此，从某种程度上说，企业更像一个小型政府，难以有效从事技术创新活动；而在私有制条件下，市场竞争更有利于企业技术创新活动的开展。

作为发展中国家的一员，中国在从计划经济体制向社会主义市场经济体制转型的过程中，政府和市场作为资源配置的主体，形成了计划经济体制与市场经济体制长期并存的二元结构环境。在资源有限的条件下，政府干预与市场调节存在此消彼长的关系。在计划经济体制下，中央政府对经济活动的统一安排与协调难以建立健全的正式规则和法律制度，尤其是无法保护私有产权和专利，更无法调动企业从事技术创新活动的积极性和主动性。高度集权的中央计划经济体制不仅削弱了企业之间的竞争与合作，降低了企业开展技术创新活动的积极性和主动性，也阻碍了企业之间在知识和技术方面的交流和学习，不利于技术的溢出和扩散。在计划经济体制下，

① 本部分内容刊发于《世界经济研究》2015年第9期。

企业的生产活动经常被高度政治化,无法形成“干中学”的技术创新生成机制,损害了企业从事生产活动的积极性和主动性。

综上所述,由于资源配置方式不同,企业获得技术和研发资源的方式就有所不同,进而对企业的技术创新投入产生的影响也就不同。政府制定激励研发的产业政策,可以有效促使企业进行技术创新,这不仅能给应用该技术的产业或企业带来经济效益,还可以通过“扩散机制”影响区域技术创新能力。

(2)从微观方面看,首先,制度环境通过“市场竞争机制”促使大中型企业、高等院校、科研机构等创新主体主动调整技术创新策略和改变自我激励,对技术创新的投入、产出、扩散以及环境支持都会产生影响。其次,制度环境可以降低创新主体的交易费用、保护企业知识产权、减少或约束破坏经济发展的行为,有助于提升区域技术创新能力。区域技术创新是在特定产权制度下按利润最大化原则展开研发行为的结果,良好的知识产权保护制度既能保证技术研发资源的高效配置,又会影响创新主体的激励机制。因此,制度环境在区域技术创新过程中发挥着重要作用。

不同地区的制度环境和经济发展水平存在差异,使得技术创新主体对市场竞争的敏感度、区域制度环境做出的反应可能不同。因此,制度环境对区域技术创新能力的影响预期存在明显区域差异。

基于宏观和微观两个层面的分析,本章提出以下假设:

**假设** H3-4:其他因素保持不变,制度环境对技术创新能力的影响存在区域差异。

假设H3-4将在本书第6章的第4节进行验证。

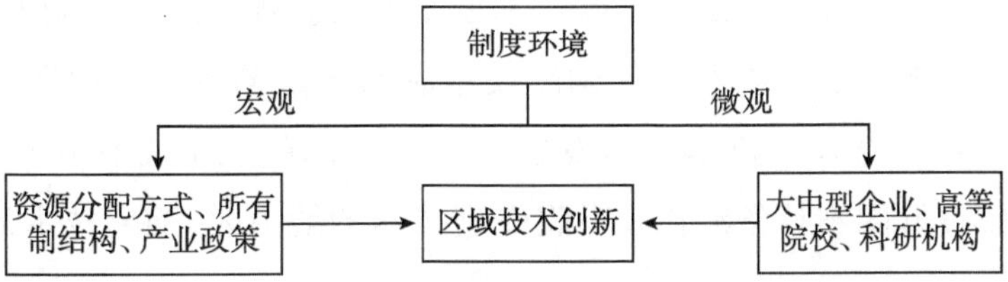


**图3-6 制度环境影响区域技术创新能力的内在机制**

### 3.2.2 OFDI逆向技术溢出提升母国区域技术创新能力的机理①

提升区域技术创新能力的另一种途径是OFDI逆向技术溢出，它可以发生在发达国家之间，也可以发生在发展中国家对发达国家的投资中（Kogut & Chang，1991）。跨国公司在OFDI过程中主要通过以下机制提升母公司的技术创新能力：

（1）集聚溢出机制。这是OFDI逆向技术溢出的主要形式。F. R. Lichtenberg和B. P. Potterie（2001）认为，研发活动是溢出机制产生的源泉。通常来说，研发活动、知识成果等要素可以在一定范围内共享，跨国公司通过OFDI进入东道国R&D活动集聚地区，及时掌握最新技术动态，然后扩散至母国，从而提升母国区域的技术创新能力。

（2）学习模仿机制。区位聚集有利于跨国公司子公司（R&D机构）更好地学习和模仿东道国企业（R&D机构）的技术，即跨国公司通过获取合作伙伴或兼并对象的R&D资源、拓展原有研发活动等学习模仿行为提升自身的科研实力和技术创新能力。

（3）人员流动机制。在全球开放经济环境中，国内外公司之间的合作和交流逐渐增多，相关技术人员、管理人员的流动普遍存在于中国的OFDI中。人员流动能够产生新的知识外溢，同时员工培训等交流方式能扩大这种外溢效应，有助于提升母公司的知识吸收能力和技术研发能力，进一步提升母国的区域技术创新能力（陈岩，2011）。

母公司通过上述三种机制获得研发溢出，经消化、吸收转化为自身的技术创新能力，进而提升母国的区域技术创新能力。投资双方在制度环境、技术差距、经济发展水平以及其他国际技术溢出渠道的规模方面存在较大差异，导致接收方以人力资本和研发投入为代表的吸收能力存在较大差异。因此，当投资母国不具备消化和吸收先进技术的能力时，逆向技术溢出效应

① 由于篇幅的限制，此处并没有给出制度因素影响OFDI母国逆向技术溢出效应的内在机制，但经检验得出二者之间的相关系数为0.59，表明多重共线性问题并不严重。非常感谢匿名审稿人提出的宝贵意见，当然，文责自负。

发生的概率就会很小(Cohen & Levinthal,1990)。因此,本章提出以下假设:

**假设** H3 -5:母国的吸收能力越强,OFDI 对区域技术创新能力的提升越明显。

中国东、中、西部地区的经济发展水平、制度环境、自主 R&D 水平等存在较大差异,导致各个区域的技术吸收能力有所不同。因此,不同地区通过 OFDI 所获得的逆向技术溢出效应可能存在明显的区域差异,进而影响其技术创新能力。因此,本章提出以下假设:

**假设** H3 -6:制度变迁、OFDI 逆向技术溢出对提升包括投入能力、产出能力、扩散能力、环境支持能力在内的技术创新能力存在区域差异。

假设 H3 -5 和 H3 -6 将在本书第 6 章的第 4 节和第 5 节进行验证。

## 3.3　制度距离、OFDI 逆向技术溢出提升国家创新能力的内在机制

### 3.3.1　东道国制度环境提升投资母国创新能力的内在机制

制度理论认为,一国经济体制、政治体制、价值体系以及社会规则组成的制度环境可以显著影响企业的生产经营活动,跨国公司在东道国开展对外直接投资时,必须适应东道国的制度环境,从而获得社会合法性和市场合法性(祁春凌和邹超,2013)。东道国完善、高效、透明的制度环境可以保护企业和投资者的合法权益,保障海外子公司在东道国的长远发展。海外子公司在东道国良好的制度环境下可以学习和吸收东道国同行业的先进技术,进而将先进技术反馈至母国,提升投资母国的技术创新能力和全要素生产率;反之,东道国的制度环境较差时,无法保护投资者的知识产权和收益,投资成本和投资风险就会比较高,跨国公司也就无法获得技术溢出,无法提升母公司乃至投资母国的创新水平。

本书在理论与实证分析过程中借鉴 Kolstad 和 Wiig(2010)及 Amighini 等(2011)的研究成果,选取世界银行编制的全球治理指标 WGI(Worldwide Governance Indicators)作为一国制度环境的代理变量,该指标主要包括六个方面:话语权和责任、政治稳定性、政府效率、规管质量、法治规则、腐败控

制。这里依次分析这些制度因素对投资母国创新能力的影响(详见图3－7)。

(1)话语权与责任。

跨国公司对外直接投资能否成功在很大程度上受到东道国公民话语权的影响。东道国公民拥有较强的话语权(意志)时,可以影响政府的投资决策,尤其是海外子公司的设立阶段,东道国公民的话语权会影响政府对外资的态度,进而直接影响到子公司能否成功设立;在海外子公司的生产经营过程中,当地政府会受到公民意志的影响,进而影响海外子公司的持续经营。

(2)东道国的政治稳定性。

东道国稳定的政治环境能够为跨国公司的生产经营提供一个安全、可靠、稳定的发展环境,保证海外子公司的资产免于受到战乱、经济大幅度波动、政局动荡的影响,是海外子公司生存与发展的基本保障(宗芳宇等,2012)。反之,如果东道国政局动荡,则无法保证海外子公司的知识产权及外资政策的连续性,从而会损害投资者的收益和产权。

(3)东道国的政府效率与规管质量。

东道国政府的工作效率主要体现在政府服务质量和政府管理质量两个方面。首先,东道国政府的工作效率决定了政府在东道国的地位和作用,高效的服务质量可以为海外子公司的发展提供政府战略支持、完备基础设施以及高素质人力资本等良好的外部环境,有助于海外子公司的技术创新和技术升级,进而提升投资母国的技术水平;其次,高效的政府管理水平可以降低经济的波动性,有利于海外子公司的持续健康发展。因此,东道国政府廉洁、高效的工作效率可以正向显著影响母公司乃至投资国的创新水平和全要素生产率。

(4)东道国的法制规则。

法制规则规范了个人与社会最基本的行为准则。法制化程度较高的国家(地区),法律约束力比较强,经济社会环境的复杂程度也较低。东道国良好的法律制度是形成有序经商环境的基本保障,能降低海外子公司的交易成本,提高其运营效率,也有利于海外子公司长期稳定的发展,同时可以集中全部精力提升企业的技术创新能力和产品的国际竞争力。

(5)东道国的腐败控制。

东道国政府腐败增加了创新活动的成本,主要表现在以下两方面:首先,降低了东道国各级政府的工作效率,延长了海外子公司的设立时间;其次,导致"寻租"行为的发生,当腐败变得有利可图时,跨国公司容易受到激励,将资金、人员直接用于腐败活动而非技术创新活动。因此,东道国政府腐败会对海外子公司的设立、经营以及技术创新活动产生显著的负面影响。我国跨国公司应当选择腐败程度较低的国家(地区)开展对外直接投资,这有助于海外子公司与当地企业间的技术交流和技术溢出,继而提升母公司乃至母国的创新能力。

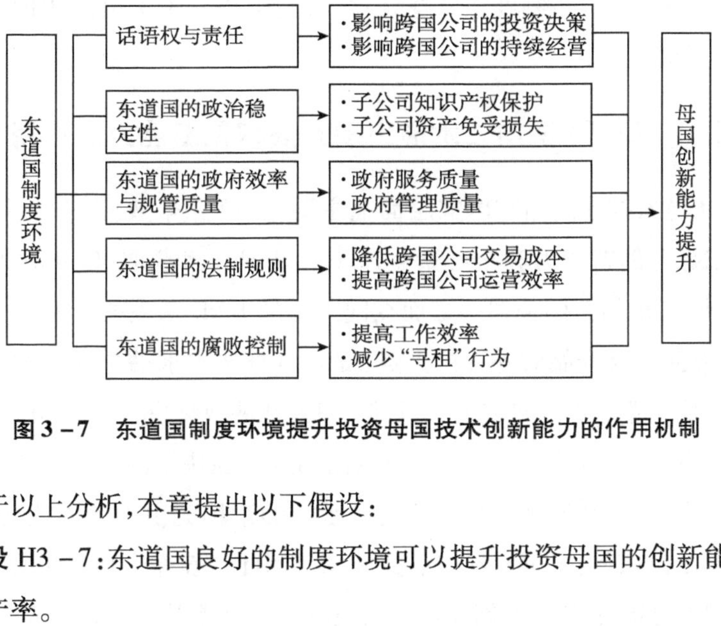


**图 3－7　东道国制度环境提升投资母国技术创新能力的作用机制**

基于以上分析,本章提出以下假设:

**假设** H3－7:东道国良好的制度环境可以提升投资母国的创新能力和全要素生产率。

## 3.3.2　双边制度距离提升投资母国创新能力的作用机制

制度因素对母国技术创新能力的影响一方面来源于东道国本身的制度环境,另一方面来源于中国与东道国双边的制度距离。双边制度距离是指两个国家在正式制度(规章、法律、经济与政治规则)以及非正式制度(风俗习惯、行为准则、道德规范)方面的差异程度。从跨国公司的长期发展来看,双边制度距离并非越小越好，基于母国竞争优势的跨国公司应当选择双边制度距离较小的国家开展对外直接投资；基于东道国竞争优势的跨国公司应当选择正向制度距离较大的国家进行对外直接投资（Xu et al.，2002）。不具备母国竞争优势的发展中国家跨国公司在进入国际市场时，并未遵循“先易后难”的投资模式，而是为了寻求战略性资产（品牌、管理制度、高素质研发人才等）和获取东道国先进的知识、技术等而选择与中国经济距离和政治距离较大的发达国家开展对外直接投资，这不仅提升了海外子公司的技术创新能力，也通过技术扩散和技术转移提升了投资母国的创新能力（刘晶和朱彩虹，2012）。

基于此，本章提出以下假设：

**假设** H3－8：双边制度距离越大，越有利于提升投资母国的创新能力和全要素生产率。

### 3.3.3 OFDI 逆向技术溢出提升国家创新能力的作用机理

OFDI 逆向技术溢出在国家层面上主要通过“竞争效应”和“示范效应”提升国家综合创新能力和全要素生产率。开展技术获取型 OFDI 和战略资产寻求型 OFDI 的跨国公司一方面在国内增加 R&D 研发投入和人力资本投资，另一方面积极开展对外直接投资，提高自身技术水平与核心竞争力。投资母国其他企业会纷纷效仿这些企业，积极开展战略资产寻求型 OFDI 和技术寻求型 OFDI。另外，OFDI 逆向技术溢出效应加快了国内产品和技术的更新换代速度，国内其他企业为了避免在激烈的市场竞争中被淘汰，会加大研发投入力度，不断缩短研发到产品的周期。因此，“竞争效应”和“示范效应”有利于投资母国形成技术创新的良性循环，从而提升整个国家的综合创新能力和全要素生产率。

基于此，本章提出以下假设：

**假设** H3－9：OFDI 逆向技术溢出有利于提升国家综合创新能力和全要素生产率。

假设 H3－7、假设 H3－8 和假设 H3－9 将在本书第 7 章的第 4 节和第 5 节进行验证。

## 3.4　小　结

本章从企业、区域、国家三个层面分析了制度环境、OFDI 逆向技术溢出提升技术创新的内在机理，并根据内在机理提出了相关假设，为以后的实证分析打下了扎实的基础。

在企业层面，政府干预行为的减少、完善的产品市场和要素市场、非国有经济的发展、明晰的产权和有效的专利保护制度有助于提升企业的技术创新能力和全要素生产率；OFDI 逆向技术溢出通过国际 R&D 溢出效应、扩大市场份额、提高产量、改变投资母国劳动力要素禀赋之间的比例等途径影响母国跨国公司的技术创新。

在区域层面，制度变迁通过"扩散机制"和"市场竞争机制"直接或间接影响区域技术创新能力；OFDI 逆向技术溢出通过集聚溢出机制、学习模仿机制、人员流动机制提升投资母国的区域技术创新能力。

在国家层面，话语权和责任、政治稳定性、政府效率、规管质量、法治规则、腐败控制等制度因素（双边制度距离）可以显著影响投资母国的创新能力；OFDI 逆向技术溢出通过"竞争效应"和"示范效应"影响国家综合创新能力与全要素生产率。

# 4 技术创新过程中的空间效应及检验估计方法

空间计量经济学是以地理空间数据和空间理论为基础，以建立、设定、估计、检验、预测经济计量模型为核心，运用数学、统计学方法与计算机技术定量分析经济活动的空间交互作用（空间自相关）与空间结构（空间不均匀）现象的学科（Anselin,2010;沈体雁等,2010）。20 世纪 90 年代以来，空间计量经济学随着计算机软件技术的应用获得高速发展，在实证研究中得到广泛应用，并从边缘逐渐发展为计量经济学的主流。该学科的研究重点是模型中变量空间特性产生的一系列问题，如模型设定中存在空间相关性问题，则违反了经典的高斯马尔科夫假定，导致普通最小二乘的检验方法与估计结果存在偏差。因此，需要发展新的空间计量方法处理空间效应问题。

## 4.1 空间相关性、空间异质性与技术创新

空间效应在技术创新过程中发挥着重要作用，本书将地理空间效应纳入实证分析过程中，如何判断与识别空间效应是需要首先解决的问题。空间计量经济学将空间效应分为空间相关性与空间异质性，空间效应是空间计量经济学与传统计量经济学的主要区别。

### 4.1.1 空间相关性

空间相关性是指行为主体间在空间上的相互依赖、相互制约、相互影响以及相互作用，是地理空间现象与空间过程的本质特征。空间相关性是由空间溢出效应、空间外部性、空间样本的归并与线性化等多种因素引起的（Anselin et al. , 2004），主要表现为空间实质相关性和空间扰动相关性。空

间实质相关性是由空间邻近效应与空间外部性等因素造成的解释变量之间的空间依赖性,可以通过改进模型的设定方法降低或消除。空间扰动相关性是指没有将存在空间影响的区域考虑到模型中造成的残差项存在空间相关性,空间扰动项的处理分两种情况:首先,在模型中考虑空间结构时,需要特殊处理相应的空间相关性;其次,不考虑空间结构时,可以通过传统的处理异方差、截面相关性的加权最小二乘回归方法、模型变换方法以及广义差分法予以解决(Anselin et al., 2000)。空间实质相关性反映现实中存在的空间交互作用,如技术创新的扩散、技术溢出以及要素的跨区域流动等;空间扰动相关性反映了技术创新空间模式与观测单元之间边界的不匹配,造成相邻地理空间单元出现测量误差。

空间相关性分为正的空间相关性与负的空间相关性,前者是指相邻地区随机变量的高值或低值在空间上出现空间集聚倾向(高值与高值相邻、低值与低值相邻),后者是指地理区域倾向于被相异值的邻近区域包围(高值与低值相邻、低值与高值相邻)。

### 4.1.2 空间异质性

空间异质性是指每一空间区位上的现象与事物都有区别于其他区位上的现象与事物的特点,是空间经济分布的非随机或非均衡(中心—外围效应等)产生的。从统计学角度分析,空间异质性违背了经典统计学要求的所有样本都来自统一总体的假设(Anselin,1988),空间异质性依据表现形式可以分为空间结构非均衡性和空间异方差。

空间异质性在空间计量经济模型中主要反映在模型结构的差异方面,一方面可以通过传统计量经济学的随机系数法、面板变系数方法处理,另一方面还可以通过面板数据模型的方差协方差矩阵予以修正(Baltagi,2001)。另外,判别空间计量经济模型结构差异是处理空间异质性问题的难点,因为空间异质性和空间相关性都可能产生结构差异。

技术创新空间异质性反映了空间观测单元之间创新关系的不稳定性,企业、高校、研发机构等创新主体在研发行为上存在明显的个体差异,创新主体的异质性与技术知识异质性的耦合导致技术创新行为具有明显的空间异质性。

## 4.2 技术创新的空间相关性及空间集群的识别与检验

本书在分析和论证一个国家(地区)的创新能力以及创新效率等行为在地理空间上是否存在空间相关性和空间集聚现象时,需要进行空间相关性检验(探索性空间数据分析)判断空间效应是否发挥作用,如果检验结果表明不存在空间效应,则可以直接采用传统计量方法估计模型参数。

### 4.2.1 全局空间相关性检验与分析

空间统计学以及空间计量经济学给出了多种方法检验技术创新的空间集聚特征是否存在特定的分布规律,比较著名的是探索性空间数据分析(ESDA)。探索性空间数据分析将现代图形技术与统计学结合,用直观的方法展现空间数据中隐含的空间模式、空间分布以及空间交互作用等特征。探索性空间数据分析按照检验方法的功用可以分为两类:第一类是全局空间关联指标,主要分析区域整体关联性分布特征,包括全局莫兰指数 *I*(Moran,1950)、盖里指数 *C*(Geary,1954);第二类是局部空间关联指标,主要分析区域内各个地域单元之间的关联性特征,包括局部莫兰指数 *LISA*(Anselin,1997)、盖里局部聚类检验 $G_i$指数(Getis & Ord,1992)。

#### 4.2.1.1 全局莫兰指数 *I* 检验与分析

Moran 指数 *I*(Moran,1950)反映整个研究区域内空间邻近(邻接)的区域单元属性值间的相似性。全局莫兰指数 *I* 的计算公式如下:

$$I=\frac{n\sum_{i=1}^{n}\sum_{j=1}^{n}w_{ij}(x_i-\bar{x})(x_j-\bar{x})}{\sum_{i=1}^{n}\sum_{j=1}^{n}w_{ij}\sum_{i=1}^{n}(x_i-\bar{x})^2}=\frac{\sum_{i=1}^{n}\sum_{j=1}^{n}w_{ij}(x_i-\bar{x})(x_j-\bar{x})}{S^2\sum_{i=1}^{n}\sum_{j=1}^{n}w_{ij}} \tag{4-1}$$

式中,$S^2=\frac{1}{n}\sum_{i=1}^{n}(x_i-\bar{x})^2$;$\bar{x}=\frac{1}{n}\sum_{i=1}^{n}x_i$;$n$ 表示单位区域总个数;$x_i$

表示区域 $i$ 的观测值(专利申请量、销售收入等);$w_{ij}$ 为二进制的邻近空间权重,使用距离标准或邻近标准来定义空间对象的邻近关系。邻近空间权重表达式如下:

$$w_{ij}=\begin{cases}1,\text{当区域}\ i\ \text{和区域}\ j\ \text{相邻;}\\0,\text{当区域}\ i\ \text{和区域}\ j\ \text{不相邻。}\end{cases} \tag{4-2}$$

式中,$i=1,2,\cdots,n$;$j=1,2,\cdots,m$;$m=n$ 或 $m\neq n$。

Moran 指数 $I$ 的取值范围为[-1,1],大于 0 表示空间正相关,小于 0 表示空间负相关,等于或者接近于 0 表示不存在空间自相关,属性值分布与区位数据分布相互独立。空间相关系数接近于 1,表明具有相似的属性集聚在一起(高值与高值相邻、低值与低值相邻);空间相关系数接近于 -1,表明具有相异的属性集聚在一起(高值与低值相邻、低值与高值相邻)。根据 Moran 指数 $I$ 的计算结果,可分别采用随机分布和渐进正态分布两种假设予以检验,通过构造标准统计量 $Z(d)$ 判断空间相关性的显著性水平。

$$Z(d)=\frac{\text{Moran's } I-E(\text{Moran's } I)}{\sqrt{\text{VAR}(\text{Moran's } I)}}\to N(0,1) \tag{4-3}$$

式中,$E(\text{Moran's } I)$ 表示 Moran 指数 $I$ 的期望,$VAR(\text{Moran's } I)$ 是 Moran 指数 $I$ 的方差。根据式(4-3),计算出随机分布模式标准化 Moran 指数 $I$ 的期望 $E(\text{Moran's } I)=-\frac{1}{n-1}$。

对于随机分布而言,其方差的计算公式如下:

$$\text{VAR}(\text{Moran's } I)=\frac{n[(n^2-3n+3)w_1-nw_2+3w_0^2]-k[(n^2-n)w_1-2nw_2+6w_0^2]}{w_0^2(n-1)(n-2)(n-3)}-E_n^2(\text{Moran's } I)$$

对于渐进正态分布,其方差的计算公式为

$$\text{VAR}(\text{Moran's } I)=\frac{n^2w_1+nw_2+3w_0^2}{w_0^2(n^2-1)}-E_n^2(\text{Moran's } I)$$

上式中,$w_0=\sum_{i=1}^{n}\sum_{j=1}^{n}w_{ij}$,$w_1=\frac{1}{2}\sum_{i=1}^{n}\sum_{j=1}^{n}w_{ij}(w_{ij}+w_{ji})^2$,$w_2=\sum_{i=1}^{n}(w_i+$

$w_i)^2$ ，$k = \frac{n\sum_{i=1}^{n}(xi-\bar{x})^4}{[\sum_{i=1}^{n}(xi-\bar{x})^2]^2}$ ，$w_i$ 和 $w_j$ 分别是空间权重矩阵第 $i$ 行和第 $j$ 列之和。

使用 Moran 指数 $I$ 检验空间自相关时，必须注意以下两个问题：第一，Moran 指数 $I$ 取决于空间权重矩阵 $W$，如果空间权重矩阵设定形式错误，则必然会导致错误的结论，因此，必须正确设定空间权重矩阵的形式；第二，Moran 指数 $I$ 的核心是 $(x_i-\bar{x})(x_j-\bar{x})$ ，这意味着 $\{x_i\}_{i=1}^{n}$ 的期望值是常数，不存在趋势，因此，如果这个期望值存在趋势，必然会导致检验结果出现偏差。为此，通常需要引入协变量，在回归过程中去掉趋势后，再对残差项进行 Moran 指数 $I$ 的检验。

当 $Z(d)$ 值是正向显著时，即 Moran 指数 $I$ 正态统计量的 $Z(d)$ 值均大于正态分布函数在 10%（或 5%）显著性水平的临界值 1.65（或 1.96）时，表明存在正的空间自相关关系（高值与高值相邻、低值与低值相邻），即相似的观测值趋向空间集聚；反之，当 $Z(d)$ 的值是负向显著时，表明存在负的空间自相关关系（高值与低值相邻、低值与高值相邻），即相似的观测值趋向分散分布；当 $Z(d)$ 值趋近于 0 时，表明观测值呈现独立随机分布。

#### 4.2.1.2 全局盖里指数 C 检验与分析

与全局莫兰指数 $I$ 相似，盖里指数 $C$ 也是检验空间关联性和空间集聚的重要指标。在计算 Moran 指数 $I$ 时，使用的是中值离差的叉乘，而盖里指数 $C$ 强调的是观测值间的离差，计算公式如下：

$$C = \frac{(n-1)\sum_{i=1}^{n}\sum_{j=1}^{n}w_{ij}(x_i-x_j)^2}{2(\sum_{i=1}^{n}\sum_{j=1}^{n}w_{ij})[\sum_{i=1}^{n}(xi-\bar{x})^2]} \tag{4-4}$$

与全局莫兰指数相比，盖里指数 $C$ 的核心成分是 $(x_i-x_j)^2$ ，取值范围为[0,2]之间，大于 1 表示负相关，等于 1 表示不相关，小于 1 表示正相关。因此，盖里指数 $C$ 与莫兰指数 $I$ 的变动方向相反。

在盖里指数 $C$ 不存在空间自相关的原假设下，该指数的期望值为 1，方差的表达式为 $VAR(C)$，标准化的盖里指数 $C$ 服从渐进正态分布：

$$C^* \equiv \frac{C-1}{VAR(C)} \to N(0,1) \tag{4-5}$$

因此，可以使用标准化的盖里指数 $C$ 来检验空间自相关。

### 4.2.2 局域空间相关性指标检验与分析

局域空间相关性指标（LISA）分析能够探测到存在于地理上不同位置的区域关联模式，因此，当全局空间相关分析不能提供局部地区之间的空间集聚特征时，需要用局部空间关联指标检验局部地区是否存在相似或相异的观测值聚集在一起的证据。LISA 的空间相关性主要包括局部莫兰指数 $I$（Local Moran）和局部盖里指数 $C$（Local Geary）。

#### 4.2.2.1 局部莫兰指数 $I$ 检验与分析

区域 $i$ 的局部 Moran 指数用于度量区域 $i$ 和它邻域之间的空间关联程度，计算公式如下：

$$I_i = \frac{(x_i - \bar{x})\sum_{j=1}^{n} w_{ij}(x_j - \bar{x})}{\frac{1}{n}\sum_{j=1}^{n} w_{ij}\,(x_j - \bar{x})^2} = \frac{(x_i - \bar{x})\sum_{j=1}^{n} w_{ij}(x_j - \bar{x})}{S^2} \tag{4-6}$$

式中，$S^2 = \frac{1}{n}\sum_{j=1}^{n} w_{ij}\,(x_j - \bar{x})^2$。根据局部莫兰指数 $I$（Local Moran）的测度结果，可将我国的技术创新行为分为四种空间相关关系：①高—高型（HH），即高创新水平（高集聚度）的地区被同类型高创新水平（高集聚程度）的地区包围；②低—高型（LH），即低创新水平（低产业集聚度）的地区被同类型高创新水平（高集聚程度）地区包围；③低—低型（LL），即低创新水平（低产业集聚度）的地区被同类型高创新水平（低集聚度）的地区包围；④高—低型（HL），即高创新水平（高集聚度）的地区被同类型低创新水平（低集聚度）的地区包围。其中，高—高型与低—低型的空间相关关系意味着地区之间存在正的空间自相关关系，即表示相似观测值之间的空间关联；而低—高型与高—低型的空间相关关系意味着地区之间存在负向的空间自相关关系；如果均匀分布，则意味着地区之间不存在显著的空间自相关关系。

$$Z(d) = \frac{\text{Moran's } I - E(\text{Moran's } I)}{\sqrt{\text{VAR}(\text{Moran's } I)}} \rightarrow N(0,1) \tag{4-7}$$

笔者通过构造标准统计量 $Z(d)$ 来判断空间相关性的显著性水平。

#### 4.2.2.2 局部盖里指数 C 检验与分析

莫兰指数 $I$ 和盖里指数 $C$ 无法区分高值与高值集聚的（热点）区域和低值与低值集聚的（冷点）区域，热点区域与冷点区域都表现为空间正相关。对此，基斯（Getis）和奥德（Ord）在 1992 年提出了一个局部"Getis - Ord 指数 $G_i$"来检验局部地区是否存在集聚现象，计算公式如下：

$$G = \frac{\sum_{i=1}^{n}\sum_{j=1}^{n} w_{ij}x_i x_j}{\sum_{i=1}^{n}\sum_{j\neq i}^{n} x_i x_j} \tag{4-8}$$

其中，$x_i > 0$，$\forall i$，$w_{ij}$ 为非标准化的空间权重矩阵，所有元素均为 0 或 1。样本中如果高值聚集在一起，则 $G$ 值较大；如果低值聚集在一起，则 $G$ 值较小。在不存在空间自相关的原假设下，$E(G) = \frac{\sum_{i=1}^{n}\sum_{j\neq i}^{n} w_{ij}}{n(n-1)}$。当 $G$ 值大于期望值时，存在高值与高值集聚的区域（热点区域）；如果 $G$ 值小于期望值，则存在低值与低值集聚的区域（冷点区域）。标准化的 $G$ 值服从渐进正态分布。

$$G^* = \frac{G - E(G)}{\sqrt{\text{VAR}(G)}} \rightarrow N(0,1) \tag{4-9}$$

如果 $G^* > 1.96$，表明在 5% 的显著性水平下应拒绝不存在空间自相关的原假设，即存在空间正向自相关，且存在高值与高值集聚的区域（热点区域）；反之，如果 $G^* < -1.96$，表明在 5% 的显著性水平下拒绝不存在空间自相关的原假设，即存在空间正向自相关，且存在低值与低值集聚的区域（冷点区域）。笔者在考察某区域 $i$ 是热点还是冷点时，用公式 Getis - Ord 指数 $G_i$ 予以检验：

$$G_i = \frac{\sum_{j\neq i} w_{ij}x_j}{\sum_{j\neq i} x_j} \tag{4-10}$$

## 4.3 空间权重矩阵设定

探索性空间数据分析的核心工作不仅包括全局空间自相关检验与分析、局域空间相关性指标检验与分析，还包括空间权重矩阵的设定。空间权重矩阵的引入是进行空间计量分析的前提与基础，合理选取空间权重矩阵对技术创新能力和全要素生产率的分析至关重要。

### 4.3.1 空间地理距离权重

本书在度量空间自相关时，还需要解决地理空间结构的数学表达，恰当定义空间对象的相互邻接关系。在实证分析过程中，空间权重矩阵的确定主要考虑地理空间关联或者经济联系，通常采用相邻标准或者距离标准来定义空间权重矩阵。

基于邻近概念的空间权重矩阵可以表示为

$$w_{ij} = \begin{cases} 1, \text{当区域 } i \text{ 和 } j \text{ 相邻;} \\ 0, \text{当区域 } i \text{ 和 } j \text{ 不相邻。} \end{cases} \tag{4-11}$$

式中，$i=1,2,\cdots,n$；$j=1,2,\cdots,m$。如果两个空间单元相邻，表明二者存在空间相关；如果两个空间单元不相邻，则表明二者不相关。因此，邻近概念的空间权重矩阵认为，空间单元之间的联系只取决于二者是否相邻，即只要不同空间单元相邻，它们之间的影响强度就相同，但这并不符合省域技术创新能力和全要素生产率空间分布的客观事实。因此，本书根据地理学第一定律（Tobler W. R. , 1970）的观点——所有事物都与其他事物相联系，但较近事物之间的关联更多。假定空间单元之间的联系取决于区域行政中心所在地之间的距离或者地区间的质心距离，则通过地理距离标准构造的空间权重矩阵包括以下三种模型：

$$W_G = \begin{cases} 1/d_{ij}, i \neq j \\ 0\ , i = j \end{cases}; W_G = \begin{cases} 1/d_{ij}^2, i \neq j \\ 0\ , i = j \end{cases}; W_G = \begin{cases} 1, \text{若 } d_{ij} < d \\ 0, \text{若 } d_{ij} \geq d \end{cases}。 \tag{4-12}$$

Pace 和 Barry(1997)利用距离阈值定义空间权重,在阈值范围内定义为1,阈值范围外定义为0。具体的设定方法如下:令 $d_{ij}$表示区域 $i$ 和区域 $j$ 之间的欧氏距离,若 $d_{ij} < d$,则 $W_G = 1$,否则 $W_{ij} = 0$,$W_{ij}$的主对角线元素取0。另外,实证分析过程中定义空间权重矩阵的方法包括:①以距离倒数为权重($1/d_{ij}$);②以距离平方的倒数为权重($d_{ij}^2$)。$d_{ij}$表示 $i$ 省省会和 $j$ 省省会之间的球面距离。

地理距离在空间相互作用中发挥了较好的屏蔽作用,使距离较远或者学习能力较差的企业难以获得学习效应,导致溢出效应主要集中在本地区或者周边地区,而较远地区的空间溢出效应则会比较小。另外,在利用地理空间权重进行实证分析时,为了降低和消除区域间的外在影响,同时使得空间权重矩阵 $W_{ij}$无量纲化,权重矩阵通常进行标准化处理,使各行之和等于1。

### 4.3.2 经济距离权重矩阵

地理邻近权重表示空间相关的地理区位特征,以地理区位差异反映变量的空间联系是不够精确的。技术创新能力的提升不仅受到地理邻近因素的影响,而且受到区域经济基础、人力资本等因素的影响。因此,需要从多个角度构建不同类型的空间权重矩阵,以期更加全面、客观地解释技术创新能力和全要素生产率的空间影响因素。

国内外学者基于不同省域经济增长存在空间扩散效应以及空间相关性特征,建立了以经济距离为权重的空间矩阵。林光平等(2006)研究中国28个省(区、市)1978—2002 年人均 GDP 的收敛情况时使用了基于地理邻近关系的简单加权平均矩阵,然而即使是地理邻近地区,在经济的相互关系上也存在差异。例如,河北省与北京、天津、内蒙古、河南、山东、辽宁相邻,但河北省与北京、天津的经济联系程度要显著高于其他省份。因此,基于地理邻近关系的空间权重矩阵认为,空间单元之间的联系只取决于二者是否相邻是不符合客观实际的。为此,本书使用省份间人均实际 GDP 的差额作为测度省域间"经济距离"的指标,并引入经济空间权重矩阵 $W^*$, $W^* = W^G \times E_{ij}$。

$$E_{ij}=\begin{cases}\dfrac{1}{|\bar{Y}_i-\bar{Y}_j|}, \text{当 } i\neq j \text{ 时;}\\ 0, \text{当 } i=j \text{ 时。}\end{cases} \tag{4-13}$$

其中，矩阵 $E_{ij}$ 的主对角线元素均为0，非主对角线的元素为 $\dfrac{1}{|\bar{Y}_i-\bar{Y}_j|}$，$\bar{Y}_i$ 为省份 $i$ 在样本期间的人均实际GDP均值。林光平在设置经济空间权重矩阵时认为，两个空间单元之间的相互联系强度是相同的（$w_{ij}=w_{ji}$），这点与现实情况并不完全吻合。通常情况下，经济发展水平高的地区对经济发展水平低的地区所产生的空间影响和辐射作用要大于经济发展水平低的地区对经济发展水平高的地区所产生的影响，如北京对河北的空间影响和辐射作用要远大于河北对北京的影响。本书建立了新的经济距离空间权重矩阵 $W^E$ 来修正这种误差，即

$$W^E=W^G\times diag\left(\frac{\bar{y}_1}{\bar{y}},\frac{\bar{y}_2}{\bar{y}},\cdots,\frac{\bar{y}_n}{\bar{y}}\right) \tag{4-14}$$

其中，$\bar{y}_i=\dfrac{1}{t_1-t_0+1}\sum_{t_0}^{t_1}y_{it}$，$\bar{y}=\dfrac{1}{n(t_1-t_0+1)}\sum_{i=1}^{n}\sum_{t_0}^{t_1}y_{it}$。$y_i$ 作为衡量经济空间权重的核心变量，有以下三种计算形式：

（1）新的经济空间权重矩阵 $\bar{y}_i$ 为省份 $i$ 的物质资本存量均值，$\bar{y}$ 为所有省份物质存量的平均值，$W^G$ 为地理距离空间权重矩阵。

（2）新的经济空间权重矩阵 $\bar{y}_i$ 为省份 $i$ 的国内生产总值，$\bar{y}$ 为所有省份国内生产总值的平均值。

（3）新的经济空间权重矩阵 $\bar{y}_i$ 为省份 $i$ 经过调整的人均实际GDP，$\bar{y}$ 为所有省份经过调整的人均实际GDP的平均值。

根据上述矩阵可以发现，当省份 $i$ 的物质资本存量（国内生产总值或人均实际GDP）占总量比重较大（$\bar{Y}_i/\bar{Y}>\bar{Y}_j/\bar{Y}$）时，该省份对周边省份的影响力也更大（$W_{ij}{}^E>W_{ji}{}^E$）。

### 4.3.3 人力资本空间权重矩阵

新经济增长理论扩展了索洛增长模型，将技术进步内生化并对人力资

本因素进行分离处理，重新考察了人力资本、R&D 投入与技术进步的关系。

罗默（1986）和卢卡斯（1988）的研究结果表明，人力资本和研发投入可以增强现有技术的吸收和应用能力，促进技术创新和全要素生产率的进步，保持经济持续健康发展。人力资本和研发投入已经成为衡量一个地区或者国家整体创新能力的重要指标。各国政府纷纷制定人才引进与 R&D 投入政策，以提升国家整体的技术水平与创新能力（Griffith et al.，2004；Caselli & Coleman，2006；Bronzini & Piselli，2009）。

随着经济持续快速增长，中国人力资本积累与 R&D 能力取得了显著进步，但对中国这样的发展中大国而言，技术创新水平仍普遍较低且地区间发展水平存在巨大差异。对经济较为发达的东部地区而言，较高的人力资本积累和 R&D 能力可以促进本地区的经济发展，并通过“干中学”效应产生内生性技术进步，提升技术创新能力和全要素生产率；而经济较为落后的地区则主要通过吸收和模仿发达地区的先进技术和管理经验，实现生产率水平提高和技术进步。然而，发达地区与落后地区的人力资本积累差异会影响知识溢出和技术扩散。当发达地区与落后地区人力资本存量水平差异较大时，落后地区无法消化吸收发达地区的先进技术，难以实现落后地区生产率进步和技术水平提升；相反，当发达地区与落后地区的人力资本存量水平较为接近时，落后地区有能力去模仿和吸收先进技术，从而实现生产率进步和创新能力提升。因此，人力资本积累和区域差异是影响企业生产率进步和技术水平提升的重要因素（Caniels & Verspagen，2001；李婧等，2010）。

为表征区域人力资本特征对生产率进步和技术创新能力提升的影响，本书在建立人力资本空间权重矩阵时加入了地理距离因素，具体表示方法为

$$W^H = W^G \times diag\left(\frac{\bar{H}_1}{\bar{H}}, \frac{\bar{H}_2}{\bar{H}}, \cdots, \frac{\bar{H}_n}{\bar{H}}\right) \qquad (4-15)$$

其中，$\bar{H}_i = \frac{1}{t_1 - t_0 + 1}\sum_{t_0}^{t_1} H_{it}$，$\bar{H} = \frac{1}{n(t_1 - t_0 + 1)}\sum_{i=1}^{n}\sum_{t_0}^{t_1} H_{it}$，$\bar{H}_i$ 为省份 $i$ 的人力资本存量均值，$\bar{H}$ 为所有省份人力存量的平均值，$W_G$ 为地理距离空间权重矩阵。人力资本存量通常采用 Barro 和 Lee（1993）提出的以劳动力平均受

教育年限近似值来表示人力资本的丰裕程度，在计算各省份人力资本存量时，小学、初中、高中以及大专以上的受教育年限分别为6年、9年、12年和16年。

$H$ = 小学比重 ×6 + 初中比重 ×9 + 高中比重 ×12 + 大专以上 ×16

人力资本空间权重矩阵可以更加深刻地反映出省域人力资本积累对技术创新进步的动态影响。一个地区的人力资本存量比重较大（$\bar{H}_i/\bar{H} > \bar{H}_j/\bar{H}$）时，对周边地区的影响也会比较大（$W_{ij}{}^{H} > W_{ji}{}^{H}$）。各省份就业人员、受教育程度等数据均来源于《中国劳动统计年鉴》各年版以及不同年度各省份的统计年鉴。

### 4.3.4 技术距离空间权重矩阵

技术距离空间权重指标用各省份间产业比重的差值表示，具体计算公式如下：

$$distance = 1/|hp_i/p_i - hp_j/p_j| \tag{4-16}$$

其中，$hp$ 为产业产值，$p$ 为工业总产值。

### 4.3.5 基础设施竞争空间权重矩阵

良好的基础设施是区域技术创新能力提升和生产率进步的基本保障。一方面，基础设施的网络结构导致其溢出效应超出区域或产业范围，且相邻地区的溢出效应往往更加显著（Cantos et al.，2005）；另一方面，如果两个地区的经济社会特征类似，即使二者不相邻，基础设施网络也会导致生产要素和企业选址在地区间的竞争产生负向溢出效应，且地区间的相似程度与相互替代性成正比（Boarnet，1998；Delgado & Alvarez，2007）。因此，本书利用地理邻近方法构建空间权重矩阵来测度基础设施的空间溢出效应，并结合“竞争矩阵”和“地理邻近”两种方法重新构建空间权重矩阵。

“竞争矩阵”可以反映基础设施存在的正向和负向溢出效应，溢出效应主要来源于地区间和行业间的投入产出联系及旅客流量等。“竞争矩阵”可以表示为

$$W_{ij} = \begin{cases} a_{ij} / \sum_k a_{ik}, \text{如果 } i \neq j; \\ 0, \text{如果 } i = j。\end{cases} \tag{4-17}$$

$a_{ij}$ 表示"区域 $i$ 和区域 $j$ 之间的货物流量"或"中间品投入对行业单位产出的供给量"(Cohen & Paul,2001)。中国地区经济发展水平存在巨大差异且彼此间竞争激烈,本书采用标准化的地区制造业结构相似指数来表征"竞争空间权重矩阵"$d_{ij}$,即

$$d_{ij} = \sqrt{\sum_m (a_{im} - a_{jm})^2} \tag{4-18}$$

其中,$a_{im}$ 和 $a_{jm}$ 分别表示地区 $i$ 和地区 $j$ 产业 $m$ 占制造业产业的比重。$d_{ij}$越大,表示两个区域间的制造业结构差异越大,赋予的竞争权重越小;反之,$d_{ij}$越小,表示两个区域间的制造业结构相似程度越高,赋予的竞争权重越大。另外,一个地区的制造业规模越大,则该地区的产业竞争力也越高,因此,基础设施竞争空间权重矩阵可以表示为 $W_{ij} = X_j / d_{ij}$ 。其中,$X_j$表示地区 $i$ 的制造业产值占全部制造业产值的比重。

### 4.3.6 空间权重加权矩阵

本书借鉴 Anne 和 Rosen(1993)等的研究方法,综合考虑地理邻近矩阵和经济距离空间权重矩阵,建立了如下空间权重加权矩阵:

$$W = (1 - \alpha) W^G + \alpha W^E \tag{4-19}$$

其中,$W^G$ 表示地理邻近矩阵,$W^E$ 表示经济距离空间权重矩阵。根据国内外学者的相关经验,设 $\alpha = 0.5$ 。

在引入空间权重矩阵时,引入的矩阵必须保证外生性避免模型为高度非线性。而本书所介绍的空间权重矩阵均满足这一条件,因为无论是地理距离、经济距离,还是人力资本距离,都满足外生性。在计算出各种新的空间权重矩阵后,再由 Stata 软件对数据进行标准化处理,使得各行之和均等于1。尽管二进制的空间邻近矩阵存在一系列问题,但出于实用性目的,本书将从最基本的空间邻近矩阵开始,逐步选择其他形式的空间权重矩阵。由于目前尚未形成一致、完善的空间权重矩阵选择机制,因此,空间权重矩阵

的选取最终取决于回归结果的客观性与科学性。

## 4.4 空间面板计量经济模型及估计方法

空间计量经济学经过 30 多年的快速发展,经历了萌芽阶段—起飞阶段—成熟阶段三个阶段(孙久文和姚鹏,2014),从边缘逐渐成为主流。空间计量经济模型可以分为横截面空间计量经济模型和面板空间计量模型两种(J. Paul Elhost,2013),具体情况如图 4－1 所示。

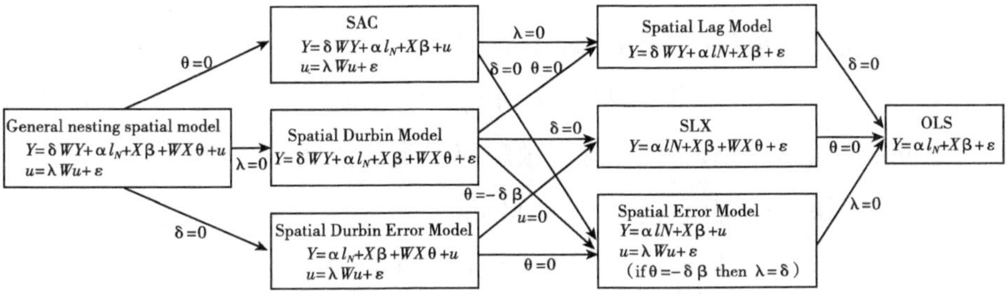


**图 4－1 空间计量经济模型形式(Halleck Vega and Elhorst,2012)①**

### 4.4.1 横截面空间计量经济模型

(1)广义嵌套空间模型(General Nesting Spatial Model)。

$$Y = \delta WY + \alpha l_N + X\beta + WX\theta + u, u = \lambda Wu + \varepsilon \qquad (4-20)$$

广义嵌套空间模型(GNS 模型)不仅考虑了被解释变量的空间滞后项,而且考虑了解释变量与误差项的空间滞项。式(4－20)中,$W$ 表示空间权重矩阵,$WY$、$WX$、$Wu$ 分别表示被解释变量、解释变量以及误差项的空间滞后项,$l_N$ 表示元素为 1 的列向量。

(2)广义空间自回归模型(SAC 模型)。

$$Y = \delta WY + \alpha l_N + X\beta + u, u = \lambda Wu + \varepsilon \qquad (4-21)$$

广义空间自回归模型(SAC 模型)同时考虑了被解释变量和误差项的空

① Halleck V S, Elhorst J P. On Spatial Econometric Model, Spillover Effects[R]. W. University of Groningen, Working Paper, 2012.

间滞后项。

(3)空间杜宾模型(Spatial Durbin Model)。

$$Y = \delta WY + \alpha l_N + X\beta + WX\theta + \varepsilon \tag{4-22}$$

空间杜宾模型(SDM)同时考虑了被解释变量与解释变量的空间滞后项。

(4)空间杜宾误差模型(Spatial Durbin Error Model)。

$$Y = \alpha l_N + X\beta + WX\theta + u, u = \lambda Wu + \varepsilon \tag{4-23}$$

空间杜宾误差模型(SDEM)同时考虑了解释变量与误差项的空间滞后项。

(5)空间滞后模型(Spatial Lag Model)。

$$Y = \delta WY + \alpha lN + X\beta + \varepsilon \tag{4-24}$$

空间滞后模型(SAR)只考虑了被解释变量的空间滞后项。

(6)空间误差模型(Spatial Error Model)。

$$Y = \alpha l_N + X\beta + u, u = \lambda Wu + \varepsilon \tag{4-25}$$

空间误差模型(SEM)只考虑了误差项的空间滞后项。

### 4.4.2 空间面板计量经济模型

在传统的面板数据模型中纳入区域或者截面维度的空间交互作用,形成静态空间面板模型;进一步加入时间滞后项,形成动态空间面板计量模型。

#### 4.4.2.1 静态空间面板计量模型

与传统面板数据模型相比,空间面板数据模型充分考虑了空间交互作用,在进行空间面板计量分析以前,需要区分被解释变量 $Y$ 之间的内生交互效应($WY$)、误差项 $\varepsilon$ 之间的空间交互效应($W\varepsilon$)、解释变量 $X$ 与被解释变量 $Y$ 之间的外生交互效应($WX$ 和 $WY$)。与之相对应的是空间面板滞后模型、空间面板误差模型以及空间面板杜宾模型。

(1)空间面板滞后模型。

空面面板滞后模型可以有效反映技术扩散产生的空间溢出与扩散效应。假定被解释变量依赖于邻近区域变量的观测值,则空间面板滞后模型可以表示为

$$Y_{it} = \delta WY_{it} + \alpha l_N + X_{it}\beta + \varepsilon_{it} \tag{4-26}$$

其中，$\delta$ 为空间自回归系数，$W$ 为空间权重矩阵，$WY$ 为因变量之间的空间交互作用。

（2）空间面板误差模型。

空间面板误差模型通过分析邻近地区因变量的误差冲击来测度空间自相关 $\lambda$ 对本地区观测值的影响，SEM 模型适用于地理位置不同且相互作用不同的空间模型，空间面板误差模型可以表示为

$$Y_{it} = \alpha l_N + X_{it}\beta + u_{it}, u_{it} = \lambda W u_{it} + \varepsilon_{it} \tag{4-27}$$

其中，$u$ 表示空间误差项，$\lambda$ 表示空间自相关系数。

（3）空间面板杜宾模型。

模型中变量之间的空间自相关关系需要通过被解释变量和解释变量的滞后项来反映时，可以采用空间杜宾模型（SDM），该模型的具体形式如下：

$$Y_{it} = \delta WY_{it} + \alpha l_N + X_{it}\beta + WX_{it}\theta + \varepsilon_{it} \tag{4-28}$$

### 4.4.2.2 动态空间面板计量模型

Elhost（2012）是首位深入研究动态空间面板计量模型的学者。动态空间面板计量模型在方程的右边添加了时间维度的动态项，本书以空间滞后模型为例，说明动态空间面板计量模型的设定。按照从特殊到一般的分类方法，该模型可以分为内生交互效应模型、联立与滞后内生交互效应模型、外生交互效应模型三种形式。

（1）内生交互效应模型。

$$Y_{it} = \alpha + \tau Y_{it-1} + \delta WY_{it} + X_{it}\beta + \mu_i + \varepsilon_{it} (i = 1,2,\cdots N; t = 1,2,\cdots T) \tag{4-29}$$

其中，$Y_{it}$ 表示因变量，$\tau$ 表示因变量滞后一期的参数，$\mu_i$ 表示截面的固定效应，其他相关变量的含义与上文相同。

（2）联立与滞后内生交互效应模型。

$$Y_{it} = \alpha + \lambda WY_{it} + \tau Y_{it-1} + \rho WY_{it-1} + X_{it}\beta + \mu_i + \varepsilon_{it} \tag{4-30}$$

$WY_{it-1}$ 表示滞后一期的空间滞后项。联立与滞后内生交互效应模型又称动态空间时空联立滞后模型。

（3）外生交互效应模型。

$$Y_{it} = \alpha + \lambda WY_{it} + \tau Y_{it-1} + \rho WY_{it-1} + X_{it}\beta + WX_{it}\theta + \mu_i + \xi_t + \varepsilon_{it} \quad (4-31)$$

外生交互效应模型又称动态空间杜宾模型。

综上所述，广义动态空间面板数据模型最一般的形式如下：

$$Y_{it}= \tau Y_{it-1} + \delta WY_{it} + \eta WY_{it-1} + X_{it}\beta_1 + WX_{it}\beta_2 + X_{it-1}\beta_3 + WY_{it-1}\beta_4 + Z_t\theta + v_t \quad (4-32a)$$

$$v_{it} = \gamma v_{it-1} + \rho Wv_{it} + \mu_i + \lambda_i l_N + \varepsilon_{it} \quad (4-32b)$$

$$\varepsilon_{it} = kW\varepsilon_{it} + \xi_{it} \quad (4-32c)$$

其中，$Z_t$ 表示 $N \times L$ 阶内生解释变量，$\tau$ 表示时间滞后因变量 $Y_{it-1}$ 的参数，$\delta$ 表示空间滞后因变量 $WY_{it}$ 的参数，$\eta$ 表示时间和空间的 $WY_{it-1}$ 的参数。

## 4.5 小结

传统的计量经济模型由于忽略了空间相关性与空间异质性对技术创新的重要作用，导致模型设定形式不恰当，分析结果不够精确。因此，本书首先分析了空间相关性与空间异质性的概念及其重要性，然后利用探索性空间数据分析（ESDA）对技术创新数据是否存在空间效应进行识别和检验，如果检验结果表明存在空间效应，则应采用空间滞后模型（SAR）、空间误差模型（SEM）、空间杜宾模型（SDM）分析技术创新非均衡发展问题，考虑空间效应的面板数据模型是研究国家、区域、企业层面技术创新的有价值的途径与方法。

空间面板计量模型及其估计方法是计量经济学研究的热点，引起了国内外学者的广泛关注。尽管该领域的研究取得了丰硕的成果，但空间面板计量分析仍然是一个充满未知和挑战的研究领域，更为精确的估计方法与更为复杂的模型是进一步研究的重点与方向。无论是静态空间面板计量模型，还是动态空间面板计量模型，模型的设定都变得日趋复杂。空间权重矩阵的设定是空间面板计量经济学的核心，但缺乏明确的空间权重矩阵的设定标准，如何科学合理地选择空间权重矩阵形式仍是摆在国内外学者面前的难题。这也是国内外学者进一步研究的方向。

# 5 制度环境、OFDI逆向技术溢出与企业全要素生产率进步的空间视角分析[①]

## 5.1 引 言

改革开放以来,中国规模以上工业企业经济效益不断提升,企业规模逐年扩大,企业全要素生产率增长取得了令人瞩目的成绩。Brandt et al.(2012)利用1998—2007年中国工业企业数据库的相关数据计算得出企业全要素生产率(TFP)的年均增速高达7.96%。杨汝岱(2015)的研究发现,中国制造业整体全要素增长率为2%~6%,年均增速达到了3.86%。中国经济进入"新常态"后,面对要素资源日益紧张和劳动力成本逐年上升等一系列问题,如何继续维持工业企业全要素生产率的稳步增长将直接影响我国经济增长的速度与质量,同时也决定了我国能否实现从"世界工厂"转变为"世界市场"、从价值链的低附加值环节攀升到高附加值环节(范建双等,2015)。因此,研究工业企业全要素生产率显得尤为重要。

在中国经济市场化转型过程中,中国工业企业全要素生产率进步一方面依赖于广泛使用先进的技术生产设备、从事自主研发活动、参与全球价值链并攀升至高附加值环节、参与全球市场出口并获得"出口中学习"效应等,另一方面依赖于我国所处的以建立社会主义市场经济体制为导向的制度环境的改革与完善(张杰等,2011;吴延兵,2006;成立为和孙玮,2012)。开放竞争、非国有经济的大规模进入及其推动的制度变迁是中国经济转型的基

① 刊发于《世界经济研究》2016年第11期。

本特征,也是中国经济持续健康发展的重要动力(Naughton,1992;McMillan & Naughton,1992;Perkins,2002)。企业全要素生产率进步及其技术创新活动是一项多部门共同参与的系统工程,必然存在合作与协调等问题,因而一系列组织和制度因素成为影响企业全要素生产率进步的重要因素(Williamson,1985;Grossman & Hart,1986;Acemoglu & Johnson,2005)。因此,从理论与实证角度分析各地区制度环境对工业企业全要素生产率的影响意义重大。

目前,从制度层面研究企业全要素生产率的文献比较少。Acemoglu et al.(2007)认为,制度环境较好的国家(地区)倾向于发展契约密集度和分工密度较高的复杂技术产业,良好的制度环境有助于缓解专用性资产和中间投入品的投资套牢问题,减少契约的不完全程度,降低相关交易成本,减少交易风险,优化交易行为,从而有利于企业全要素生产率的进步;而制度环境较差的国家(地区)则倾向于发展契约密集度和分工密度较低的简单技术产业,这不利于提升企业的全要素生产率和技术创新能力。Nunn(2007)根据美国的投入产出表计算出不同企业出口产品的契约密集度,发现契约环境较好的国家(地区)倾向于出口契约密集度较高的产品,良好的制度契约环境通过降低企业的交易成本来提升企业的全要素生产率和技术创新能力。

金祥荣等(2008)利用1998—2004年的4年非连续数据,并在新经济地理学分析框架下构建了一个两国三地区的垄断竞争模型,实证分析了区域制度环境对企业生产率和地区出口规模的影响。研究结果表明:在加入地理因素、区域技术水平等控制变量后,法律制度与知识产权保护制度对企业生产率和区域出口差异产生了显著影响,因此,区域制度环境改善有助于提升企业全要素生产率、缩小地区间出口差异并平衡地区间经济发展水平。

张杰等(2011)基于1999—2007年中国企业层面的数据,以市场化程度作为制度环境的代理变量,实证分析了制度环境与市场分割对企业生产率的影响。研究结果表明:市场化程度较高地区的企业生产率相对较高,市场分割程度较高地区的企业生产率相对较低。笔者发现,市场化程度与市场分割程度通过影响企业的出口、R&D活动以及企业的融资需求间接影响企业的全要素生产率。

宗芳宇等(2012)基于2003—2009年中国上市公司的对外直接投资数据,分析了双边投资协定、制度环境对中国企业对外直接投资区位选择的影响。实证结果表明:双边投资协定作为投资国与东道国特定联系的制度因素,不仅给跨国公司提供了不同于国家制度环境的保护,同时也能够替代较差的东道国制度环境,进而影响跨国公司的对外直接投资区位选择。当东道国的制度环境较差时,跨国公司的对外直接投资难以获得东道国一般性的制度保护,此时双边投资协定就能够保障跨国公司的利益,降低跨国公司对外直接投资的风险。

曹琪格等(2014)基于2005—2007年大中型工业企业数据,运用面板数据模型实证分析了制度环境对企业技术创新与全要素生产率的影响。研究结果表明:市场中介组织与要素市场的发育程度对企业生产率的进步存在显著的正向影响,其他制度变量未通过显著性检验。

综上所述,国内外学者关于制度环境对企业生产率影响的结论不尽相同。因此,研究中国区域制度环境对企业全要素生产率的影响,必须结合中国的实际情况。国内外学者在探索哪些具体的制度因素推动了我国工业企业的技术创新与全要素生产率进步时,多数研究只采用了宏观数据来分析此类问题。然而,企业的生产率进步与技术创新始终是微观企业的行为,本章从微观数据切入,弥补和改善了之前研究存在的缺陷,研究成果更具有理论意义与现实意义。

自加入世界贸易组织后,中国越来越多的企业走出国门到海外开展对外直接投资。截至2014年底,中国1.85万家境内投资者共在全球186个国家设立了2.97万家境外企业,对外直接投资流量从2003年的28.55亿美元增加到2014年的1231.2亿美元,增长幅度达43倍之多,对外直接投资存量在2014年底达到了8826.4亿美元,年末境外资产总额达到了3.1万亿美元(中国对外直接投资公报,2014),对外直接投资已经成为促进中国经济增长的重要力量。

中国企业通过对外直接投资在海外设立子公司或R&D机构,并利用企业内部机制向母公司转移和扩散先进技术,也使得这些先进技术在母公司所在国的企业间扩散和再创新,最终带来集聚效应,实现了母公司的生产率进步与技术创新能力提升(刘明霞和王学军,2009)。因此,利用中国微观层面的数据,研究中国企业通过对外直接投资能否获得逆向技术溢出效应、"走出去"战略是否提升了母国企业的全要素生产率等命题,无疑具有重要的政策含义和现实紧迫性。

目前,学术界对中国企业对外直接投资微观层面的研究主要集中在企业生产率高低与对外直接投资区位选择之间的关系上(详见第 2 章第 5 节),而关注中国企业对外直接投资成效问题的研究则较少。已有的研究大多集中在定性的研究与案例分析上(薛求知等,2007;班博等,2008),相关实证研究则较少。

Gazaniol 和 Peltrault(2013)基于法国企业层面的数据,运用倾向得分匹配(PSM)方法实证分析了对外直接投资对法国企业技术创新能力与经营绩效的影响。研究结果表明:对外直接投资的确提升了法国内资企业的技术创新能力与经营绩效,但没有显著提升合资企业的技术创新能力和企业经营绩效。

Yang 等(2013)基于 1987—2000 年我国台湾地区制造业相关数据,采用倾向得分匹配(PSM)方法实证分析了对外直接投资对台湾地区企业技术创新能力与技术创新效率的影响。研究结果显示,对外直接投资显著提升了台湾地区制造业企业的技术创新能力和全要素生产率。

毛其淋和许家云(2014)基于 2004—2009 年中国工业企业数据,采用倾向得分匹配方法(PSM)研究了对外直接投资对企业技术创新能力的影响。实证结果表明,对外直接投资持续、显著地提升了中国企业的技术创新能力。此外,对外直接投资还可以有效延长企业技术创新能力的持续时间。

蒋冠宏和蒋殿春(2014)对 2004—2006 年中国工业企业数据库与商务部对外直接投资企业名录进行合并,得到 761 家企业的对外直接投资数据,并运用倍差法(DID)检验了对外直接投资对企业的生产率是否具有促进作用。结果表明:对外直接投资显著提升了企业生产率,但随着时间的推移,这种提升作用在逐年降低。另外，技术研发型的对外直接投资不一定能提升企业的生产率。

现有文献较少同时考虑制度环境、对外直接投资对企业生产率的影响。考察制度环境对企业生产率影响的文献主要采用宏观数据，然而企业的生产率进步与技术创新始终是企业层面的微观行为，宏观政策以及区域环境的动态变化都与企业的动机和具体行为相联系。中国正在实施企业“走出去”战略，对外直接投资是否以及在多大程度上获得逆向技术溢出，目前学术界对这一问题的研究较少，有限的研究结论也不一致。此外，中国是一个发展中大国，具有典型的区域发展不平衡特征，省域层面的全要素生产率差异较为明显，企业生产率在不同省份之间是存在溢出效应还是集聚效应尚无定论。上述问题的答案对中国能否跨越“中等收入陷阱”尤为重要。

与以往研究相比，本章的创新之处在于：①基于1998—2007年中国工业企业数据库提供的116万条数据，运用O－P方法核算了我国规模以上工业企业的全要素生产率（TFP）。O－P方法作为一致半参数估计方法，可以在一定程度上解决企业生产率进步与投入要素相关所导致的联立性问题（Simultaneity Bias）和企业生产率与退出市场相关的样本选择问题（Selection Bias）。②以工业增加值作为权重加总得出省域层面的全要素生产率，分析各地区的全要素生产率水平以及技术创新能力表现出的差异。考虑到中国经济具有典型的区域发展不平衡特征，省域层面的全要素生产率具有明显的空间依赖或者空间自相关特征，如若忽略这种空间相关性的影响，必然会使估计结果出现偏误（李婧等，2010）。因此，本章在实证分析过程中充分考虑了空间相关性的影响以及全要素生产率的空间交互作用。③与现有文献将制度环境、对外直接投资与企业生产率进步三者割裂开来研究不同，本章从母国区域制度环境入手，创新地将三者纳入统一的分析框架中，回归结果更加可靠。④以往研究主要是利用空间滞后模型（SAR）与空间误差模型（SEM）分析省域的全要素生产率，本章在以往研究成果的基础上，考虑了被解释变量与解释变量空间加权滞后变量的空间杜宾模型（SDM），分析了制度环境、对外直接投资与企业全要素生产率进步的关系，同时将省域层面的全要素生产率按照企业类型分为国有企业、民营企业、外资企业三种类型，考察了制度环境、对外直接投资对不同所有制企业全要素生产率进步的影响。⑤本章在考察对外直接投资对企业全要素生产率的影响时，从东道国收入水平（高收入国家与中低收入国家）、投资动机（非经营型、贸易销售型、研发加工型、多元化型、资源寻求型）、母国企业类型（国有企业、民营企业、外资企业）多个层面入手，深入分析了对外直接投资是否会促进企业全要素生产率进步。

## 5.2 数据来源、处理与计算

### 5.2.1 数据来源

本章数据均来源于由中国商务部提供的《境外投资企业（机构）名录》和国家统计局进行“规模以上工业统计报表统计”取得的资料并经整理得到的《中国工业企业数据库》。其中，《境外投资企业（机构）名录》主要包括投资目的国、境内投资主体、境外投资企业（机构）、境内投资主体所在地、经营范围以及核准日期等指标。

《中国工业企业数据库》样本范围包含全部国有工业企业以及规模以上非国有工业企业。其中，规模以上非国有工业企业是指企业主营业务收入在500万元及以上，2011年将该标准改为2000万元及以上。2009年，该数据库共收录超过30万家企业，涵盖中国工业40个大类、600多个小类，包含企业的基本信息、资产负债表、利润表以及具体的产品信息等。本章以1999—2007年全部国有工业企业以及规模以上非国有工业企业为分析样本，总共包括1164511个观测值，按照原始数据“法人代码”统计，合计375691家企业。[①] 该数据库具有样本大、指标多、时间长等一系列优点，最近几年在学术界得到了广泛的应用。

---

① 2008年及以后年份的数据无法获取。2015年度和2016年度发表在《经济研究》《管理世界》《经济学季刊》等顶级期刊上的论文均是采用1998—2007年的数据。

本章将《境外投资企业(机构)名录》中的境内投资主体与《中国工业企业数据库》的企业名称进行匹配,能够成功匹配的企业标记为对外直接投资企业。

### 5.2.2 数据处理

本章使用的基础数据是《境外投资企业(机构)名录》与《中国工业企业数据库》合并后的数据库,该数据库并非由学术机构发布,存在样本匹配混乱、指标异常、变量定义模糊等一系列问题(聂辉华等,2012)。本章以Brandt 等(2012)的相关做法为基础对合并后的数据库做了详细的整理,依照"通用会计准则"对合并后的数据库进行筛选。为保持样本的有效性,当样本数据出现下述任何一种情况时,该企业均被定义为不合格企业,予以删除:①企业的工业总产值、中间投入、销售额、资本存量、总资产、固定资产、工业增加值、从业人员等关键信息为0、负值或缺漏的;②企业雇佣人数小于等于8 人;③企业明细账目中应付工资、应付福利费、营业利润存在缺漏或者为负;④企业成立时间在1949 年之前或生存年龄小于0;⑤企业利润率超过100%;⑥总资产小于固定资产、总资产小于流动资产、总资产小于固定资产净值、企业编码缺失、成立时间无效的企业(开业月份小于1 或者大于12);⑦非国有企业的主营业务收入低于500 万元。

### 5.2.3 数据计算

#### 5.2.3.1 全要素生产率的测度

本章在估计企业全要素生产率之前,需要设定生产函数的具体形式。具有结构简约、易用、直观测度规模经济、符合常理等诸多优势的Cobb-Douglas(C-D)生产函数是目前学术界最常用的生产函数形式,受到国内外学者的一致青睐。C-D 生产函数的一般形式如下:

$$Y_{it} = A_{it}L_{it}^{\alpha}K_{it}^{\beta} \tag{5-1}$$

其中,$Y_{it}$表示产出或者工业增加值,$L_{it}$和$K_{it}$分别表示劳动和资本的投入,$A_{it}$表示全要素生产率(TFP)。

通过对上式取对数，可以得到如下线性表达式：

$$y_{it} = \alpha l_{it} + \beta k_{it} + u_{it} \tag{5-2}$$

其中，$y_{it}$、$l_{it}$和$k_{it}$分别表示$Y_{it}$、$L_{it}$和$K_{it}$的对数形式，$u_{it}$包含了全要素生产率$A_{it}$对数形式的信息。但是，上述对数估计方法存在联立性偏差（simultaneity bias）和样本选择偏差问题（selection bias）。联立性偏差是指企业决策者根据当期已观测到的生产效率信息和最大化生产原则及时调整劳动、资本等生产要素的投入组合所带来的偏差问题。如果误差项$u_{it}$表示全要素生产率$A_{it}$，那么被观测到部分的企业效率会影响到劳动、资本等生产要素投入的选择，导致残差项与解释变量存在相关关系。如果采用OLS回归，则会低估资本投入系数而高估劳动投入系数①，导致估计结果产生偏误（Marschak & Andrews，1944）。为此，需要对式（5－2）中的残差项进行拆分：

$$y_{it} = \alpha l_{it} + \beta k_{it} + \varpi_{it} + e_{it} \tag{5-3}$$

上式中，$\varpi_{it}$表示企业已观测到的影响当期要素投入选择的因素（即具体的生产率冲击），$e_{it}$表示包含测量误差和不可观测技术冲击在内的真正残差项（即纯粹的随机冲击）。样本选择偏差是由于企业退出市场的概率和生产率冲击存在相关关系造成的。在面临低效率的冲击时，资本存量较大的企业要比资本存量较低的企业更有机会存活，不会轻易退出市场，因而企业资本存量与退出市场概率存在负相关关系，从而带来资本投入系数被低估的样本选择偏差问题。针对OLS估计存在的联立性偏差和样本选择偏差问题，考虑到样本数据的可处理性，本章计算企业全要素生产率使用的是一致半参数估计值的O－P法。

为解决联立性偏差问题，Olley和Pakes（1996）发展了基于一致半参数的估计方法。使用该方法时，前一期生产率的实现值将决定企业对后一期生产率的预期，从而为企业根据生产率的预期值做投资决策提供相应的参考。本章在计算全要素生产率时，将企业的当期投资作为不可观测的生产率冲击的

---

① 企业可以根据观测到的生产效率信息在短期内迅速调整劳动力的投入，而不能迅速调整厂房、机器设备等资本投入，因此，劳动力投入与生产率之间存在更高的相关性。

代理变量，从而解决了普通最小二乘法无法解决的联立性偏差问题，具体步骤如下：

首先，建立企业投资额与当前资本存量之间的关系。

$$K_{it+1} = (1-\delta)K_{it} + I_{it} \tag{5-4}$$

$K_{it}$表示企业$i$在时期$t$的资本存量，$I_{it}$表示企业$i$在时期$t$的投资额。如果企业对未来有较高的预期，则会倾向于提高当期的投资额，即$\varpi_{it}$越高，当期的投资额也越高。基于此，构建一个最优投资函数：

$$i_{it} = it(\varpi_{it}, k_{it}) \tag{5-5}$$

进一步假定$\varpi_{it}$遵循一阶马尔科夫过程：

$\varpi_{it} = E(\varpi_{it} | \varpi_{it-1}) + \xi_{it}$，其中$\xi_{it}$与资本$k_{it}$是不相关的，但有可能与$l_{it}$存在相关关系。于是，在式(5－5)的基础上，求出该投资函数的反函数$\varpi_{it} = h_t(i_{it}, k_{it})$，并代入式(5－3)中，可得

$$y_{it} = \alpha l_{it} + \beta k_{it} + h_t(i_{it}, k_{it}) + e_{it} \tag{5-6}$$

其中，$\alpha l_{it}$表示劳动的贡献。$\beta k_{it}$表示资本的贡献。另外，本章令$\phi_{it} = \beta k_{it} + h_t(i_{it}, k_{it})$，$\phi_{it}$表示一个由投资额和资本存量对数值的多项式。因此，式(5－6)可以进一步表示为

$$y_{it} = \alpha l_{it} + \phi_{it} + e_{it} \tag{5-7}$$

然后，利用$i_{it}$和$k_{it}$的四阶多项式替代式(5－7)的$\phi_{it}$，可以得到：

$$y_{it} = \delta_0 + \alpha l_{it} + \sum_{i=0}^{4}\sum_{i=0}^{4} \delta_{it} k_{it}^{i} i_{it}^{j} + e_{it} \tag{5-8}$$

通过对式(5－8)的估计，可以获得劳动产出弹性$l_{it}$的一致无偏估计量。

其次，在获得劳动产出弹性$\alpha$的一致无偏估计量后，进一步计算资本的产出弹性$\beta$，令

$$\hat{\psi}_{it} = \hat{\delta}_0 + \sum_{i=0}^{4}\sum_{i=0}^{4} \hat{\delta}_{it} k_{it}^{i} i_{it}^{j} - \hat{\alpha} l_{it} \tag{5-9}$$

对于任何一个可能的资本产出弹性$\beta^*$，$\varpi_{it}$的估计量都可以表示为$\hat{\varpi}_{it} = \hat{\psi}_{it} - \beta^* k_{it}$，于是$E(\varpi_{it} | \varpi_{i,t-1})$的非参数一致估计量为

$$E(\hat{\varpi}_{it} | \varpi_{i,t-1}) = \hat{\varpi}_{it} = \gamma_0 + \gamma_1 \varpi_{i,t-1}^{1} + \gamma_2 \varpi_{i,t-1}^{2} + \gamma_3 \varpi_{i,t-1}^{3} + \gamma_4 \varpi_{i,t-1}^{4} + \varepsilon_{it} \tag{5-10}$$

给定 $\alpha$ 与 $E(\varpi_{it} | \varpi_{i,t-1})$ 的非参数一致估计量以及 $\beta^*$，样本生产函数的残差可以表示为

$$\hat{e}_{it} + \xi_{it} = y_{it} - \hat{\alpha} l_{it} - \beta^* k_{it} - E(\hat{\varpi}_{it} | \varpi_{i,t-1}) \quad (5-11)$$

基于此，$\beta^*$ 的估计量可以根据以下最小化问题的解估计出来：

$$\min_{\beta^*} \sum_{it} (y_{it} - \hat{a} l_{it} - \beta^* k_{it} - E(\hat{v}_{it} | v_{i,t-1}))^2 \quad (5-12)$$

然后，利用黄金分割搜寻方法将式(5－12)最小化，即可得出资本产出弹性 $\beta^*$ 的一致估计量。

另外，为了解决样本选择偏误问题，Olley 和 Pakes(1996)通过构造一个包含投资额与资本存量对数值的多项式 $\phi_{it}$ 来获得劳动投入的一致无偏估计量，使用生存概率模型来估计企业的进入与退出，从而有效控制了企业样本选择偏误。企业的最优化决策可用 Bellman 方程刻画：

$$V_{it}(K_{it}, a_{it}, \omega_{it}) = Max \begin{Bmatrix} \Phi, Sup_{I_{it} \geqslant 0} \Pi_{it}(K_{it}, a_{it}, \omega_{it}) - C(I_{it}) \\ + \rho E[V_{i,t+1}(K_{i,t+1}, a_{i,t+1}, \omega_{i,t+1}) | J_{it}] \end{Bmatrix} \quad (5-13)$$

其中，$\Pi_{it}(K_{it}, a_{it}, \omega_{it})$ 表示企业的利润函数，$C(I_{it})$ 表示企业当前的投资成本，$\rho$ 表示折现因子，$E[V_{i,t+1}(K_{i,t+1}, a_{i,t+1}, \omega_{i,t+1}) | J_{it}]$ 表示 $t$ 时期的信息集合 $J_{it}$ 对未来的预期因子。Bellman 方程的结果显示，当清算价值 $\Phi$ 大于预期折现回报时，企业将进行清算并退出市场，退出函数可以表示为

$$\chi_{it} = \begin{cases} 1, \text{如果 } \omega_{it} \geqslant \omega it(K_{it}, a_{it}); \\ 0, \text{其他。} \end{cases} \quad (5-14)$$

式中，当 $\chi_{it} = 1$ 时，表示企业继续经营，否则企业退出市场。企业是否退出市场主要依赖于技术临界值 $\omega$。当企业生产率高于临界值时，表示持续经营；否则，表示退出市场。本章可以通过 Probit 模型来刻画企业是否持续经营。

$$\begin{aligned} \Pr(\chi_{it} = 1 | J_{i,t-1}) &= \Pr(\chi_{it} = 1 | \omega_{i,t-1}, \hat{\omega}_{i,t}(K_{it+1})) \\ &= \varphi(i_{i,t-1}, k_{i,t-1}) \end{aligned} \quad (5-15)$$

将 Probit 模型的拟合值代入式(5－11)，可得

$$\hat{e}_{it} + \xi_{it} = y_{it} - \hat{\alpha} l_{it} - \beta^* k_{it} - E(\hat{\varpi}_{it}, \hat{P}_{t-1} | \varpi_{i,t-1}) \quad (5-16)$$

最后，在得到资本系数 $\beta^*$ 以后，可以计算出每个企业 $i$ 的全要素生产

率，即

$$\mathrm{TFP}_{ijt}^{OP} = \ln Y_{it} - \hat{\alpha}\ln L_{it} - \hat{\beta}\ln K_{it} \qquad (5-17)$$

其中，$\ln Y_{it}$表示企业工业增加值的对数，$\mathrm{TFP}_{ijt}^{OP}$ 表示利用 O－P 方法计算的企业全要素生产率。

本章在处理联立性偏差问题时，O－P 方法使用当期投资作为企业不可观测生产率的代理变量，L－P 方法使用中间投入数据作为代理变量。中间投入数据以 1998 年为基期的原材料、燃料、动力价格指数进行平减处理，得到真实的中间投入额。另外，O－P 方法使用生存概率模型估计企业的进入与退出，可以有效控制样本选择偏误，而 L－P 方法则无法控制样本选择偏误。因此，本章在实证分析过程中，以 O－P 方法得到的企业生产率为基准分析。由于《中国工业企业数据库》未公布 2008—2009 年企业中间投入品与工业增加值的相关数据，无法使用 O－P 方法或者 L－P 方法估计 2008—2009 年企业的全要素生产率，因此，本章在实证分析过程中只能使用 1998—2007 年中国全部国有以及规模以上非国有企业数据来估计中国工业企业的全要素生产率。另外，考虑到我国企业大规模对外直接投资发生在 2003 年以后，分析对外直接投资与企业全要素生产率关系的样本选择年限定为 2003—2007 年。

#### 5.2.3.2　制度环境的测度

如第三章所述，我国的市场化进程与区域制度环境存在密切关系，市场化进程对于研究制度环境与企业生产率的关系具有重要的理论意义和现实意义。企业作为技术创新的主体，在技术创新过程中存在一系列的合作与协调问题，技术创新资源的配置不仅要由市场配置，同时还受到政府、高校、科研机构等技术创新主体的联合配置。基于此，本书采用樊纲等（2011）的市场化程度作为中国区域制度环境的代理变量，并利用中国企业微观层面的数据分析具体制度环境因素对企业全要素生产率与企业技术创新的影响，试图找出影响企业全要素生产率进步的制度根源。

从 2000 年起，樊纲等陆续编制了我国各省份历年“市场化指数”，对我国各省份和区域的市场化程度加以测评，为我国省际制度质量的研究提供了重要的借鉴与参考价值。市场化指数主要包括五个分量，即政府与市场的关系(*score_gm*)、非国有经济的发展(*score_ped*)、产品市场的发育程度(*score_pmd*)、要素市场的发育程度(*score_fmd*)、法律制度环境和市场中介组织的发育程度(*score_ol*)。

#### 5.2.3.3 投入产出变量的测度

(1)企业产出水平的测度。为了更好地测度企业的产出水平,本章以1998年为基期,以经各地区工业出厂品价格指数(PPI)平减的工业增加值作为企业产出水平的代理变量。由于中国工业企业数据库未报告企业2004年的工业增加值,本章借鉴简泽(2011)的处理方法,令企业的工业增加值=本年销售收入+期末产成品-期初产成品+本年增值税,对2004年的工业增加值进行了推算。中国工业企业数据库未报告期初产成品这一指标,为此,本章借鉴刘小玄和李双杰(2008)的做法,用期初和期末存货替代期初与期末产成品。工业企业数据库报告了期初与期末存货以及期末产成品,可以根据期末产成品在期末存货中的比例,从期初存货中推算得出期初产成品,继而得出2004年各个企业的工业增加值。

(2)资本的测度。本章借鉴鲁晓东和连玉君(2012)的做法,用企业当年的固定资产净值表示企业的资本;同时,以1998年为基期,用各地区的固定资产投资价格指数(PII)对固定资产净值进行平减处理。

(3)投资额的测度。如何恰当估算企业的投资额是运用O-P方法测度企业TFP过程中一个必不可少的步骤。按照国际惯例,通常采用永续盘存法来测度企业的投资额,即 $I_{it} = K_{it} - (1 - \delta)K_{it-1}$ 。其中,$I_{it}$和$K_{it}$分别表示企业$i$在$t$年的投资额和经各年固定资产投资价格指数平减处理后得到的固定资产总值,$\delta$表示企业在1999—2007年的折旧率。根据Wang和Yao(2003)以及张杰等(2009)的研究成果,同时考虑到中国经济转型背景以及经济的高速发展,笔者认为,折旧率定为15%是恰当的,并且符合中国现实。

(4)劳动力投入以及中间投入品。本书以企业年均就业人数作为劳动投入的代理变量,企业中间投入品以1998年为基期,对各地区工业品出厂价格指数进行平减处理。

(5)企业年龄。用企业当年所处年份减去开业年份得到。

#### 5.2.3.4 相关控制变量的测度

(1)企业出口强度(*expint*),用企业出口交货值与企业销售额的比值表示。

(2)企业资本密集度(*capint*),用企业固定资产净值与年均就业人数的比值取对数表示。

(3)研发能力,主要包括研发投入(*rd_imput*)、新产品销售收入(*new_sale*)、研发创新密集度。研发创新密集度用新产品销售额与企业总销售额的比值(*rdint*1)和研发支出额与企业总销售额的比值(*rdint*2)来表示。

(4)企业管理水平(*manage*),用总资产周转率来表示,即(主营业务收入/平均资产总额)×100%。

(5)劳动生产率(*lnlaborp*),用工业总产值与年均就业人数的比值并取对数表示,其中工业总产值以1998年为基期经各地区工业出厂品价格指数(PPI)平减处理。

(6)企业规模(*comscale*),用企业销售额的对数来表示,其中企业销售额以1998年为基期各地区工业品出厂价格(PPI)进行平减得到。

(7)企业利润率(*promar*),用营业利润与企业销售额的比值表示。

(8)融资约束(*fincon*),用利息支出与固定资产的比重表示。该比值越大,意味着企业面临的融资约束越小。

(9)政府补贴(*govsub*),用政府补贴与企业销售额的比重取对数表示。该比值越大,意味着政府对企业的扶持力度越大。

(10)企业所有制(*en_owner*)。为了控制企业所有制差异可能对企业全要素生产率产生影响,本章在实证分析过程中进一步加入了国有、民营、外资企业的虚拟变量。

(11)企业进入与退出市场的虚拟变量(*exit*),用企业 $i$ 在 $t$ 年是否退出市场来表示。

(12)行业虚拟变量(*induscode*)。为了控制行业差异对企业全要素生产率的影响,本章在分析过程中加入了行业虚拟变量。

#### 5.2.3.5 对外直接投资逆向技术溢出的测度

本章分析的重点是制度环境、对外直接投资与省域全要素生产率的空间计量分析,因此,需要测度全国31个省份对外直接投资获得的国际技术溢出 $ofdi\_reverse_{it}$。

用L-P方法计算我国对外直接投资获得的国际R&D资本存量 $ofdi\_reverse_t$:

$$ofdi\_reverse_t = \sum \frac{ofdi_{jt}}{y_{jt}} s_{jt} \tag{5-18}$$

其中,$s_{jt}$表示国家$j$在$t$时期的国内R&D资本存量,$ofdi_{jt}$表示在$t$时期我国对$j$国的OFDI存量,$y_{jt}$表示在$t$时期$j$国的GDP总量。为了进一步测量省际层面OFDI的逆向溢出效应,本章加入各省份的权重。各省份从OFDI中获得的国际R&D溢出 $ofdi_reverse_{it}$可以表示如下:

$$ofdi\_reverse_{it} = ofdi\_reverse_t \times \frac{ofdi_{it}}{\sum ofdi_{it}} \tag{5-19}$$

其中,$ofdi_{it}$表示省份$i$在$t$时期的OFDI存量。首先,按式(5-18)计算中国OFDI获得的国际R&D资本存量 $ofdi\_reverse_t$[①]。步骤如下:①计算各国(地区)R&D存量。与国内R&D存量计算方法类似,从*OECD Fact book* 2014中获得1997—2007年各国(地区)R&D研发支出占GDP的比重,GDP数据来自世界银行WDI数据库,据此估算出各国历年R&D支出。②利用消费价格指数将各国(地区)R&D支出折算为以1997年为不变价格的历年研发支出,消费价格指数来源于世界银行WDI数据库。③按照国内计算各省份R&D资本存量的方法,计算出各国(地区)1997—2007年的R&D资本存量,其中研发资本的折旧率按照国际惯例取5%。其次,结合中国2003—2007年对外直接投资数据

① 根据中国对外直接投资流向的规模,结合各国研发资本存量和数据的可获得性,选取澳大利亚、加拿大、法国、德国、匈牙利、意大利、日本、韩国、荷兰、墨西哥、西班牙、瑞典、英国、美国、中国香港、新加坡、俄罗斯、巴西共18个国家(地区)作为国际R&D资本存量的样本。截至2012年底,我国对这些国家(地区)的OFDI投资总存量占我国OFDI总额存量的80%以上(中国对外直接投资公报,2012),具有较好的代表性。

$ofdi_{jt}$，依据式(5－19)，计算各省份OFDI获得的国际R&D溢出。各省份$ofdi_{jt}$数据来源于各年度《中国对外投资统计公报》以及各省份统计年鉴。

**表5－1 主要变量定义及计算方法**

| 变量名 | 含义 | 计算方法 |
|---|---|---|
| *expint* | 企业出口强度 | 企业出口交货值/企业销售额 |
| *capint* | 企业资本密集度 | ln(企业固定资产净值/年均平均就业人数) |
| *rdint* | 研发创新密集度 | 新产品销售额/企业总销售额 |
| *manage* | 企业管理水平 | 主营业务收入/平均资产总额 |
| *laborp* | 劳动生产率 | ln(工业总产值/年均平均就业人数) |
| *comscale* | 企业规模 | ln(企业销售额) |
| *promar* | 企业利润率 | 营业利润/企业销售额 |
| *fincon* | 融资约束 | 利息支出/固定资产 |
| *govsub* | 政府补贴 | ln(政府补贴/企业销售额) |
| *soratio* | 国有比例 | 国有实收资本/实收资本 |
| *en_owner* | 企业所有制 | 虚拟变量：国有、民营、外资企业 |
| *induscode* | 行业虚拟变量 | 行业虚拟变量：食品、纺织、服装等 |

注：工业总产值、企业销售额以1998年为基期，对各省工业出厂品价格指数(PPI)进行平减处理。

**表5－2 数据的描述性统计**

| | *Obs* | *Mean* | *Std. Dev.* | *Min* | *Max* |
|---|---|---|---|---|---|
| *tfp* | 742764 | 4.2546 | 0.7960 | 2.2116 | 6.2590 |
| *ofdi* | 742764 | 0.0016 | 0.0405 | 0 | 1 |
| *laborp* | 742764 | 5.3332 | 0.9063 | 2.3338 | 8.9244 |
| *capint* | 742764 | 3.8463 | 1.1334 | 0.2644 | 7.5954 |
| *comscale* | 742764 | 10.2194 | 1.0017 | 7.9652 | 13.5517 |
| *promar* | 742764 | 0.0394 | 0.0836 | －0.8602 | 0.8762 |
| *expint* | 742764 | 0.1808 | 0.3478 | 0.0000 | 1.0000 |
| *fincon* | 742764 | 0.0403 | 0.0804 | －0.2397 | 1.1075 |
| *soratio* | 740110 | 0.1223 | 0.3112 | －8.0206 | 5.1876 |
| *rdint* | 742764 | 0.0280 | 0.1371 | 0.0000 | 1.7066 |
| *manage* | 742764 | 10.1708 | 16.3881 | 0.0000 | 764.3255 |

续表

| | *Obs* | *Mean* | *Std. Dev.* | *Min* | *Max* |
|---|---|---|---|---|---|
| *govsub* | 742764 | 0.0026 | 0.0124 | -0.0256 | 0.1851 |
| *score_tot* | 742764 | 8.1984 | 1.7003 | 0.2900 | 10.9200 |
| *score_gm* | 742764 | 9.0670 | 1.0852 | -4.4900 | 10.5300 |
| *score_ped* | 742764 | 9.6809 | 2.5570 | -1.9300 | 13.4400 |
| *score_pmd* | 742764 | 8.6344 | 1.1518 | -3.6700 | 10.2300 |
| *score_fmd* | 742764 | 5.7966 | 1.6483 | 1.0900 | 9.6700 |
| *score_ol* | 742764 | 7.8133 | 3.3545 | 1.4900 | 16.8900 |

## 5.3 制度环境、OFDI 与企业全要素生产率进步的微观回归结果

### 5.3.1 制度环境、OFDI 与企业全要素生产率进步的初步回归结果

在进行空间计量分析前，本章首先运用面板固定效应模型估计制度环境、对外直接投资与企业全要素生产率进步之间的关系，并按照母国企业类型、东道国收入水平、投资动机分析对外直接投资与企业生产率进步的关系，再根据空间面板模型深入分析三者之间的相互关系。

#### 5.3.1.1 制度环境对企业全要素生产率进步的影响

考虑到中国企业大规模对外直接投资发生在 2003 年以后，样本范围限定在 2003—2007 年。本书采用面板固定效应模型分析制度环境、对外直接投资对企业生产率的影响。

$$tfp_{it} = m + X_{it}^{'}\beta + \alpha_i + \gamma_t + u_{it} \qquad (5-20)$$

其中，$tfp_{it}$ 表示企业的全要素生产率，$X_{it}^{'}\beta$ 表示相关解释变量与控制变量，$\alpha_i$ 表示个体差异，$\gamma_t$ 表示时点差异，$u_{it}$ 表示随机误差项。

由表 5-3 可知，在 1% 的显著性水平下，制度环境（*score_tot*）对企业全要素生产率的进步有显著的促进作用。制度环境的五个分量中，只有法律制度环境和市场中介组织的发育程度（*score_ol*）这一指标显著为负，表明中国整体的法制环境与知识产权保护制度尚不健全，无法调动企业从事

技术创新活动的积极性和主动性，主要体现在不能保证创新者收回研发成本，也无法保证创新成果在企业之间的有序转让，不利于技术创新和技术扩散。

**表5-3 制度环境促进企业生产率进步的全样本固定效应回归结果**

| 变量 | 方程1 | 方程2 | 方程3 | 方程4 | 方程5 | 方程6 |
|---|---|---|---|---|---|---|
| *score_tot* | 0.0285***<br>(8.95) | | | | | |
| *score_gm* | | 0.0943***<br>(26.85) | | | | |
| *score_ped* | | | 0.0735***<br>(49.03) | | | |
| *score_pmd* | | | | 0.0008<br>(0.50) | | |
| *score_fmd* | | | | | 0.0728***<br>(57.89) | |
| *score_ol* | | | | | | -0.0696***<br>(-71.19) |
| 行业效应 | 是 | 是 | 是 | 是 | 是 | 是 |
| 年份效应 | 是 | 是 | 是 | 是 | 是 | 是 |
| 地区效应 | 是 | 是 | 是 | 是 | 是 | 是 |
| 观察值 | 742764 | 742764 | 742764 | 742764 | 742764 | 742764 |
| $R^2$ | 0.2484 | 0.2495 | 0.2523 | 0.2483 | 0.2539 | 0.2567 |
| $F$值 | 9853.83 | 9910.66 | 10059.94 | 9846.75 | 10143.93 | 10296.17 |
| 固定效应 | 是 | 是 | 是 | 是 | 是 | 是 |

注：***、**和*分别表示变量估计系数通过1%、5%和10%的显著性水平检验；()中的数值为变量估计系数的$t$检验值，余同。

#### 5.3.1.2 制度环境、OFDI与企业全要素生产率进步的初步估计结果

与现有文献将制度环境、对外直接投资与企业生产率进步三者割裂开来研究不同，本书从省域的制度环境入手，创新地将三者纳入统一的分析框架，同时考虑制度环境及其分量、对外直接投资对企业生产率进步的影响。

**表 5-4 制度环境、对外直接投资与企业生产率进步的初步估计结果**

| 变量 | 方程1 | 方程2 | 方程3 | 方程4 | 方程5 | 方程6 |
|---|---|---|---|---|---|---|
| *ofdi* | 0.0580** (2.40) | 0.0620** (2.57) | 0.0704*** (2.92) | 0.0600** (2.48) | 0.0837*** (3.48) | 0.1154*** (4.80 |
| *score_tot* | 0.0284*** (8.92) | | | | | |
| *score_gm* | | 0.0943*** (26.86) | | | | |
| *score_ped* | | | 0.0735*** (49.06) | | | |
| *score_pmd* | | | | 0.0008 (0.49) | | |
| *score_fmd* | | | | | 0.0728*** (57.94) | |
| *score_ol* | | | | | | -0.0697*** (-71.31) |
| 行业效应 | 是 | 是 | 是 | 是 | 是 | 是 |
| 年份效应 | 是 | 是 | 是 | 是 | 是 | 是 |
| 地区效应 | 是 | 是 | 是 | 是 | 是 | 是 |
| 观察值 | 742764 | 742764 | 742764 | 742764 | 742764 | 742764 |
| $R^2$ | 0.2484 | 0.2495 | 0.2523 | 0.2483 | 0.2539 | 0.2567 |
| *F* 值 | 9238.42 | 9291.77 | 9431.89 | 9231.82 | 9510.92 | 9654.57 |
| 固定效应 | 是 | 是 | 是 | 是 | 是 | 是 |

由表 5-4 的回归结果可知，当同时考虑制度环境、对外直接投资两个因素对企业生产率的影响时，制度环境、对外直接投资分别在5%和1%的水平上显著提升了企业的全要素生产率；具体而言，整体制度环境、政府与市场的干预、非国有经济的发展、要素市场的发育程度与企业全要素生产率正相关；产品市场发育程度的系数虽然为正，但在10%的水平上仍不显著，表明我国的产品市场发育尚不完善，企业不能及时有效地应对市场中供求关系的变化和开展专业性的活动。另外，法律制度环境和市场中介组织的发育程度这一指标仍然在1%的水平上显著为负。

### 5.3.2 不同类型 OFDI 与企业全要素生产率进步的回归分析

如前所述，制度环境、对外直接投资可以提升企业的全要素生产率，但在分析对外直接投资对企业生产率进步的影响时，未考虑企业类型、东道国收入水平、投资动机等因素对企业全要素生产率的影响。对此，本章从母国企业类型（国有企业、民营企业、外资企业）、东道国收入水平（高收入国家与中低收入国家）、投资动机（非经营型、贸易销售型、研发加工型、多元化型、资源寻求型）三个方面分析对外直接投资与企业生产率进步的关系。

#### 5.3.2.1 全样本回归结果

**表 5-5 对外直接投资促进企业生产率进步的全样本固定效应回归结果**

| 变量 | 方程 1 | 方程 2 | 方程 3 |
|---|---|---|---|
| *ofdi* | 0.0601 * *<br>(2.49) | 0.0573 * * *<br>(2.86) | 0.0748 * * *<br>(3.79) |
| ln*laborp* | | 0.4385 * * *<br>(207.68) | 0.4243 * * *<br>(203.23) |
| *comscale* | | 0.3502 * * *<br>(157.71) | 0.3129 * * *<br>(140.98) |
| *promar* | | 0.6804 * * *<br>(59.41) | 0.6944 * * *<br>(61.44) |
| *expint* | | | -0.0468 * * *<br>(-10.08) |
| *fincon* | | 0.2895 * * *<br>(25.05) | 0.1486 * * *<br>(12.95) |
| *owner* | | 0.0063 *<br>(1.70) | 0.0077 * *<br>(2.12) |
| *rdint* | | 0.1082 * * *<br>(17.41) | 0.1168 * * *<br>(19.04) |
| *manage* | | | 0.0076 * * *<br>(109.09) |
| *govsub* | | -0.3208 * * *<br>(-4.25) | -0.3258 * * *<br>(-4.38) |
| 行业效应 | 是 | 是 | 是 |
| 年份效应 | 是 | 是 | 是 |

续表

| 变量 | 方程1 | 方程2 | 方程3 |
|---|---|---|---|
| 地区效应 | 是 | 是 | 是 |
| 观察值 | 742764 | 740110 | 740110 |
| $R^2$ | 0.2483 | 0.4840 | 0.4976 |
| 固定效应 | 是 | 是 | 是 |

由表5-5的第2列与第3列可知，考虑相关控制变量后，对外直接投资在1%的水平上显著提升了企业的全要素生产率。对外直接投资主要通过以下两种途径提升企业全要素生产率：一方面，企业向技术要素密集度的发达国家或地区进行对外直接投资，通过国际R&D技术溢出效应影响企业的全要素生产率与技术创新；另一方面，企业向劳动力要素密集的发展中国家进行对外直接投资，通过提升总体产量、扩大国际市场份额、改变母国劳动力要素禀赋之间的比例影响母国企业的全要素生产率与技术创新能力。

#### 5.3.2.2 国有企业、民营企业、外资企业对外直接投资对全要素生产率的影响

**表5-6 分企业类型对外直接投资与企业生产率进步**

| 变量 | 方程1 | 方程2 | 方程3 |
|---|---|---|---|
| *ofdi_state* | 0.2224<br>(1.03) | 0.4727***<br>(2.65) | 0.5663***<br>(3.21) |
| *ofdi_private* | 0.0663**<br>(2.35) | 0.0452*<br>(1.93) | 0.0627***<br>(2.72) |
| *ofdi_foreign* | 0.0377<br>(0.83) | 0.0743**<br>(1.98) | 0.0890**<br>(2.40) |
| ln*laborp* | | 0.4385***<br>(207.69) | 0.4243***<br>(203.23) |
| *comscale* | | 0.3502***<br>(157.72) | 0.3129***<br>(140.99) |
| *promar* | | 0.6803***<br>(59.40) | 0.6943***<br>(61.43) |

**续表**

| 变量 | 方程 1 | 方程 2 | 方程 3 |
|---|---|---|---|
| *expint* | | | -0.0468 * * *<br>( -10.08) |
| *fincon* | | 0.2894 * * *<br>(25.05) | 0.1486 * * *<br>(12.95) |
| *owner* | | 0.0063 *<br>(1.70) | 0.0077 * *<br>(2.11) |
| *rdint* | | 0.1081 * * *<br>(17.40) | 0.1168 * * *<br>(19.04) |
| *manage* | | | 0.0076 * * *<br>(109.10) |
| *govsub* | | -0.3201 * * *<br>( -4.24) | -0.3249 * * *<br>( -4.37) |
| 行业效应 | 是 | 是 | 是 |
| 年份效应 | 是 | 是 | 是 |
| 地区效应 | 是 | 是 | 是 |
| 观察值 | 742764 | 740110 | 740110 |
| $R^2$ | 0.2483 | 0.4840 | 0.4976 |
| 固定效应 | 是 | 是 | 是 |

注：本章将中国对外直接投资按照企业所有制类型分为国有企业对外直接投资(*ofdi_state*)、民营企业对外直接投资(*ofdi_private*)和外资企业对外直接投资(*ofdi_foreign*)三类。对外直接投资企业类型的有效信息包括国有企业 15 条、民营企业 857 条、外资企业 343 条，共计 1215 条。

改革开放以来，中央与各级地方政府出台了一系列政策措施鼓励民营企业的发展和吸引外商直接投资，同时，也多次重组和改革了国有企业。目前，国有企业、民营企业与外资企业相互依存，协调发展，不同所有制企业在我国经济持续健康发展的过程中发挥了重要的作用。

根据表 5 -6 第 2 列和第 3 列显示的回归结果，考虑一系列控制变量，所有类型企业的对外直接投资均显著提升了企业的全要素生产率。考虑到样本中国有企业的数量只有 15 家，该回归结果缺乏代表性，在本章的空间计量分析部分将做进一步分析。

### 5.3.2.3 OECD与非OECD国家对外直接投资对企业全要素生产率的影响

表5-7 OECD与非OECD对外直接投资对企业全要素生产率的影响

| 变量 | 方程1 | 方程2 | 方程3 |
|---|---|---|---|
| *ofdi_nonoecd* | 0.0516<br>(1.59) | 0.0450 *<br>(1.67) | 0.0596 * *<br>(2.25) |
| *ofdi_oecd* | 0.0706 *<br>(1.95) | 0.0728 * *<br>(2.43) | 0.0938 * * *<br>(3.17) |
| ln*laborp* | | 0.4385 * * *<br>(207.69) | 0.4243 * * *<br>(203.23) |
| *comscale* | | 0.3502 * * *<br>(157.70) | 0.3129 * * *<br>(140.97) |
| *promar* | | 0.6805 * * *<br>(59.41) | 0.6944 * * *<br>(61.44) |
| *expint* | | | -0.0468 * * *<br>(-10.08) |
| *fincon* | | 0.2895 * * *<br>(25.05) | 0.1486 * * *<br>(12.95) |
| *owner* | | 0.0063 *<br>(1.70) | 0.0077 * *<br>(2.11) |
| *rdint* | | 0.1081 * * *<br>(17.40) | 0.1167 * * *<br>(19.03) |
| *manage* | | | 0.0076 * * *<br>(109.09) |
| *govsub* | | -0.3207 * * *<br>(-4.25) | -0.3257 * * *<br>(-4.38) |
| 行业效应 | 是 | 是 | 是 |
| 年份效应 | 是 | 是 | 是 |
| 地区效应 | 是 | 是 | 是 |
| 观察值 | 742764 | 740110 | 740110 |
| $R^2$ | 0.2483 | 0.4840 | 0.4976 |
| 固定效应 | 是 | 是 | 是 |

注：向非OECD国家投资的信息有677条，向OECD国家投资的信息有538条，两者合计1215条。

本章将中国企业对外直接投资按照投资东道国收入水平分为OECD与非OECD国家，即向高收入国家进行的对外直接投资与向中低收入国家进行的对外直接投资。根据表5-7的分析结果可知，无论是向OECD国家还是向非OECD国家进行对外直接投资，都可以提升企业的全要素生产率。另外，通过对比可以发现，向OECD国家开展的对外直接投资无论是回归的系数大小，还是显著性水平，都要高于非OECD国家。可能的原因是，向OECD国家进行对外直接投资一方面可以通过嵌入当地的研发网络掌握最新的技术动态；另一方面，区位聚集使企业更容易感受到竞争压力，从而加大技术投入，提升研发水平。另外，跨国公司与拥有技术优势的企业形成战略联盟，可以通过零距离地参与研发活动、获得更多的溢出和分享共同研发成果等方式来促进企业全要素生产率进步。

#### 5.3.2.4 不同对外直接投资动机对企业全要素生产率的影响

本章通过分析不同投资动机型企业对提升企业的全要素生产率的影响，可得出以下结论：

(1)非经营性对外直接投资(*ofdi_noi*)不能显著提升企业的全要素生产率。表5-8中3个方程的回归结果在10%的水平上均不显著，可能的原因是，非经营性对外直接投资的主要目的是在东道国从事业务咨询、市场信息搜集整理分析、介绍本企业的相关产品以及对企业与东道国签订的商务合同执行近况等进行信息反馈与信息协调等。

(2)贸易销售型对外直接投资(*ofdi_trade*)有可能提升企业的全要素生产率。方程1和方程2的结果均不显著，而方程3的结果在10%的显著性水平上为正。贸易销售型对外直接投资是指开拓东道国市场、从事相关商品贸易的进出口以及相关产品的售后服务等，其主要目的是进一步扩大企业产品的销售市场。贸易销售型对外直接投资可以使我国的出口企业根据国内外市场需求调整国内生产，通过“规模经济效应”和“邻近效应”提升企业的技术创新能力与全要素生产率(蒋冠宏和蒋殿春，2014)。

**表5-8　不同对外直接投资动机对企业全要素生产率的影响**

| 变量 | 方程1 | 方程2 | 方程3 |
|---|---|---|---|
| *ofdi_noi* | 0.0690<br>(1.64) | 0.0509<br>(1.46) | 0.0625<br>(1.62) |
| *ofdi_trade* | 0.0217<br>(0.41) | 0.0537<br>(1.22) | 0.0727*<br>(1.67) |
| *ofdi_r&d* | 0.2351*<br>(1.88) | 0.2372**<br>(2.30) | 0.2452**<br>(2.41) |
| *ofdi_multi* | 0.0476<br>(1.27) | 0.0417<br>(1.34) | 0.0642**<br>(2.09) |
| *ofdi_resource* | 0.3679<br>(1.64) | 0.2850<br>(1.53) | 0.2934<br>(1.60) |
| ln*laborp* | | 0.4385***<br>(207.69) | 0.4243***<br>(203.23) |
| *comscale* | | 0.3502***<br>(157.70) | 0.3129***<br>(140.98) |
| *promar* | | 0.6804***<br>(59.41) | 0.6943***<br>(61.44) |
| *expint* | | | -0.0468***<br>(-10.08) |
| *fincon* | | 0.2895***<br>(25.05) | 0.1486***<br>(12.95) |
| *owner* | | 0.0063*<br>(1.71) | 0.0077**<br>(2.12) |
| *rdint* | | 0.1081***<br>(17.40) | 0.1168***<br>(19.04) |
| *manage* | | | 0.0076***<br>(109.10) |
| *govsub* | | -0.3203***<br>(-4.25) | -0.3253***<br>(-4.37) |
| 行业效应 | 是 | 是 | 是 |
| 年份效应 | 是 | 是 | 是 |
| 地区效应 | 是 | 是 | 是 |
| 观察值 | 742764 | 740110 | 740110 |
| $R^2$ | 0.2483 | 0.4840 | 0.4976 |
| 固定效应 | 是 | 是 | 是 |

注：本章参考商务部的分类标准，将中国企业对外直接投资按照投资动机分为非经营性对外直接投资（*ofdi_noi*）、贸易销售型对外直接投资（*ofdi_trade*）、研发加工型对外直接投资（*ofdi_r&d*）、多样化对外直接投资（*ofdi_multi*）、资源开发型对外直接投资（*ofdi_resource*）五类。其中：非经营性企业377家、贸易销售型企业247家、技术研发型企业58家、多元投资型企业518家、资源开发型企业15家，合计1215家企业。

(3)研发加工型对外直接投资(*ofdi_r&d*)可以显著提升企业全要素生产率。本章 3 个方程的估计结果均通过了 5% 或 10% 的显著性水平,且对应系数为正。研发加工型对外直接投资是 5 种对外直接投资动机中唯一全部通过显著性假设的。研发加工型对外直接投资是指在海外从事新产品的研究与开发、加工与制造等活动的对外直接投资,投资对象一般为发达国家。研发加工型对外直接投资主要利用投资东道国先进的技术和研发基础设施进行研究与开发活动,通过"集聚溢出机制""经营成果反馈机制""人员流动机制"等反馈至母公司,进而提升母公司乃至其他邻近企业的技术创新能力和全要素生产率。

(4)多元对外直接投资(*ofdi_multi*)有可能提升母公司的全要素生产率。多元对外直接投资是指从事贸易销售、研发加工等在内的多种投资活动。多元对外直接投资活动由于投资动机多元化,并不一定以研发活动为主,因此,未必能提升母公司的全要素生产率。本章的实证结果在某种程度上也验证了相关结论。

(5)资源开发型对外直接投资(*ofdi_resource*)不能显著提升企业全要素生产率。资源开发型对外直接投资主要是指利用国际市场满足国内日益增长的原材料与能源需求,中国经济迅速崛起打破了全球原有的供求平衡与能源分配格局。中国资源开发型对外直接投资主要以进入自然资源丰裕的发展中国家为主,如印度、巴西等。改革开放以来,经济高速发展导致我国对石油、矿产等自然资源的需求持续增加。例如,中国对石油的对外依存度已由 2001 年的 32.0% 上升至 2015 年的 59.5%(国新办发布《中国的能源政策》白皮书,2015)。资源开发型对外直接投资可能存在的"非市场动机"导致企业对外直接投资并不是以价值最大化为原则,不一定能提升企业的全要素生产率和技术创新能力。根据表 5-8 的回归结果,可以发现资源开发型对外直接投资 3 个方程的估计结果在 10% 的水平上均不显著。

综上所述,五类对外直接投资动机中,研发加工型对外直接投资显著提升了企业的全要素生产率,且提升幅度最大,贸易销售型和多元对外直接投资次之,而非经营性对外直接投资与资源开发型对外直接投资无法提升企业的全要素生产率。

### 5.3.3 基于倾向得分匹配(PSM)的ATT检验

#### 5.3.3.1 倾向得分匹配与ATT

上述回归结果是通过简单线性回归得到的,其方法未必具有针对性,结果也可能并不稳健,因此,在本小节中,通过倾向得分匹配方法(PSM)来构建对外直接投资的对照组(Alvarez & Lpoez,2005;De Loecker,2007),以便更好地说明对外直接投资对企业全要素生产率的提升作用。PSM方法的基本原理是将代表个体特征的多维因素构造成综合倾向得分,并根据综合倾向得分寻找与实验组得分相近的对照组进行匹配,从而克服维数问题(Heckman et al.,1997;Angrist,1998)所带来的匹配困难。本书选择与对外直接投资企业特征相似的企业作为对照组进行匹配,分析对外直接投资对企业生产率进步的影响。

首先,本章利用Probit模型估计企业开展对外直接投资的概率:

$$P_i(Z_i) = \Pr[\mathrm{OFDI}_i = 1 \mid Z_i] = E[\mathrm{OFDI}_i \mid Z_i] \quad (5-20)$$

这里的控制变量 $Z_i$ 与式(5-20)的回归变量一致,根据Probit模型的估计结果,可以算出每个工业企业的倾向得分 $P_i(Z_i)$。基于此,本书用与 $P_i(Z_i)$ 数值相近的非对外直接投资企业的全要素生产率近似替代对外投资企业不选择对外直接投资时的潜在全要素生产率,从而可以得到对外直接投资对企业全要素生产率的平均影响。

$$\begin{aligned} \mathrm{ATT} &= E[tfp_{1i} - tfp_{0i} \mid \mathrm{OFDI}_i = 1, Z_i] \\ &= E[tfp_{1i} - tfp_{0i} \mid \mathrm{OFDI}_i = 1, P_i(Z_i)] \end{aligned} \quad (5-21)$$

本章主要运用最邻近匹配、半径匹配以及核匹配三种方法对得分相近的个体进行匹配,现对这三种方法分别予以介绍。

最邻近匹配的方法如下:

$$C(i) = Min \| P_i(Z_i) - P_j(Z_j) \| \quad (5-22)$$

此处 $i$ 是指对外直接投资企业(实验组 $T$),$j$ 是指非对外直接投资企业(对照组 $C$),通过该式筛选出倾向得分与 $i$ 最相近的企业并与之比配,计算出实验组与对照组的平均差异，得出开展对外直接投资的平均处理效用（$ATT_1$）：

$$ATT_1 = \frac{1}{N^T}\sum_{i \in T}(tfp_{1i} - tfp_{0i}) \quad (5-23)$$

半径匹配的基本原理是寻找与实验组样本倾向得分值差值小于常数 $r$ 的对照组 $N$ 个样本，并与之完成匹配。

$$C(i) = \{p_j \mid P_i(Z_i) - P_j(Z_j) \mid \leqslant r\} \quad (5-24)$$

进行对外直接投资的平均处理效用（$ATT_2$）还可以表示为

$$ATT_2 = \frac{1}{N^T}\sum_{i \in T}(tfp_{1i} - tfp_{0i}) \quad (5-25)$$

核匹配方法是根据倾向得分与 $P_i(\mathrm{Z_i})$ 的相似程度来决定权重的大小，距离越近，相应的权重也越大。本书在实证分析过程中使用的核函数Epanechniko核，窗宽设为0.01，同时，核匹配的方差通过拔靴（bootstrap）方法计算得出。具体形式如下：

$$ATT_3 = \frac{1}{N^T}\sum_{i \in T}\left\{tfp_{1i} - \frac{\sum_{j \in C} tfp_{0i}K\left(\frac{p_j - p_i}{h_n}\right)}{\sum_{j \in C} K\left(\frac{p_j - p_i}{h_n}\right)}\right\} \quad (5-26)$$

基于式（5-23）、式（5-25）、式（5-26），本章可以计算得出对外直接投资企业生产率的robust估计结果，见表5-9。

本节采用倾向得分匹配方法检验了对外直接投资对企业全要素生产率的提升作用，发现匹配后的两个样本组仅在对外直接投资方面有所不同，其他方面均相同或者相似。基于稳健性考虑，本书也计算了以对外直接投资企业为实验组的平均处理效应。根据表5-9中最邻近匹配与半径匹配的回归结果可知，对外直接投资每增加1个百分点，可使企业的全要素生产率提升0.02~0.05个百分点，且估计系数均在10%或5%的水平上显著为正。

表 5-9 平均处理效应 ATT(三种匹配方法对比)

| 方法 | 变量 | 样本 | 实验组 | 控制组 | ATT | 标准差 | T统计量 |
|---|---|---|---|---|---|---|---|
| 最邻近匹配 | *tfp* | 匹配前 | 4.3310 | 4.3081 | 0.0229 | 0.0240 | 0.96 |
| | | 匹配后 | 4.3310 | 4.2715 | 0.0595 | 0.0260 | 2.29** |
| 半径匹配 | *tfp* | 匹配前 | 4.3310 | 4.3081 | 0.0229 | 0.0240 | 0.96 |
| | | 匹配后 | 4.3310 | 4.3005 | 0.0306 | 0.0181 | 1.69* |
| 核匹配 | *tfp* | 匹配前 | 4.3310 | 4.3081 | 0.0229 | 0.0240 | 0.96 |
| | | 匹配后 | 4.3310 | 4.3078 | 0.0233 | 0.0192 | 1.21 |

注:标准差的计算是通过 500 次的拔靴(Bootstrap)得到。

## 5.4 中国工业企业全要素生产率的空间格局及其集群特征分析

空间统计与空间计量经济模型能够有效反映投入产出要素在地理空间上的相互联系,估计结果更加符合预期(吴玉鸣,2015;李林等,2011)。本章在建立空间计量经济模型进行企业全要素生产率影响因素分析以前,需要进行空间相关性检验(探索性空间数据分析)判断空间效应是否发挥作用,如检验结果表明不存在空间效应,则可直接采用传统计量方法估计模型参数。

### 5.4.1 探索性空间数据分析

为检验数据的空间集聚特征是否存在特定的分布规律,空间统计学以及空间计量经济学给出了多种计算方法。其中,比较著名的是探索性空间数据分析(Exploratory Spatial Data Analysis,ESDA)。它将现代图形技术与统计学结合,用直观的方法展现了空间数据中隐含的空间模式、空间分布、空间依赖性以及空间交互作用等特征。具体而言,探索性空间数据分析能对空间数据的异常值进行识别,并揭示空间数据的结构特征,检验并解释社会经济现象的空间集聚与空间溢出效应,以及各种现象之间的空间相互作用机制。探索性空间数据分析的核心工作包括构建空间权重矩阵、运用全局空间自相关以及局部自相关分析中国工业企业全要素生产率的空间关联、空间集聚、空间溢出效应等。

### 5.4.2 空间权重矩阵的设定

本章在度量空间自相关时,还需要解决地理空间结构的数学表达,恰当定义空间对象的相互邻接关系。空间权重矩阵的引入是进行空间计量分析的前提与基础。合理选取空间权重矩阵对企业全要素生产率的分析至关重要。

在度量空间自相关时,通常采用相邻标准或者距离标准来定义空间权重矩阵,以表征地理空间关联或者经济联系。本章基于不同逻辑定义以下几种空间权重矩阵,同时对权重矩阵进行了标准化处理,使各行之和等于1,即空间权重矩阵 $W_{ij}$无量纲处理。

地理学第一定律(Tobler W. R. ,1970)认为,所有事物都与其他事物相联系,但较近的事物比较远的事物关联性更强。一般来说,企业间的溢出效应或集聚效应主要集中在本地区或者周边地区,距离较远的企业彼此之间相互影响较小。假设空间单元之间的联系取决于区域行政中心所在地之间的距离,定义地理距离的空间权重矩阵如下:

$$W_{ij}^{G} = \begin{cases} 1/d_{ij}, & i \neq j \\ 0, & i = j \end{cases} \tag{5-27}$$

其中,$d_{ij}$表示 $i$ 省省会和 $j$ 省省会之间的球面距离。

企业全要素生产率提升不仅受到地理邻近因素的影响,还受到区域经济发展相对水平的影响。经济发展水平高的地区对经济发展水平低的地区产生的空间影响和辐射作用要大于其逆向影响,如北京对河北的空间影响和辐射作用要远大于河北对北京的影响。为此,本章采用李婧等(2010)的做法,定义经济距离的空间权重矩阵如下:

$$W^{E} = W^{G} \times diag\left(\frac{\bar{y}_1}{\bar{y}}, \frac{\bar{y}_2}{\bar{y}}, \cdots, \frac{\bar{y}_n}{\bar{y}}\right) \tag{5-28}$$

其中,$\bar{y}_i = \frac{1}{t_1 - t_0 + 1}\sum_{t=t_0}^{t_1} y_{it}$ ,$\bar{y} = \frac{1}{n}\sum_{i=1}^{n}\bar{y}_i$ ,即 $\bar{y}_i$ 为省份 $i$ 的经过调整的人均实际 GDP 的年平均值,$\bar{y}$ 为所有省份 $\bar{y}_i$ 的平均值,$W^G$ 为地理距离空间权重矩阵。矩阵 $W^E$ 具有 $W_{ij}^E > W_{ji}^E$ 的性质,即当省份 $i$ 的人均实际 GDP 占总

量比重较大时,该省份对周边省份的影响力也更大。

人力资本积累以及区域间差异是影响企业全要素生产率进步和技术水平提升的重要因素(Caniels & Verspagen,2001;李婧等,2010)。在考虑地理距离因素的同时,考虑相邻或相近省份间人力资本的相互影响,定义人力资本空间权重矩阵如下:

$$W^H = W^G \times diag\left(\frac{\bar{h}_1}{\bar{h}}, \frac{\bar{h}_2}{\bar{h}}, \cdots, \frac{\bar{h}_n}{\bar{h}}\right) \qquad (5-29)$$

其中,$\bar{h}_i = \frac{1}{t_1 - t_0 + 1}\sum_{t=t_0}^{t_1} h_{it}$,$\bar{h} = \frac{1}{n}\sum_{i=1}^{n} \bar{h}_i$,即 $\bar{h}_i$ 为省份 $i$ 的人力资本存量的年平均值,$\bar{h}$ 为所有省份人力存量的年平均值,$W^G$ 为地理距离空间权重矩阵。本章采用 Barro 和 Lee(1993)提出的劳动力平均受教育年限近似表示人力资本的丰裕程度。矩阵 $W^H$ 具有 $W_{ij}^H > W_{ji}^H$ 的性质,即当省份 $i$ 的人力资本存量占总量的比重较大时,该省份对周边省份的影响力也更大。

### 5.4.3 全要素生产率的空间格局及其集群特征分析

中国经济具有典型的地区发展不平衡特征,省域间的全要素生产率水平以及技术创新存在何种差异是本节要分析的主要问题。从理论上分析,中国各省的技术选择具有不可对比性,这也使计算整体的 TFP 变得异常困难。为解决此类问题,相关文献主要采用以下两种处理方法:第一种是由企业层面的 TFP 直接加权得到各省的 TFP(Brandt et al.,2012;Hsieh & Klenow,2009;杨汝岱,2015;鲁晓东和连玉君,2012),权重可以是工业总产值、从业人数、工业增加值等;第二种方法是对不同地区假设不同的替代弹性,在 CES 函数假设下给出地区权重,再计算各个地区不同年份的 TFP。本书在分析过程中沿袭第一种方法,并以工业增加值作为权重(Brandt et al.,2012),计算 1999—2007 年省域层面的全要素生产率。

本书主要采用全局空间关联指标全局莫兰指数 $I$(Moran,1950)和局部空间关联指标局部莫兰指数 LISA(Anselin,1995)来刻画中国省域全要素生产率的空间格局与集群特征。

根据表5－10和表5－11的回归结果可知，在地理距离权重矩阵（$W^G$）、经济距离空间权重矩阵（$W^E$）、人力资本空间权重矩阵（$W^H$）条件下，全要素生产率在不同省域之间出现了明显的极化特征，全要素生产率Moran指数的$I$值随时间的分布不均衡性日益明显。某些省份的全要素生产率远高于周围省份，成为全要素生产率的高值孤立区；相反，有的省份的全要素生产率却远低于周围省份，成为全要素生产率的低值空心区域。总体而言，中国各省份全要素生产率出现显著的极化特征，且不同省份之间的空间分异特征日趋明显。

**表5－10　分省份加总的全要素生产率的空间自相关Moran's $I$及其统计检验**

| 年份 | $W^G$（地理距离） | $W^E$（经济距离） | $W^H$（人力资本距离） |
|---|---|---|---|
| 1999 | −0.094<br>(0.000) | −0.112<br>(0.000) | −0.092<br>(0.000) |
| 2000 | −0.096<br>(0.000) | −0.114<br>(0.000) | −0.094<br>(0.000) |
| 2001 | −0.106<br>(0.000) | −0.134<br>(0.000) | −0.105<br>(0.000) |
| 2002 | −0.095<br>(0.000) | −0.116<br>(0.000) | −0.093<br>(0.000) |
| 2003 | −0.096<br>(0.000) | −0.118<br>(0.000) | −0.094<br>(0.000) |
| 2004 | −0.107<br>(0.000) | −0.137<br>(0.000) | −0.105<br>(0.000) |
| 2005 | −0.094<br>(0.000) | −0.112<br>(0.000) | −0.092<br>(0.000) |
| 2006 | −0.093<br>(0.000) | −0.111<br>(0.000) | −0.091<br>(0.000) |
| 2007 | −0.095<br>(0.000) | −0.108<br>(0.000) | −0.091<br>(0.000) |

注：括号中的数字为$P$值，下同。

**表 5－11　分省份加总的全要素生产率空间自相关 Geary's *C* 及其统计检验**

| 年份 | $W^G$（地理距离） | $W^E$（经济距离） | $W^H$（人力资本距离） |
|---|---|---|---|
| 1999 | 1.029<br>(0.000) | 1.155<br>(0.000) | 1.035<br>(0.000) |
| 2000 | 1.035<br>(0.000) | 1.159<br>(0.000) | 1.041<br>(0.000) |
| 2001 | 1.048<br>(0.000) | 1.203<br>(0.000) | 1.056<br>(0.000) |
| 2002 | 1.036<br>(0.000) | 1.175<br>(0.000) | 1.043<br>(0.000) |
| 2003 | 1.037<br>(0.000) | 1.176<br>(0.000) | 1.044<br>(0.000) |
| 2004 | 1.045<br>(0.000) | 1.207<br>(0.000) | 1.047<br>(0.000) |
| 2005 | 1.032<br>(0.000) | 1.155<br>(0.000) | 1.037<br>(0.000) |
| 2006 | 1.033<br>(0.000) | 1.159<br>(0.000) | 1.039<br>(0.000) |
| 2007 | 1.035<br>(0.000) | 1.146<br>(0.000) | 1.038<br>(0.000) |

注：括号中的数字为 *P* 值。

## 5.5　制度环境、OFDI 逆向技术溢出与省域全要素生产率进步的空间面板估计

### 5.5.1　模型的检验与设定

全要素生产率的空间自相关 Moran 指数的 *I* 值结果表明：以工业增加值作为权重得出的省域层面的全要素生产率（*tot_wtfp*）存在明显的负向空间自相关特征，因此，本书在分析制度环境、OFDI 逆向技术溢出与省域全要素生产率进步的回归分析中，需考虑空间效应的影响。本书基于以往研究经验（Simonetta et al.，2004；Tappeiner et al.，2008；张杰等，2009；张杰等，2011），同时结合研究目的，主要考察制度环境（*score_tot*）、OFDI 逆向技术溢出（*ofdi_reverse*）、政府补贴（*tot_subsidies*）、固定资产净值（*tot_nvofappi*）、出口

(*tot_export*)及从业人数(*tot_labor*)等因素对省域全要素生产率的影响。具体模型形式如下：

$$tot\_wtfp = \alpha + \beta_1 \text{score\_tot} + \beta_2 ofdi\_reverse + \beta_3 tot\_subsidies + \beta_4 tot\_nvofappi + \beta_5 tot\_\text{export} + \beta_6 tot\_labor + \varepsilon_{it} \quad (5-30)$$

其中，$i$ 和 $t$ 分别表示省份和时间，$\alpha$ 为常数，$\varepsilon$ 表示残差项，$\beta$ 表示解释变量系数。在实证分析过程中，为了避免伪回归，确保空间面板数据估计结果的可靠性，首先，需要对原始数据的平稳性进行面板单位根检验。面板单位根LLC(Levin - Lin - Chu)检验表明，所有序列的P值均为0.000，相应的统计量为 -27.7557，拒绝了序列存在单位根的原假设，表明各序列皆为平稳。

常用的空间计量模型主要包括空间滞后模型(SAR)、空间误差模型(SEM)和空间杜宾模型(SDM)三种形式。空间滞后模型(SAR)的具体形式如下：

$$tot\_wtfp = \rho W tot\_wtfp + \beta_1 \text{score\_tot} + \beta_2 ofdi\_reverse + \beta_3 tot\_subsidies + \beta_4 tot\_nvofappi + \beta_5 tot\_\text{export} + \beta_6 tot\_labor + \varepsilon_{it} \quad (5-31)$$

空间误差模型(SEM)的具体形式如下：

$$tot\_wtfp = \beta_1 \text{score\_tot} + \beta_2 ofdi\_reverse + \beta_3 tot\_subsidies + \beta_4 tot\_nvofappi + \beta_5 tot\_\text{export} + \beta_6 tot\_labor + u_{it} \quad (5-32)$$

其中，$u_{it} = \lambda W u_{it} + \varepsilon_{it}, \varepsilon \sim N(0, \sigma^2 I_n)$。

空间杜宾模型(SDM)的具体形式如下：

$$tot\_wtfp = \rho W tot\_wtfp + \beta_1 \text{score\_tot} + \beta_2 ofdi\_reverse + \beta_3 tot\_subsidies + \beta_4 tot\_nvofappi + \beta_5 tot\_\text{export} + \beta_6 tot\_labor + \lambda W X_{kit} + \varepsilon_{it} \quad (5-33)$$

首先，需要确定恰当的模型形式，即应当选择空间杜宾模型(SDM)，还是选择空间滞后模型(SAR)或空间误差模型(SEM)。为检验是否应该选择空间滞后模型(SAR)，需要验证以下矩阵关系是否成立，即

$$[Wx] score\_tot = [Wx] ofdi\_reverse = [Wx] tot\_subsidies = [Wx] tot\_nvofappi = [Wx] tot\_\text{export} = [Wx] tot\_labor = 0 \quad (5-34)$$

检验结果显示 $chi2(5) = 25.30$,$Prob > chi2 = 0.0001$ ,表明不能接受空间滞后模型(SAR)的原假设,而应当采用空间杜宾模型(SDM)或空间误差模型(SEM)。为了进一步锁定两种模型中的具体形式,还需检验以下关系式:

$$\begin{aligned}
&(1)[Wx]score_tot = -[Spatial]rho \times [Main]score_tot \\
&(2)[Wx]ofdi_reverse = -[Spatial]rho \times [Main]ofdi_reverse \\
&(3)[Wx]tot_subsidies = -[Spatial]rho \times [Main]tot_subsidies \\
&(4)[Wx]tot_nvofappi = -[Spatial]rho \times [Main]tot_nvofappi \\
&(5)[Wx]tot_export = -[Spatial]rho \times [Main]tot_export \\
&(6)[Wx]tot_labor = -[Spatial]rho \times [Main]tot_labor
\end{aligned} \quad (5-35)$$

检验结果显示 $chi2(6) = 17.92$,$Prob > chi2 = 0.0064$ ,这意味着模型不能接受空间误差模型(SEM)的原假设,而应当采用空间杜宾模型(SDM)。空间杜宾模型(SDM)按照解释变量与随机干扰项是否存在相关性又可分为固定效应模型和随机效应模型。本章采用空间豪斯曼(Hausman)对空间杜宾模型(SDM)是选择固定效应还是随机效应模型进行了检验,结果见表 5-12。

**表 5-12 空间面板模型的 Hausman 检验结果**

| 变量 | 回归系数 | | | |
|---|---|---|---|---|
| | (b) | (B) | (b-B) | sqrt(diag(V_b-V_B)) |
| | 固定效应(fe) | 随机效应(re) | 差异(Difference) | 标准差(S.E.) |
| *score_tot* | 0.5084 | 0.1064 | 0.4021 | 0.1946 |
| *ofdi_reverse* | 0.4585 | 0.1563 | 0.3022 | 0.0629 |
| *tot_subsidies* | -0.0064 | -0.0068 | 0.0003 | 0.0071 |
| *tot_nvofappi* | 0.0003 | 0.0004 | -0.0001 | 0.0000 |
| *tot_export* | -0.0003 | -0.0002 | -0.0002 | 0.0001 |
| *tot_labor* | 0.0294 | 0.0163 | 0.0131 | 0.0061 |

b = consistent under Ho and Ha; obtained from xsmle

B = inconsistent under Ha, efficient under Ho; obtained from xsmle

Test: Ho: difference in coefficients not systematic

chi2(5) = (b-B)′[(V_b-V_B)^(-1)](b-B)

= 53.11

Prob > chi2 = 0.0000

(V_b-V_B is not positive definite)

回归结果显示,豪斯曼统计量对应的 $p$ 值为 0.0000,拒绝了随机效应的原假设,表明固定效应模型要优于随机效应模型。因此,本章在回归过程中选用固定效应空间杜宾模型。

### 5.5.2 全样本回归结果

空间杜宾固定效应模型还分为地区固定时间不固定效应、时间固定地区不固定、地区时间双固定效应模型三种。为了对比空间杜宾固定效应模型估计结果与空间杜宾随机效应模型估计结果的差异,本章在固定效应模型估计结果列表中也报告了随机效应的估计结果。本节主要分析 1999—2007 年中国 31 个省、市、自治区制度环境、OFDI 逆向技术溢出与省域全要素生产率提升之间的关系,由于样本时间跨越期限较短,所以,各省的异质性特点在时间维度上的变化并不明显。因此,本章在报告回归结果时主要考虑区域固定效应模型和地区时间双固定效应模型的估计结果,时点固定效应模型的估计结果和随机效应模型的估计结果仅作参考。在实证分析过程中,本节运用的空间权重矩阵主要包括空间地理距离权重、空间经济距离权重和人力资本权重三种。表 5 – 13、表 5 – 14 分别为制度环境、OFDI 逆向技术溢出与省域全要素生产率提升的空间杜宾模型(SDM)回归结果。

#### 5.5.2.1 空间地理距离权重回归结果

首先,本书考虑加入空间地理距离权重的回归结果,在分析制度环境、OFDI 逆向技术溢出对省域全要素生产率进步的影响时,分加入与不加入控制变量两种情况,回归结果见表 5 – 13 和表 5 – 14。

通过分析空间杜宾模型中区域固定效应和地区时间双固定效应模型的估计结果,可以得到如下结论:

(1)制度环境(*score_tot*)对省域全要素生产率的影响。本书将工业企业所在区域的制度环境因素纳入空间杜宾(SDM)模型后,以樊纲等(2011)的市场化指数作为全国 31 个省、市、自治区制度环境的代理变量，并利用中国工业企业数据库提供的数据实证检验了企业所在区域的制度环境对企业全要素生产率进步的影响。从表5－13和表5－14第2列和第4列显示的区域固定效应和区域时间双固定效应实证结果中可以发现，无论是否考虑控制变量因素，制度环境的相关系数在1%或10%的水平上都显著为正，表明制度环境可以有效提升省域全要素生产率。制度环境与省域全要素生产率之间呈现出显著、稳定的正向关系，这也与张杰等(2011)研究得出的结论吻合。加入相关控制变量后，模型的拟合优度得到了进一步提高，验证了第3章提出的假设H3－1和假设H3－2。

**表5－13　制度环境、对外直接投资促进企业生产率进步SDM模型回归结果**

| 变量 | 无固定效应 | 区域固定 | 时间固定 | 双固定 |
|---|---|---|---|---|
| *score_tot* | 1.0318*** (6.57) | 0.8977*** (3.58) | 0.5540*** (3.07) | 0.5499* (1.82) |
| *ofdi_reverse* | 0.6310*** (8.51) | 0.6053*** (8.84) | 0.5297*** (5.34) | 0.5692*** (7.46) |
| $\rho$ | −0.0269 (−0.21) | −1.1423*** (−2.95) | −0.3758 (−0.74) | −1.0757** (−2.16) |
| *W_score_tot* | | 2.7281*** (3.57) | −0.9930 (−0.87) | −3.0909 (−1.00) |
| *W_ofdi_reverse* | | −0.6644** (−2.11) | −1.4310 (−0.85) | −0.7058 (−0.63) |
| $Within-R^2$ | 0.6070 | 0.6268 | 0.0082 | 0.0013 |
| $Between-R^2$ | 0.5851 | 0.5130 | 0.6053 | 0.5742 |
| $Overall-R^2$ | 0.5852 | 0.5288 | 0.4945 | 0.4743 |
| Sigma2_*e* | 0.9089 | 0.6381 | 5.061488 | 0.587735 |
| Log*L* | −263.6363 | −187.6799 | −346.2748 | −182.7390 |

**表 5－14 加入其他控制变量后的 SDM 模型回归结果**

| 变量 | 无固定效应 | 区域固定 | 时间固定 | 双固定 |
|---|---|---|---|---|
| *score_tot* | 0.0450<br>(0.78) | 0.5084 **<br>(2.46) | −0.0203<br>(−0.27) | 0.3934 *<br>(1.92) |
| *ofdi_reverse* | 0.1866 ***<br>(3.34) | 0.4585 ***<br>(5.72) | 0.1777 ***<br>(3.42) | 0.6122 ***<br>(7.20) |
| *tot_subsidies* | −0.0034<br>(−1.13) | −0.0064<br>(−0.83) | −0.0059 *<br>(−1.85) | −0.0043<br>(−0.56) |
| *tot_nvofappi* | 0.0004 ***<br>(6.42) | 0.0003 ***<br>(4.25) | 0.0004 ***<br>(5.49) | 0.0004 ***<br>(6.80) |
| *tot_export* | −0.0002 ***<br>(−6.22) | −0.0003 **<br>(−4.57) | −0.0002 ***<br>(−6.81) | −0.0005 ***<br>(−5.97) |
| *toto_labor* | 0.0188 ***<br>(4.80) | 0.0294 ***<br>(4.01) | 0.0226 ***<br>(5.17) | 0.0331 ***<br>(4.69) |
| *_cons* | −1.3027 ***<br>(−3.26) | | | |
| $\rho$ | 0.2265 ***<br>(2.66) | −1.0558 **<br>(−2.55) | −0.3025<br>(−0.73) | −0.7932 *<br>(−1.79) |
| *W_score_tot* | | 10.1208 ***<br>(6.75) | | |
| *W_ofdi_reverse* | | −2.8971 ***<br>(−3.42) | | −3.1280 **<br>(2.16) |
| *W_tot_subsidies* | | −0.4549 ***<br>(−5.13) | −0.1421 *<br>(−1.81) | −0.1985 *<br>(−1.86) |
| *W_tot_nvofappi* | | −0.0011 *<br>(−1.76) | | |
| *W_tot_export* | | | | −0.0052 ***<br>(−4.27) |
| *W_tot_labor* | | 0.2361 ***<br>(2.77) | | 0.4710 ***<br>(5.22) |
| *Within* − $R^2$ | 0.6116 | 0.7906 | 0.1557 | 0.3767 |
| *Between* − $R^2$ | 0.9895 | 0.4714 | 0.9908 | 0.7887 |
| *Overall* − $R^2$ | 0.9349 | 0.5122 | 0.8616 | 0.7128 |
| Sigma2_*e* | 0.7807 | 0.3398 | 0.5061 | 0.3078 |
| Log*L* | −200.9200 | −138.5130 | −172.2005 | −133.0940 |

此外，通过分析市场化指数的五个分量（政府与市场的关系、非国有经济的发展、产品市场的发育程度、要素市场的发育程度、法律制度环境和市场中介组织的发育程度）对省域全要素生产率的影响，可以发现非国有经济的发展、产品市场与要素市场的发育程度正向、显著提升了全要素生产率①，其他相关制度要素并没有发挥明显的作用。可能的原因是，改革开放以来，尽管中国积累了一定的促进全要素生产率提升的制度基础，但由于基础制度建设尚不牢固和全面，各级政府需通过提高知识产权保护力度、优化法律制度环境等措施来提升各个省区市的制度环境，并在此基础上建立起相应的长效机制，从而有效发挥制度要素对全要素生产率提升的积极影响（曹琪格等，2014）。

（2）对外直接投资逆向技术溢出（*ofdi_reverse*）对省域全要素生产率的影响。根据表5－13和表5－14第2列和第4列显示的区域固定效应和区域时间双固定效应估计结果，可以发现：无论是否考虑控制变量因素，OFDI逆向技术溢出的相关系数在1%的水平上均显著为正，表明OFDI逆向技术溢出显著、正向地提升了省域层面的全要素生产率，即企业对外直接投资的确存在“生产率效应”。这验证了第三章提出的假设H3－3。对此，笔者做出以下解释：第一，对外直接投资企业的海外子公司可以通过嵌入到东道国当地的研发网络来掌握最新的技术动态；区位集聚使海外子公司更容易感受到竞争压力，迫使企业加大技术投入，提升研发水平；中国跨国公司通常会选择东道国研发活动集聚地以及产业集聚的区域，有利于提升省域层面的全要素生产率（陈菲琼和虞晓丹，2009）。第二，海外子公司在东道国经营获得的专利、管理经验、上下游渠道等战略资源，以及当地经营获得的收益，继续留在子公司内部可以进一步增强自身的吸收能力和技术溢出能力，这种经营成果反馈机制的确有助于提升全要素生产率。第三，中国企业“走出去”以后，国内外公司之间的合作与交流逐年增多，相关技术人员、管理人员之间的流动能够产生新的知识溢出，通过培训等方式进一步扩大知识溢出

① 由于篇幅的限制，这里并没有显示相关结果，如有需要，可向笔者索取。

效应,进而提升母公司乃至整个区域的全要素生产率(陈岩,2011)。

(3)邻近省域全要素生产率($\rho$)对本省全要素生产率的影响。空间权重矩阵 $W$ 体现的是地理距离、经济距离、人力资本距离;$Wtot\_wtfp$ 是邻近省份全要素生产率的空间加权滞后变量,主要测度邻近地区对本地区全要素生产率的外部空间溢出效应;$\rho$ 表示空间滞后模型的影响程度与方向。当 $\rho>0$ 时,表示省域层面的全要素生产率存在竞争性,相邻省份的全要素生产率存在正向的溢出效应;当 $\rho<0$ 时,表示省域层面的全要素生产率相互替代,相邻省份的全要素生产率存在集群效应。

表5－13和表5－14中第2列和第4列的区域固定效应和区域时间双固定效应结果显示,空间自回归系数 $\rho$ 在1%和5%的显著性水平上显著为负,表明省域间的全要素生产率在样本期间存在显著的集群效应,而邻近省域之间的空间溢出效应并不明显。$\rho$ 的系数拟合值为[－1.1423,－0.7932],表明全国31个省份的全要素生产率的极化现象严重,且空间分异特征较为明显,即随着时间的演进,全要素生产率较高的省份的全要素生产率会越来越高,而全要素生产率较低的省份的全要素生产率会越来越低,也就是说,全要素生产率较高的省份并没有对周围省份的全要素生产率产生正向辐射作用,地区的全要素生产率反而表现出越来越显著的极化现象。

(4)政府补贴(*tot_subsidies*)对省域层面全要素生产率的影响。政府补贴对企业全要素生产率的影响一直以来都是国内外学者关注的重点,相关研究成果也存在显著差异。Lichtenberg 等(1987)以及 Furman 等(2002)的研究结果表明,政府财政支持对企业技术创新活动存在显著的"挤出效应",对整体的研发水平有负向显著作用。Morales(2004)探讨了政府公共研发在基础研究和应用研究方面的财政支持对区域技术创新和经济增长的影响,实证结果表明,资助公共部门研发和企业研发的基础研究的确有助于加速区域经济发展,提升技术创新能力;而政府财政支持公共研发部门的应用研究则降低了企业的技术创新能力与创新效率。

而 González X 等(2008)的研究结果表明,政府财政支持降低了企业的研发成本,降低了研究与开发风险,提升了企业加大研发投入的意愿,有助于提升企业技术创新能力和技术创新效率。Hussinger(2008)利用联邦教育与研究部的相关数据研究政府研发资金支持与企业技术创新效率的关系时发现,政府资金支持可以降低企业财务风险,进一步刺激企业加大研发投入,提升技术创新能力与技术创新效率。解维敏等(2009)基于2003—2005年中国证券市场的相关数据,发现政府对企业创新活动进行直接补贴有助于企业进一步加大研发投入,提升企业自主创新能力。

表5－13和表5－14第2列和第4列区域固定效应和区域时间双固定效应实证表明,政府直接对企业的生产活动进行补贴会对省域全要素生产率产生一定的“挤出效应”,对整体的研发水平有负向作用。

(5)企业固定资产净值(*tot_nvofappi*)对省域全要素生产率的影响。无论是否加入控制变量,固定资产净值系数在1%的显著性水平上均通过检验,且固定资产净值总额对省域层面全要素生产率的影响显著为正,表明地区固定资产投资额越大,越有利于提升全要素生产率。

(6)出口(*tot_export*)对省域层面全要素生产率的影响。相关实证结果表明,在5%的显著性水平下,企业的出口行为不仅没有显著提升企业的全要素生产率,还会阻碍全要素生产率的提升,这点与张杰等(2009)的研究结论相悖。导致这一现象的原因可能有:首先,我国加工贸易出口占中国企业出口的比重较高(李志远和余淼杰,2013),但加工出口企业的生产率较低,使得出口行为并不能提升企业的全要素生产率;其次,中国国内存在严重的市场分割,进入的相关固定成本甚至要高于进入国际市场(余淼杰,2015),外地企业很难进入本地市场,出口加工企业多数是外资企业,且主要集中在劳动密集型产业,企业无法通过出口来提升自身的研发能力和全要素生产率;再次,对企业全要素生产率的测度方法不同也是导致这一现象的原因,早期的研究主要采用的是OLS回归或直接采用劳动生产率来测度企业的全要素生产率,本书采用的O－P方法有效克服了OLS估算全要素生产率的自我选择偏误和同时性偏差两大问题。

(7)从业人数(*tot_labor*)对省域层面全要素生产率的影响。回归结果显示,从业人数与全要素生产率在1%的水平上存在显著正向关系,1999—

2007 年的相关数据表明,丰富的劳动力资源即“人口红利”是提升全要素生产率的重要因素。

#### 5.5.2.2 空间经济距离权重的回归结果

如前文所述,经济发展水平高的地区对经济发展水平低的地区产生的空间影响和辐射作用要大于经济发展水平低的地区对经济发展水平高的地区产生的影响。为此,本书建立经济距离空间权重矩阵分析制度环境、OFDI 逆向技术溢出与省域全要素生产率进步的关系,相关回归结果见表 5-15 和表 5-16。

#### 5.5.2.3 人力资本空间权重矩阵的回归结果

为评估实证结果的可靠性,本章利用人力资本权重进一步验证制度环境、OFDI 逆向技术溢出与省域生产率进步的关系,加入其他控制变量后的 SDM 模型回归结果见表 5-17 和表 5-18。

**表 5-15 制度环境、OFDI 逆向技术溢出与省域全要素生产率进步的回归结果**

| 变量 | 无固定效应 | 区域固定 | 时间固定 | 双固定 |
|---|---|---|---|---|
| *score_tot* | 1.0142***<br>(6.40) | 0.9448***<br>(3.75) | 0.4736***<br>(2.69) | 0.5698**<br>(2.02) |
| *ofdi_reverse* | 0.6295***<br>(8.50) | 0.6023***<br>(8.61) | 0.5484***<br>(5.77) | 0.5847***<br>(8.15) |
| $\rho$ | -0.0012<br>(-0.01) | -0.7935***<br>(-2.66) | -0.3725<br>(-0.76) | -1.6482**<br>(-4.03) |
| *W_score_tot* | | 2.5980***<br>(3.37) | -1.5916*<br>(-1.70) | -4.1508<br>(-1.51) |
| *W_ofdi_reverse* | | -0.5569**<br>(-2.60) | -0.4435<br>(-0.41) | 0.3340<br>(0.49) |
| *Within* - $R^2$ | 0.6066 | 0.6221 | 0.0028 | 0.0045 |
| *Between* - $R^2$ | 0.5842 | 0.5068 | 0.6177 | 0.5578 |
| *Overall* - $R^2$ | 0.5849 | 0.5228 | 0.5026 | 0.4738 |
| Sigma2_*e* | 0.9104 | 0.6550 | 4.9252 | 0.5466 |
| Log*L* | -263.6588 | -187.6799 | -344.2677 | -180.4582 |

**表 5-16 加入其他控制变量后的 SDM 模型回归结果**

| 变量 | 无固定效应 | 区域固定 | 时间固定 | 双固定 |
|---|---|---|---|---|
| *score_tot* | 0.0351<br>(0.61) | 0.4541**<br>(2.11) | -0.0237<br>(-0.33) | 0.3403*<br>(1.74) |
| *ofdi_reverse* | 0.1874***<br>(3.36) | 0.4722***<br>(5.52) | 0.1750***<br>(3.29) | 0.6337***<br>(7.65) |
| *tot_subsidies* | -0.0030<br>(-0.99) | -0.0050<br>(-0.59) | -0.0071**<br>(-2.28) | -0.0057<br>(-0.77) |
| *tot_nvofappi* | 0.0004***<br>(6.23) | 0.0003***<br>(4.07) | 0.0004***<br>(5.84) | 0.0004***<br>(6.86) |
| *tot_export* | -0.0002***<br>(-6.19) | -0.0003**<br>(-4.07) | -0.0002***<br>(-6.40) | -0.0005***<br>(-6.01) |
| *tot_labor* | 0.0190***<br>(4.84) | 0.0246***<br>(3.29) | 0.0213***<br>(4.76) | 0.0335***<br>(4.85) |
| *_cons* | -1.3037***<br>(-3.29) | | | |
| $\rho$ | 0.1907***<br>(2.70) | -0.5981**<br>(-2.05) | -0.4323<br>(-1.14) | -1.1736***<br>(-2.81) |
| *W_score_tot* | | 8.5627***<br>(5.71) | | |
| *W_ofdi_reverse* | | -2.5088***<br>(-3.14) | | 3.9371***<br>(3.19) |
| *W_tot_subsidies* | | -0.2985***<br>(-4.28) | -0.1021*<br>(-1.95) | -0.1912**<br>(-2.13) |
| *W_tot_nvofappi* | | -0.0008<br>(-1.60) | | |
| *W_tot_export* | | -0.0001<br>(-0.12) | | -0.0047***<br>(-3.74) |
| *W_tot_labor* | | 0.1573**<br>(2.53) | | 0.4157***<br>(4.24) |
| *Within* - $R^2$ | 0.6122 | 0.7781 | 0.3411 | 0.4206 |
| *Between* - $R^2$ | 0.9890 | 0.7481 | 0.9912 | 0.9261 |
| *Overall* - $R^2$ | 0.9346 | 0.7515 | 0.8967 | 0.8405 |
| Sigma2_*e* | 0.7801 | 0.3725 | 0.4793 | 0.2845 |
| Log*L* | -200.8005 | -144.2183 | -172.3145 | -129.9278 |

表5－17 制度环境、对外直接投资与企业生产率进步的SDM回归结果

| 变量 | 无固定效应 | 区域固定 | 时间固定 | 双固定 |
|---|---|---|---|---|
| *score_tot* | 0.0395<br>(0.69) | 0.9659***<br>(3.72) | 0.5134***<br>(2.89) | 0.4891*<br>(1.66) |
| *fodi_reverse* | 0.6303***<br>(8.50) | 0.6223***<br>(8.93) | 0.5413***<br>(5.54) | 0.5795***<br>(7.75) |
| $\rho$ | －0.0144<br>(－0.12) | －0.8072**<br>(－2.24) | －0.5524<br>(－1.02) | －1.4121***<br>(－2.85) |
| *W_score_tot* | | 2.0352***<br>(2.83) | －1.5256<br>(－1.20) | －5.6392<br>(－1.56) |
| *W_ofdi_reverse* | | －0.5229*<br>(－1.81) | －0.7302<br>(－0.47) | 0.0540<br>(0.05) |
| *Within*－$R^2$ | 0.6069 | 0.6217 | 0.0137 | 0.0185 |
| *Between*－$R^2$ | 0.5847 | 0.5585 | 0.6104 | 0.5524 |
| *Overall*－$R^2$ | 0.5851 | 0.5665 | 0.5065 | 0.4372 |
| Sigma2_*e* | 0.9097 | 0.6677 | 4.9880 | 0.5680 |
| Log*L* | －263.6520 | －190.0213 | －345.2704 | －180.9710 |

表5－18 加入其他控制变量后的SDM模型回归结果

| 变量 | 无固定效应 | 区域固定 | 时间固定 | 双固定 |
|---|---|---|---|---|
| *score_tot* | 0.0351<br>(0.61) | 0.4364**<br>(2.07) | －0.0834<br>(－1.48) | 0.4550*<br>(1.91) |
| *ofdi_reverse* | 0.1871***<br>(3.35) | 0.4784***<br>(5.84) | 0.1984***<br>(4.29) | 0.6289***<br>(7.43) |
| *tot_subsidies* | －0.0032<br>(－1.08) | －0.0068<br>(－0.85) | －0.0032<br>(－1.21) | －0.0038<br>(－0.49) |
| *tot_nvofappi* | 0.0004***<br>(6.33) | 0.0003***<br>(4.24) | 0.0004***<br>(6.47) | 0.0004***<br>(5.35) |
| *tot_export* | －0.0002***<br>(－6.22) | －0.0003**<br>(－4.26) | －0.0002***<br>(－7.38) | －0.0005***<br>(－6.01) |
| *tot_labor* | 0.0189***<br>(4.82) | 0.0261***<br>(3.56) | 0.0205***<br>(6.07) | 0.0356***<br>(4.68) |
| *_cons* | －1.2952***<br>(－3.27) | | | |

续表

| 变量 | 无固定效应 | 区域固定 | 时间固定 | 双固定 |
| --- | --- | --- | --- | --- |
| $\rho$ | 0.2234***<br>(2.68) | -1.1241***<br>(-2.80) | -0.6842<br>(-1.63) | -1.1736***<br>(-2.81) |
| *W_score_tot* | | 10.3654***<br>(6.07) | | |
| *W_ofdi_reverse* | | -2.1334***<br>(-2.61) | | 4.1222**<br>(2.44) |
| *W_tot_subsidies* | | -0.4335***<br>(-4.71) | | -0.1912**<br>(-2.13) |
| *W_tot_nvofappi* | | -0.0012**<br>(-2.04) | | |
| *W_tot_export* | | -0.0004<br>(-0.61) | | -0.0058***<br>(-3.71) |
| *W_tot_labor* | | 0.2246***<br>(2.75) | 0.0256*<br>(1.71) | 0.5617***<br>(3.73) |
| *Within* - $R^2$ | 0.6108 | 0.7709 | 0.5474 | 0.5355 |
| *Between* - $R^2$ | 0.9894 | 0.6444 | 0.9901 | 0.3758 |
| *Overall* - $R^2$ | 0.9347 | 0.6620 | 0.9279 | 0.3961 |
| Sigma2_*e* | 0.7801 | 0.3531 | 0.5177 | 0.3011 |
| Log*L* | -200.8574 | -141.7601 | -176.6127 | -130.8856 |

通过对比以上回归结果,得出如下结论:

(1)制度环境(*score_tot*)对省域层面全要素生产率的影响。根据空间经济距离权重和人力资本权重的估计结果可知,制度环境可以显著提升省域层面的全要素生产率;和空间地理距离权重相比,空间经济距离和人力资本权重下的制度环境系数更高,回归结果更加稳健。加入相关控制变量后,模型的拟合优度进一步提高。另外,制度环境变量的系数只是大小发生了变化,正负号并没有显著变化,表明制度环境与省域全要素生产率存在显著、正向的关系。综上所述,不同省份的制度环境与省域全要素生产率呈现稳定、显著的正向关系,这主要归功于改革开放以来政府对市场干预程度逐年降低、产品市场与要素市场更加完善、非国有经济的发展、明晰的产权和有效的专利保护制度等各种利好因素的影响。

首先,政府行政干预行为的减少在某种程度上降低了行政垄断对各种资源的扭曲,有助于发挥市场对技术创新资源的配置,可以把有限的技术创新资源配置到那些更适合市场需求的新产品当中,从而有效提升企业的全要素生产率。其次,市场的完善有助于更好地发挥价格信息、新产品信息等的传递功能。发育完善的要素市场有利于高素质人才及要素资源在不同地区、行业、企业间的流动和转移,进而提升创新资源的效率。另外,非国有经济的发展提高了产品市场的竞争程度,激励企业提高创新资源的管理水平,优化创新资源配置,提升企业的全要素生产率。最后,有效的知识产权保护制度可以极大地调动企业从事技术创新活动的积极性和主动性,一方面可以保证创新者有效地收回研发成本,另一方面也可以保证创新成果在不同企业之间的有序转让,有利于技术创新和技术扩散。

(2)对外直接投资逆向技术溢出(*ofdi_reverse*)对省域全要素生产率的影响。空间经济距离权重和人力资本权重的估计结果显示,OFDI 逆向技术溢出可以显著提升省域层面的全要素生产率。与空间地理权重相比,空间经济距离和人力资本权重下的对外直接投资回归系数更高,回归结果更加稳健。

通过分析表 5-15 至表 5-18 第 2 列和第 4 列区域固定效应和区域时间双固定效应的实证结果,可以发现:OFDI 逆向技术溢出的相关系数无论是否考虑控制变量,所有因素均在 1% 的显著性水平上为正,对外直接投资逆向技术溢出显著、正向地提升了省域层面的全要素生产率。

(3)邻近省份全要素生产率($\rho$)对本地区全要素生产率的影响。与空间地理权重类似,空间经济距离权重和人力资本权重的空间自回归系数 $\rho$ 均在 1% 或 5% 的显著性水平上为负,即中国省域层面的全要素生产率在样本回归期间存在显著的集群效应,并没有表现出邻近省份之间的空间溢出效应,空间自回归系数 $\rho$ 的取值范围从 -1.6482 到 -0.5981,意味着全国 31 个省(市、自治区)的全要素生产率存在显著的极化现象,且随着时间的演进,全要素生产率高的省份的全要素生产率会越来越高,而全要素生产率低的省份的全要素生产率会越来越弱,表现出日益明显的极化现象。

中国大陆31个省域层面的工业全要素生产率呈现严重的不均衡发展状态——东部沿海省份的全要素生产率普遍较高，而西部内陆省份的全要素生产率普遍较低，这与我国经济社会整体的发展态势以及工业企业的空间布局基本吻合。经济增长主要是由劳动和资本共同推动的，而劳动和资本对省域经济增长的贡献并不相同，省域之间工业资本投入差异是导致工业经济增长率在我国东中西部各省份之间存在巨大差异的原因之一。因此，中央与各级地方政府在制定工业经济发展战略时，需充分考虑各个省份的“异质性”，并将地区间的空间联系与空间相互作用纳入省域全要素生产率的分析框架当中。

（4）政府补贴（*tot_subsidies*）对省域全要素生产率的影响。根据空间经济距离权重和人力资本权重的估计结果，可以得出政府对企业的生产活动进行直接补贴对企业技术创新的活动产生了“挤出效应”，对整体的研发水平有负向作用，但相关回归结果在10%的显著性水平上不显著。表5－15至表5－18第2列和第4列显示的区域固定效应和区域时间双固定效应实证结果表明，与空间地理权重类似，空间经济距离和人际资本权重下的政府补贴回归系数仍然不显著，即政府财政支持降低了企业的技术创新能力与创新效率，不利于提升省域全要素生产率。

（5）企业固定资产净值（*tot_nvofappi*）对省域层面全要素生产率的影响。无论是空间地理权重，还是空间经济距离和人际资本权重下的企业固定资产净值，均在1%的显著性水平下为正，即固定资产投资额越大，越有利于提升该省份的全要素生产率。

（6）出口（*tot_export*）对省域层面全要素生产率的影响。利用空间杜宾模型检验出口对我国省域全要素生产率的影响，结合相关实证结果可以发现，无论是空间地理权重，还是空间经济权重和人力资本权重，在5%或1%的显著性水平上，企业的出口行为并没有提升反而还阻碍了省域全要素生产率的进步。

（7）从业人数（*tot_labor*）对省域全要素生产率的影响。从表5－15至表5－18的回归结果看，无论是空间地理权重，还是空间经济权重和人力资本权重，省域层面的从业人数和全要素生产率均在1%的显著性水平上存在正向关系。省域层面的全要素生产率增长是资本和劳动力共同推动的。根据全要素生产率的回归结果,劳动力是促进企业全要素生产率增长并导致我国各省份之间生产率出现差异的重要因素。从空间经济距离权重和空间人力资本权重的回归结果可知,丰富的劳动力资源可以显著提升省域层面的全要素生产率。

### 5.5.3 分企业类型的回归结果

依据注册类型,工业企业可以分为国有企业、民营企业和外资企业三种类型。中央和各级地方政府在中国经济转型过程中掌握着诸多重要资源,其中,拥有天然政治依附性的国有企业相比其他企业来说,可以获得更多的财政补贴、各种税收优惠、政府合约以及信贷资源。民营企业在中国近40年的经济转轨中一直被认为是推动中国经济增长和市场化进程的中坚力量,被看作创造"中国奇迹"的重要力量。外资企业主要包括港澳台外商投资企业和西方外商直接投资企业。港澳台企业受制度、文化等因素的影响,通常能够更好地适应中国的市场,但它们主要是运用成熟和标准的技术进行生产,自身并不具有技术竞争优势;与港澳台企业相比,西方外商投资企业在技术上更有优势。

制度环境作为省域全要素生产率的主要影响因素,对不同企业类型的全要素生产率有何影响?不同所有制企业对外直接投资是否提升了企业的全要素生产率?其他控制变量对不同所有制企业的生产率有何影响?这些都是本节要回答的问题。

#### 5.5.3.1 地理空间权重的空间杜宾模型回归结果

**表5-19 分企业类型的SDM回归结果**

| 变量 | 区域固定效应 | | | 双向固定效应 | | |
|---|---|---|---|---|---|---|
| | 民营 | 外资 | 国有 | 民营 | 外资 | 国有 |
| *score_tot* | 8.2631***<br>(4.04) | 0.6565<br>(0.98) | -0.0169<br>(-0.08) | 5.1545**<br>(2.07) | -0.0298<br>(-0.04) | 0.3572<br>(1.54) |
| *ofdi_reverse* | 3.0867***<br>(3.35) | 3.0139***<br>(15.74) | -0.1393**<br>(-2.55) | 2.7861***<br>(4.44) | 3.0107***<br>(13.98) | -0.1021*<br>(-1.75) |

**续表**

| 变量 | 区域固定效应 | | | 双向固定效应 | | |
|---|---|---|---|---|---|---|
| | 民营 | 外资 | 国有 | 民营 | 外资 | 国有 |
| $\rho$ | -1.2015***<br>(-2.81) | -1.6783***<br>(-4.69) | 0.6036***<br>(4.81) | -0.9793*<br>(-1.92) | -1.3850***<br>(-2.82) | -1.3758***<br>(-2.61) |
| *W_score_tot* | 18.3503***<br>(2.97) | 10.8614***<br>(5.91) | 0.1123<br>(0.31) | -35.0659<br>(-1.36) | -0.6065<br>(-0.07) | 3.2806<br>(1.39) |
| *W_ofdi_reverse* | -2.5779***<br>(-1.01) | -2.7951***<br>(-3.18) | 0.0134<br>(0.05) | -3.1139<br>(-0.36) | -2.8395<br>(-0.75) | -0.0425<br>(-0.06) |
| $Within-R^2$ | 0.5387 | 0.7369 | 0.0464 | 0.0940 | 0.5273 | 0.0001 |
| $Between-R^2$ | 0.3694 | 0.4320 | 0.1628 | 0.4389 | 0.8102 | 0.2914 |
| $Overall-R^2$ | 0.3899 | 0.4628 | 0.1159 | 0.3055 | 0.7683 | 0.2171 |
| Sigma2_*e* | 42.2586 | 4.6407 | 0.4262 | 39.7299 | 4.6747 | 0.3445 |
| Log*L* | -512.8781 | -343.9642 | -155.5848 | -508.5090 | -344.4206 | -140.1793 |

注：***、**和*分别表示变量估计系数通过1%、5%和10%的显著性水平检验；()中的数值为变量估计系数的 $t$ 检验值。

**表5-20 加入控制变量后的分企业类型SDM回归结果**

| 变量 | 区域固定效应 | | | 双向固定效应 | | |
|---|---|---|---|---|---|---|
| | 国有 | 民营 | 外资 | 国有 | 民营 | 外资 |
| *score_tot* | 3.6806***<br>(2.69) | 0.4754<br>(1.12) | -0.0448<br>(-0.25) | 3.3266**<br>(2.03) | -0.0961<br>(-0.21) | 0.0451<br>(0.29) |
| *ofdi_reverse* | 1.8407**<br>(4.40) | 0.8472***<br>(3.17) | -0.0049<br>(-0.10) | 2.2649***<br>(5.05) | 1.2487***<br>(4.55) | -0.0047<br>(-0.11) |
| *tot_subsidies* | -0.0709<br>(-1.09) | 0.0020<br>(0.04) | 0.0024<br>(0.13) | -0.0541<br>(-0.75) | 0.0221<br>(0.45) | 0.0194<br>(1.23) |
| *tot_nvofappi* | 0.0057***<br>(7.18) | 0.0012***<br>(3.15) | 0.0020***<br>(3.01) | 0.0060***<br>(6.82) | 0.0013***<br>(3.38) | 0.0032***<br>(5.88) |
| *tot_export* | -0.0065***<br>(-9.63) | 0.0012**<br>(2.56) | 0.0022**<br>(2.42) | -0.0059***<br>(-8.65) | 0.0009*<br>(1.89) | 0.0019**<br>(2.41) |
| *tot_labor* | 0.2294***<br>(3.17) | -0.0039<br>(-0.10) | -0.0128<br>(-0.47) | 0.1716**<br>(2.17) | 0.0084<br>(0.20) | -0.0472**<br>(-2.18) |
| $\rho$ | -1.2161***<br>(-3.55) | -0.5014*<br>(-1.65) | -0.2884<br>(-1.06) | -0.7808*<br>(-1.67) | -0.2920<br>(-0.69) | -2.0498***<br>(-5.06) |
| *W_score_tot* | 74.2530***<br>(8.11) | 13.8646***<br>(6.81) | 1.9119***<br>(2.68) | 55.2447**<br>(2.12) | | |

续表

| 变量 | 区域固定效应 | | | 双向固定效应 | | |
|---|---|---|---|---|---|---|
| | 国有 | 民营 | 外资 | 国有 | 民营 | 外资 |
| *W_ofdi_reverse* | -10.0294**<br>(-2.53) | -7.9328***<br>(-4.67) | | | 7.7076***<br>(3.07) | |
| *W_tot_subsidies* | -5.7995***<br>(-6.57) | -3.5331***<br>(-4.80) | -0.2616**<br>(-2.31) | -4.6477***<br>(-3.00) | -3.7816***<br>(-3.98) | |
| *W_tot_nvofappi* | -0.0171***<br>(-2.68) | | -0.0187***<br>(-4.05) | -0.0121<br>(-1.19) | | 0.0098***<br>(3.65) |
| *W_tot_export* | -0.0153*<br>(-1.83) | 0.0127***<br>(3.39) | 0.0123***<br>(3.67) | | | |
| *W_tot_labor* | 4.0789***<br>(4.57) | -0.9387***<br>(-3.12) | 0.8828***<br>(3.53) | 2.3751**<br>(2.55) | | |
| *Within* - $R^2$ | 0.8420 | 0.9199 | 0.4451 | 0.8093 | 0.5528 | 0.0807 |
| *Between* - $R^2$ | 0.0252 | 0.9411 | 0.8109 | 0.3767 | 0.9515 | 0.7410 |
| *Overall* - $R^2$ | 0.0776 | 0.9389 | 0.7614 | 0.4517 | 0.9083 | 0.6337 |
| Sigma2_*e* | 14.4494 | 1.5971 | 0.2656 | 15.3195 | 1.5571 | 0.1831 |
| Log*L* | -176.6127 | -256.8073 | -117.5002 | -436.6217 | -254.8726 | -94.6104 |

注：***、**和*分别表示变量估计系数通过1%、5%和10%的显著性水平检验；()中的数值为变量估计系数的 $t$ 检验值。

#### 5.5.3.2 经济距离空间权重的空间杜宾模型回归结果

**表5-21 分企业类型的SDM回归结果**

| 变量 | 区域固定效应 | | | 双向固定效应 | | |
|---|---|---|---|---|---|---|
| | 国有 | 民营 | 外资 | 国有 | 民营 | 外资 |
| *score_tot* | 8.6653***<br>(4.20) | 1.0631<br>(1.56) | 0.0087<br>(0.04) | 5.3824**<br>(2.33) | 0.2514<br>(0.31) | 0.1899<br>(0.84) |
| *ofdi_reverse* | 3.0657***<br>(5.43) | 3.0574***<br>(15.72) | -0.1360**<br>(-2.50) | 2.9009***<br>(4.92) | 3.0171***<br>(14.50) | -0.1045*<br>(-1.82) |
| $\rho$ | -0.8151**<br>(-2.34) | -1.0398***<br>(-4.20) | 0.5167***<br>(4.69) | -1.5808***<br>(-3.58) | -0.7952*<br>(-1.93) | -0.6645<br>(-1.53) |
| *W_score_tot* | 16.0956**<br>(2.55) | 10.1830***<br>(5.64) | 0.0804<br>(0.22) | -40.2584***<br>(-1.75) | 0.2783<br>(0.03) | 0.7636<br>(0.35) |
| *W_ofdi_reverse* | -2.5339<br>(-1.45) | -2.1032***<br>(-3.45) | 0.0598<br>(0.32) | 1.7495<br>(0.35) | -3.3129<br>(-1.22) | 0.2563<br>(0.57) |

**续表**

| 变量 | 区域固定效应 | | | 双向固定效应 | | |
|---|---|---|---|---|---|---|
| | 国有 | 民营 | 外资 | 国有 | 民营 | 外资 |
| *Within* − $R^2$ | 0.5336 | 0.7441 | 0.0420 | 0.0535 | 0.3918 | 0.0000 |
| *Between* − $R^2$ | 0.3697 | 0.5946 | 0.1375 | 0.4514 | 0.8253 | 0.1521 |
| *Overall* − $R^2$ | 0.3888 | 0.6025 | 0.0977 | 0.3421 | 0.7611 | 0.0611 |
| Sigma2_*e* | 43.7684 | 4.8403 | 0.4203 | 36.9737 | 4.5761 | 0.3514 |
| Log*L* | −514.2430 | −344.3806 | −153.9284 | −505.8674 | −347.8838 | −143.0301 |

**表 5−22　考虑控制变量的分企业类型 SDM 回归结果**

| 变量 | 区域固定效应 | | | 双向固定效应 | | |
|---|---|---|---|---|---|---|
| | 国有 | 民营 | 外资 | 国有 | 民营 | 外资 |
| *score_tot* | 2.5397*<br>(1.80) | 0.5028<br>(1.18) | −0.0182<br>(−0.10) | 1.1337<br>(0.86) | 0.0497<br>(0.12) | 0.0447<br>(0.29) |
| *ofdi_reverse* | 1.7561**<br>(3.89) | 1.0605***<br>(4.00) | −0.0071<br>(−0.14) | 1.7597***<br>(4.19) | 1.1412***<br>(4.45) | −0.0074<br>(−0.19) |
| *tot_subsidies* | −0.0555<br>(−0.79) | 0.0141<br>(0.28) | −0.0018<br>(−0.10) | −0.0026<br>(−0.04) | −0.0094<br>(−0.19) | 0.0227<br>(1.47) |
| *tot_nvofappi* | 0.0059***<br>(6.77) | 0.0015***<br>(3.94) | 0.0021***<br>(3.12) | 0.0055***<br>(7.92) | 0.0015***<br>(4.04) | 0.0033***<br>(6.19) |
| *tot_export* | −0.0065***<br>(−9.07) | 0.0008*<br>(1.77) | 0.0022**<br>(2.41) | −0.0071***<br>(−9.65) | 0.0007*<br>(1.66) | 0.0018**<br>(2.42) |
| *tot_labor* | 0.1880**<br>(2.45) | 0.0089<br>(0.22) | −0.0195<br>(−0.72) | 0.2699**<br>(3.81) | 0.0221<br>(0.55) | −0.0551**<br>(−2.65) |
| $\rho$ | −0.4702*<br>(−1.81) | 0.3213<br>(1.56) | −0.1575<br>(−0.56) | −1.2821***<br>(−3.41) | 0.0491<br>(0.23) | −1.2433***<br>(−3.56) |
| *W_score_tot* | 65.1399***<br>(6.63) | 12.7980***<br>(6.60) | 1.5823**<br>(2.56) | | | |
| *W_ofdi_reverse* | −16.5011**<br>(−4.07) | −4.2186***<br>(−5.78) | | | | |
| *W_tot_subsidies* | −4.4076***<br>(−5.38) | −2.2752***<br>(−5.16) | −0.2076**<br>(−2.50) | −2.2061**<br>(−2.29) | −2.5138***<br>(−5.12) | |
| *W_tot_nvofappi* | −0.0126**<br>(−2.21) | | −0.0171***<br>(−3.38) | | | 0.0090***<br>(3.31) |
| *W_tot_export* | −0.0139**<br>(−2.18) | 0.0006***<br>(1.79) | | −0.0385***<br>(−3.33) | | |

续表

| 变量 | 区域固定效应 | | | 双向固定效应 | | |
|---|---|---|---|---|---|---|
| | 国有 | 民营 | 外资 | 国有 | 民营 | 外资 |
| *W_tot_labor* | 3.3772***<br>(4.39) | | 0.7945***<br>(3.01) | 3.3362***<br>(4.05) | | |
| *Within* − $R^2$ | 0.8242 | 0.9199 | 0.4517 | 0.5649 | 0.1177 | 0.0477 |
| *Between* − $R^2$ | 0.1323 | 0.9411 | 0.7549 | 0.9039 | 0.9498 | 0.8003 |
| *Overall* − $R^2$ | 0.2285 | 0.9389 | 0.7141 | 0.8401 | 0.8225 | 0.6401 |
| Sigma2_*e* | 16.3724 | 1.5971 | 0.2712 | 13.3597 | 1.4633 | 0.1736 |
| Log*L* | −437.1257 | −256.8073 | −118.8706 | −429.0900 | −249.1861 | −105.4513 |

#### 5.5.3.3 人力资本距离空间权重的空间杜宾模型回归结果

**表5－23 分企业类型的SDM回归结果**

| 变量 | 区域固定效应 | | | 双向固定效应 | | |
|---|---|---|---|---|---|---|
| | 国有 | 民营 | 外资 | 国有 | 民营 | 外资 |
| *score_tot* | 8.7563***<br>(4.15) | 0.6163<br>(0.91) | 0.0432<br>(0.21) | 4.5551*<br>(1.87) | 0.0219<br>(0.03) | 0.2657<br>(1.16) |
| *ofdi_reverse* | 3.1782**<br>(5.68) | 3.0156***<br>(15.85) | −0.1357**<br>(−2.49) | 2.8804***<br>(4.67) | 3.0210***<br>(14.34) | −0.0996*<br>(−1.72) |
| $\rho$ | −0.8915**<br>(−2.19) | −1.6716***<br>(−4.87) | 0.5990***<br>(5.02) | −1.2389**<br>(−2.38) | −1.8136***<br>(−4.06) | −1.5640***<br>(−3.15) |
| *W_score_tot* | 13.5101**<br>(2.29) | 11.0058***<br>(6.09) | −0.0459<br>(−0.13) | −60.4915**<br>(−1.98) | −1.5939<br>(−0.16) | 1.9459<br>(0.72) |
| *W_ofdi_reverse* | −1.7073<br>(−0.73) | −2.2993***<br>(−2.91) | 0.0944<br>(0.41) | 2.0226<br>(0.26) | −0.2669<br>(−0.08) | 0.1581<br>(0.23) |
| *Within* − $R^2$ | 0.5351 | 0.7379 | 0.0391 | 0.1688 | 0.5533 | 0.0000 |
| *Between* − $R^2$ | 0.3959 | 0.5158 | 0.0582 | 0.4361 | 0.8148 | 0.2534 |
| *Overall* − $R^2$ | 0.4078 | 0.5340 | 0.0348 | 0.2819 | 0.7790 | 0.1655 |
| Sigma2_*e* | 43.8978 | 4.5969 | 0.4234 | 38.6778 | 4.4958 | 0.3403 |
| Log*L* | −514.6825 | −343.2068 | −155.0378 | −506.9599 | −342.0957 | −140.4299 |

**表 5-24 加入控制变量后的分企业类型的 SDM 回归结果**

| 变量 | 区域固定效应 | | | 双向固定效应 | | |
|---|---|---|---|---|---|---|
| | 国有 | 民营 | 外资 | 国有 | 民营 | 外资 |
| *score_tot* | 3.1431** | 0.4882 | -0.0119 | 1.8148 | -0.1073 | 0.0485 |
| | (2.23) | (1.14) | (-0.07) | (1.30) | (-0.24) | (0.31) |
| *ofdi_reverse* | 2.0343*** | 0.8964*** | -0.0015 | 1.9247*** | 1.0574*** | -0.0049 |
| | (4.71) | (3.37) | (-0.03) | (4.38) | (3.92) | (-0.12) |
| *tot_subsidies* | -0.0722 | -0.0036 | -0.0002 | -0.0060 | 0.0243 | 0.0203 |
| | (-1.05) | (-0.07) | (-0.01) | (-0.09) | (0.49) | (1.31) |
| *tot_nvofappi* | 0.0060*** | 0.0013*** | 0.0021*** | 0.0061*** | 0.0012*** | 0.0033*** |
| | (7.28) | (3.36) | (3.12) | (8.21) | (3.05) | (6.08) |
| *tot_export* | -0.0064*** | 0.0012** | 0.0022** | -0.0070*** | 0.0009** | 0.0018** |
| | (-9.16) | (2.51) | (2.34) | (-9.27) | (1.99) | (2.37) |
| | 0.0007 | 0.0005 | 0.0009 | 0.0007 | 0.0005 | 0.0008 |
| *tot_labor* | 0.1838** | -0.0097 | -0.0164 | 0.2212** | 0.0101 | -0.0490** |
| | (2.49) | (-0.24) | (-0.60) | (3.05) | (0.24) | (-2.31) |
| $\rho$ | -1.1377*** | -0.2884 | -0.2607 | -1.0985*** | 0.0865 | -2.1945*** |
| | (-3.21) | (-1.06) | (-0.76) | (-2.66) | (0.28) | (-5.83) |
| *W_score_tot* | 74.8672*** | 15.2839*** | 1.6206** | | | |
| | (6.97) | (6.89) | (2.27) | | | |
| *W_ofdi_reverse* | -7.4465* | -7.9085*** | | | | |
| | (-1.93) | (-5.01) | | | | |
| *W_tot_subsidies* | -5.6164*** | -3.7018*** | -0.2819*** | -2.5520** | -2.9521*** | |
| | (-5.80) | (-5.32) | (-2.69) | (-2.33) | (-3.89) | |
| *W_tot_nvofappi* | -0.0166*** | | -0.0171*** | | | 0.0108*** |
| | (-2.64) | | (-3.67) | | | (3.72) |
| *w_tot_export* | -0.0200** | 0.0123*** | | -0.0411*** | | |
| | (-2.32) | (3.67) | | (-3.14) | | |
| *W_tot_labor* | 3.9556*** | -0.9875*** | 0.7952*** | 3.4817** | | |
| | (4.31) | (-3.56) | (3.14) | (4.31) | | |
| *Within* $-R^2$ | 0.8199 | 0.9217 | 0.4537 | 0.5808 | 0.1227 | 0.0724 |
| *Between* $-R^2$ | 0.0933 | 0.9446 | 0.8111 | 0.8729 | 0.9564 | 0.7491 |
| *Overall* $-R^2$ | 0.1778 | 0.9422 | 0.7707 | 0.8179 | 0.8237 | 0.6344 |
| Sigma2_*e* | 15.5976 | 1.5934 | 0.2664 | 14.5901 | 1.5971 | 0.1768 |
| Log*L* | -435.3822 | -256.2529 | -117.5815 | -434.1494 | -256.2164 | -93.6592 |

根据相关回归结果,可以发现:

(1)制度环境(*score_tot*)对不同所有制企业全要素生产率的影响。根据表 5-19 至表 5-24 的回归结果,结合地理空间距离权重、经济距离空间权重矩阵以及人力资本空间权重矩阵的空间杜宾模型回归结果,可以发现:制度环境在 1% 或 10% 的水平上对民营企业全要素生产率有显著的正向影响,而制度环境对国有企业和外商企业全要素生产率在 10% 的水平上不显著,但影响方向为正;相对于空间地理距离权重,空间经济距离权重和人力资本权重条件下各变量的回归系数更大,显著性更高。相对于国有企业,民营企业的产权制度更加灵活,组织形式更加多样化,面对制度环境以及外在客观环境的变化,可以迅速、有效地做出适应性调整,并在既定的约束条件下获得利益最大化,从而有效提升民营企业自身的全要素生产率与技术创新能力。

国有企业所有权属于国家,政治依附性较强,缺乏对制度环境变化的敏感性,自身产权制度存在明显缺陷,潜在体制冲突严重。各级地方政府为保障自身利益,运用各种手段保护所属区域的国有企业,导致国有企业在制度创新方面压力严重不足、地方间市场分割严重,无法形成公平有效的市场竞争环境。上述多种因素导致制度环境对省域层面国有企业全要素生产率的影响尽管为正,但不显著。

改革开放以来,包括我国港澳台投资企业和西方投资企业在内的外资企业在我国各地区迅速发展起来。各级地方政府为吸引外商投资,纷纷给予外商投资企业各项优惠政策,导致国有企业、民营企业与外资企业不能处在公平竞争的地位,面对中间投入品存在交易失灵等现象。外商投资企业为实现自身利润最大化,力求这些中间投入品在企业内部实现转移,因此缺乏对投资目的地制度环境变化的敏感性,导致制度环境对外商投资企业的全要素生产率无显著影响。

(2)OFDI 逆向技术溢出(*ofdi_reverse*)对不同所有制企业全要素生产率的影响。综合地理空间距离权重、经济距离空间权重矩阵、人力资本空间权重矩阵的空间杜宾模型回归结果,可以发现:外资企业与民营企业的 OFDI 逆向技术溢出显著提升了省域全要素生产率,而国有企业的 OFDI 逆向技术溢出无法提升省域全要素生产率。相较于空间地理权重，空间经济距离与人力资本权重的回归结果中 OFDI 逆向技术溢出的回归系数更加显著、稳健。

如第二章所述，发展中国家跨国公司对外直接投资按照投资动机分为四种类型，即市场寻求型（market - seeking）、资源寻求型（resource - seeking）、效率寻求型（efficiency - seeking）和战略资产寻求型（strategic assets）。民营企业与外商直接投资企业一方面通过对发达国家开展对外直接投资并利用“集聚溢出机制”“经营成果反馈机制”和“人员流动机制”实现技术进步和企业全要素生产率提升；另一方面，通过对发展中国家开展对外直接投资产生“规模经济”和“研发费用分摊机制”等效应来实现技术创新能力的提升和全要素生产率的进步。这两类企业在对外直接投资的过程中，以利润最大化为目标，投资行为受政治行为的干预较少，因此，对外直接投资可以提升企业乃至省域层面的全要素生产率。

在我国对外直接投资过程中，国有企业长期占据着主导地位。2013 年末，非金融类对外直接投资存量达到 5434 亿美元，其中，国有企业占比高达 55.2%（中国对外直接投资统计公报，2013）。但国有企业由于严重的产权制度缺陷以及受到体制冲突等综合因素的影响，其对外直接投资效果欠佳，并且存在巨大的潜在风险。另外，政府控制并掌握国有企业大多数股权和高管任命，其投资行为反映的是我国外交政策和政府意愿，带有特定的政治与资源寻求目的，并非以利润最大化为目标，这也解释了为什么对外直接投资无法提升国有企业全要素生产率。

（3）邻近省域层面的全要素生产率（$\rho$）对不同类型所有制企业全要素生产率的影响。根据回归结果，并结合地理空间距离权重、经济距离空间权重矩阵和人力资本空间权重矩阵的空间杜宾模型回归结果，可以发现：民营企业和外资企业的空间自回归系数 $\rho$ 均在 1% 或 5% 的显著性水平上为负，而国有企业的空间自回归系数 $\rho$ 存在正负交错现象，且不稳健。民营企业与外资企业省域层面的全要素生产率在样本回归期间存在显著的空间集群效应，并没有表现出邻近省份之间的空间溢出效应。空间自回归系数 $\rho$ 的取值范围为［-2.1945，-0.2920］，表明民营企业和外资企业的全要素生产率存在显著的极化现象，全要素生产率高的省份随着时间的演进变得越来越强，而全要素生产率低的省份随着时间的变化越来越弱，极化现象日益明显。而国有企业空间自回归系数$\rho$的正负交替现象表明，我国国有企业的全要素生产率空间布局严重受到中央和各级地方政府的干预，且不随企业利润最大化目标的变化而改变。

（4）政府补贴（*tot_subsidies*）对不同所有制企业全要素生产率的影响。回归结果显示：民营企业的政府补贴回归系数为负，而外资企业和国有企业的政府补贴回归系数呈现正负交替的现象，即政府补贴对民营企业的生产活动直接进行补贴对企业技术创新活动有显著的“挤出效应”，而外资企业和国有企业的政府补贴对企业技术创新活动的影响存在不确定性。

（5）固定资产净值（*tot_nvofappi*）对不同所有制企业全要素生产率的影响。根据以上回归结果，可以发现：无论是民营企业、外资企业还是国有企业，企业的固定资产净值均在1%的水平下显著提升了省域层面的全要素生产率。

（6）出口（*tot_export*）对不同所有制企业全要素生产率的影响。回归结果显示：企业的出口行为在5%或1%的显著性水平上并没有提升民营企业的全要素生产率，反而会阻碍企业全要素生产率的进步；但企业的出口行为对外资企业与国有企业全要素生产率的提升有显著的正向作用。

（7）从业人数（*tot_labor*）对不同所有制企业全要素生产率的影响。回归结果显示：民营企业的从业人数与全要素生产率在1%的显著性水平上为正，外资企业与国有企业的从业人数与全要素生产率之间存在正负交替的关系，即外资企业和国有企业的从业人数对企业全要素生产率的影响存在不确定性。

## 5.6 小 结

本章基于1998—2007年中国工业企业数据库与商务部对外直接投资企业名录的匹配数据，运用O－P方法核算了我国规模以上工业企业的全要素生产率（TFP），并在此基础上从制度环境、对外直接投资和全要素生产率进步的理论探索与多维要素出发，建立了全要素生产率进步与制度环境、对外直接投资的分析框架，从规范经济研究与新经济地理学理论相结合的新视角分析了制度环境、对外直接投资与全要素生产率进步的关系，并且将面板数据分析与空间分析方法结合应用于实证研究当中。本章通过定性分析与定量分析，揭示了制度环境、对外直接投资与全要素生产率进步的空间关联度、空间差异，以及制度环境、对外直接投资作用下的全要素生产率的空间演变过程。主要结论如下：

（1）微观层面，国有、民营、外资企业的对外直接投资均显著提升了企业的全要素生产率。无论是向 OECD 国家还是向非 OECD 国家进行的对外直接投资，都可以提升企业的技术创新能力与全要素生产率，并且向 OECD 国家进行的对外直接投资无论是回归系数还是显著性水平，都要高于非 OECD 国家。按照投资动机，五类对外直接投资中，研发加工型对外直接投资可以显著提升企业的全要素生产率，且提升幅度最大，贸易销售与多元对外直接投资次之，而非经营性对外直接投资与资源寻求型对外直接投资无法提升企业的全要素生产率。

（2）宏观层面，运用全局空间关联指标全局莫兰指数 $I$ 刻画中国省域全要素生产率在地理空间上的交互作用与集聚效应，在进一步考虑空间集聚内生效应的基础上，构造了空间地理距离权重矩阵、空间经济距离权重矩阵和人力资本距离权重矩阵，并运用空间计量经济学的空间杜宾模型（SDM）检验各地区制度环境、OFDI 逆向技术溢出等因素对省域全要素生产率的影响。得出如下结论：从空间分析来看，以市场化改革为主的制度环境、OFDI 逆向技术溢出可以显著提升省域层面的全要素生产率，空间自回归系数 $\rho$ 显著为负，表明省域之间的全要素生产率在样本期间存在显著的集群效应，并没有表现出邻近省份之间的空间溢出效应。从母国不同所有制类型企业来看，良好的制度环境有利于提升民营企业的全要素生产率，制度环境对国有企业和外资企业全要素生产率的影响不显著。外资企业与民营企业的OFDI逆向技术溢出显著提升了省域的全要素生产率，而国有企业的OFDI逆向技术溢出无法提升省域的全要素生产率。民营企业和外资企业的空间自回归系数 $\rho$ 显著为负，表现出日益明显的极化现象；而国有企业的空间自回归系数 $\rho$ 存在正负交替的现象。相关控制变量的回归结果基本符合预期。

# 6 制度环境、OFDI 逆向技术溢出与区域技术创新的空间计量分析[①]

## 6.1 问题的提出

研究与开发(R&D)活动及区域技术创新能力是一个国家和地区核心竞争力的决定因素(OECD,1996)。对技术要素尚欠优势的中国而言,要有效提升区域技术创新能力,除依靠自主研发和人力资本投入外,还可以通过改善我国区域制度环境和对外直接投资(OFDI)在海外获得先进技术和研发成果等战略资源。

与现有文献将制度环境、OFDI 逆向技术溢出和区域技术创新理论三者割裂开来研究不同,本章从母国区域制度环境入手,将三者纳入统一的分析框架,为研究区域技术创新提供了一个新颖的视角。在宏观方面,制度环境通过所有制结构、资源配置方式、产业政策等对区域技术创新能力产生影响;在微观方面,制度环境通过降低创新主体的交易费用、保护企业知识产权、减少或约束破坏经济发展的行为等提升区域技术创新能力。

跨国公司通过 OFDI 在海外设立子公司或 R&D 机构,实现技术竞争力的提升,并利用跨国公司内部机制向母公司转移和扩散先进技术,也使得这些先进技术在母公司所在国的企业间扩散和再创新,最终带来集聚效应,促进区域技术创新能力的提升(刘明霞和王学军,2009)。跨国公司能否通过 OFDI快速获取最新技术、提高竞争力,关键在于跨国公司能否以及在多大程

① 刊发于《世界经济研究》2015 年第 9 期。

度上获得逆向技术溢出效应。跨国公司通过 OFDI 能否获得逆向技术溢出效应？迅速增长的对外直接投资能否促进母公司所在国的区域技术创新？国内外学者的观点不尽一致。

随着中国跨国公司的 OFDI 规模不断扩大，国内外学者也开始关注中国 OFDI 的逆向技术溢出效应及其对国内技术进步的促进作用。国内学者利用相关数据得出的结论不尽相同(详见第 2 章第 6 节)。

目前，国内外相关研究中存在的不足主要有：①区域间要素流动、技术外溢、技术创新等空间属性数据具有很强的空间联动性(许和连和邓玉萍，2012)，在研究区域技术创新的影响因素时必须考虑空间交互效应。现有的研究很少考虑空间集聚(溢出)效应和空间相关性，相关研究结论与现实存在诸多不符之处(Anselin，1988)，相关解释也并不理想。究其原因，是传统的经济理论研究基于一些理想假设，在分析过程中以单因素分析和时间维度为主，而现实的经济地理系统是一个复杂的系统，各要素之间相互关联、相互影响，如果理论与实证分析过程中忽略空间因素，必然导致回归结果存在偏误。②多数学者遵循经典投资理论，在实证研究中忽略了制度因素对跨国公司投资以及技术创新的影响。然而，制度因素(如政策支持、政府管制水平、宏观调控等)都会直接和间接影响跨国公司的投资决策和技术创新(杜江和宋跃刚，2014)。③国内对区域技术创新能力的评价表现为两种极端。一方面，大量实证研究仅以专利授权数来衡量区域技术创新能力，无法全面体现区域技术创新能力；另一方面，少数研究中分析指标过多，如《中国区域创新能力报告》所包含的明细指标多达 145 个，使得某些指标高度相关且数据重叠，导致测评结果产生严重偏误。④研究重点主要集中在中国 OFDI 区位选择，鲜有学者关注中国不同区域的制度环境、OFDI 逆向技术溢出对区域技术创新能力的提升效果和区域间差异。

针对以往研究存在的不足，本章通过构建“中国化”的制度环境指标和技术创新能力指标，运用动态面板数据模型的系统 GMM 方法和空间杜宾模型(SDM)，深入分析制度环境、OFDI 逆向技术溢出是否显著地提升了区域技术创新能力。

## 6.2 指标构建与变量说明

本章在制度环境、OFDI 逆向技术溢出和区域技术创新能力交互影响的框架下,运用 2003—2013 年的省际面板数据,对相关假设进行实证分析。为此,需要事先解决以下问题:①制度环境的测度问题。本章以省域为研究对象,选取能够反映各省区市实际状况和现实特征的制度环境指标,构建"中国化"的制度环境指标体系。②区域技术创新能力的评价问题。目前,国内外文献中普遍以专利授权量(Acs et al. ,1992)作为区域技术创新能力的代理变量,而回避了区域技术创新能力的多维特征,因而,在变量的选择上存在一定的片面性。本章从技术创新的投入能力、产出能力、扩散能力、环境支持能力四个方面衡量区域技术创新能力,以期更为全面地反映各地区的实际技术创新能力。

### 6.2.1 制度环境的测度

制度环境对区域技术创新的影响机制十分复杂。本章主要从经济制度、法律与政治环境制度两方面来分析制度环境的影响。其中,经济制度主要包括市场化程度、产业机构、金融深化程度、开放程度和城市化率(详见表 6 - 1)。

(1)市场化程度。竞争性的市场环境有利于提升企业从事技术创新的积极性和主动性。市场化程度提高有利于资本、人才等要素流向生产率较高的技术部门;市场化程度较高的地区通过充分的市场竞争降低生产成本、改善产品性能、提升技术经济效益;市场经济优胜劣汰竞争机制使企业有生存危机意识,促使企业不断提高全要素生产率和技术创新能力,并通过企业间技术扩散与技术转移提升区域的全要素生产率和区域技术创新能力。因此,市场化程度可以有效反映我国从计划经济向市场经济转变的制度变迁特征(樊纲等,2011)。

本章选取非国有工业产值占 GDP 的比重(钟昌标等,2006)、非国有经济固定资产投资占全社会固定资产投资的比重(樊纲等,2011)、非国有单位就业人数占总就业人数的比重这三项指标来度量市场化程度。

(2)产业结构。在中国经济发展过程中,国内第二产业产值占 GDP 的比重虽有所下降,但基本保持稳定,而第一产业和第三产业此消彼长。第三产业占 GDP 的比重逐年提升,有助于优化产业结构和提升经济发展质量,进一步提升区域技术创新能力。本章选取第三产业产值占 GDP 的比重和第三产业就业人数占总就业人数的比重来衡量产业结构。

(3)金融深化程度。金融深化可以显著降低信息不对称和交易成本,提高金融体系的效率。高效的金融体系有助于企业融资,促进企业在技术密集区域建立研发中心并与国外相关机构合作,促进当地企业对逆向技术溢出的吸收,并通过“集聚—累积效应”促进 OFDI 渠道的技术逆向扩散和转移来提升区域技术创新能力。本章采用信贷总额占 GDP 的比重来度量金融深化程度(郭书文和黄汉民,2011)。

(4)开放程度。开放程度通过进口、出口两个渠道影响跨国公司获取逆向技术溢出的效果。一方面,国内公司在进口贸易中有机会接触国外先进知识和技术经验,通过“模仿”和“干中学”等方式学习国外先进技术经验并进行二次创新;另一方面,国内企业在出口过程中,必须以更高的生产技术标准来满足国外客户的产品质量要求,从而促使国内企业提升技术水平。本章选取进出口总额占 GDP 的比重度量开放程度。

(5)城市化率。城市化水平能够反映国家的城市与农村的基本结构。城市化率越高,人力资本质量就越高,先进技术的吸收能力也就越强。只有投资母国的人力资本达到一定的门槛时才能吸收 OFDI 逆向技术溢出,进而提升区域技术创新能力。本章用城镇人口占总人口的比重度量城市化率。

上述指标中,各地区贷款余额来自于历年《金融统计年鉴》,其他各项数据来源于历年《中国统计年鉴》以及各地区统计年鉴,各省区市的经济制度质量得分详见表 6 – 1。

**表6－1 各省区市2003—2013年经济制度质量得分**

| 地区 | 2003 | 2004 | 2005 | 2006 | 2007 | 2008 | 2009 | 2010 | 2011 | 2012 | 2013 |
|---|---|---|---|---|---|---|---|---|---|---|---|
| 北京 | 112.22 | 113.54 | 117.94 | 120.90 | 115.90 | 121.47 | 120.95 | 126.86 | 125.98 | 123.23 | 122.48 |
| 天津 | 81.58 | 82.46 | 82.48 | 83.63 | 81.71 | 76.29 | 77.98 | 78.77 | 77.54 | 77.09 | 77.53 |
| 河北 | 47.14 | 45.72 | 44.11 | 44.81 | 45.46 | 45.74 | 48.20 | 48.76 | 48.89 | 49.86 | 49.69 |
| 山西 | 53.11 | 51.38 | 50.96 | 50.47 | 50.15 | 47.73 | 50.90 | 51.12 | 50.38 | 51.82 | 54.68 |
| 内蒙古 | 47.41 | 46.39 | 45.70 | 45.93 | 44.81 | 43.90 | 45.81 | 46.74 | 47.09 | 50.67 | 52.43 |
| 辽宁 | 63.20 | 63.75 | 61.28 | 61.26 | 60.48 | 58.61 | 60.83 | 61.19 | 61.03 | 62.25 | 63.62 |
| 吉林 | 58.35 | 55.79 | 51.84 | 52.41 | 51.02 | 49.74 | 50.62 | 50.23 | 49.43 | 49.25 | 50.42 |
| 黑龙江 | 51.08 | 48.75 | 45.94 | 45.96 | 45.82 | 45.55 | 48.10 | 48.88 | 49.95 | 51.08 | 53.99 |
| 上海 | 105.83 | 105.91 | 106.26 | 106.14 | 104.99 | 101.73 | 100.99 | 110.21 | 110.24 | 110.06 | 109.49 |
| 江苏 | 65.66 | 69.98 | 70.63 | 72.63 | 73.08 | 70.37 | 69.29 | 72.43 | 71.28 | 71.50 | 71.30 |
| 浙江 | 68.93 | 71.03 | 73.76 | 75.61 | 76.53 | 77.02 | 81.03 | 82.85 | 82.09 | 82.83 | 83.45 |
| 安徽 | 47.91 | 47.60 | 48.15 | 49.81 | 50.10 | 49.66 | 50.80 | 51.56 | 51.55 | 52.60 | 54.41 |
| 福建 | 60.05 | 61.99 | 62.14 | 63.33 | 63.27 | 62.21 | 63.61 | 66.03 | 67.82 | 67.31 | 68.46 |
| 江西 | 47.87 | 46.98 | 45.56 | 45.66 | 46.11 | 46.24 | 50.06 | 50.68 | 51.16 | 52.37 | 53.64 |
| 山东 | 51.64 | 50.79 | 52.64 | 53.28 | 53.18 | 52.72 | 53.89 | 55.43 | 56.24 | 55.79 | 56.68 |
| 河南 | 45.68 | 44.21 | 42.27 | 42.50 | 42.59 | 41.21 | 43.79 | 44.07 | 44.47 | 46.34 | 47.99 |
| 湖北 | 52.34 | 51.00 | 49.44 | 50.03 | 49.70 | 48.52 | 50.58 | 51.22 | 50.37 | 50.50 | 51.83 |
| 湖南 | 46.29 | 46.10 | 45.05 | 45.58 | 45.55 | 44.97 | 46.98 | 46.77 | 46.70 | 47.44 | 48.72 |
| 广东 | 86.93 | 85.60 | 86.20 | 86.48 | 85.24 | 79.79 | 79.48 | 81.69 | 81.74 | 83.21 | 84.37 |
| 广西 | 45.99 | 46.53 | 46.83 | 47.52 | 47.21 | 47.42 | 50.85 | 50.52 | 50.53 | 52.19 | 53.28 |
| 重庆 | 58.50 | 56.20 | 54.23 | 57.59 | 57.39 | 57.12 | 61.12 | 61.84 | 62.98 | 67.21 | 69.93 |
| 四川 | 50.56 | 49.17 | 49.13 | 49.47 | 49.07 | 49.82 | 53.97 | 54.37 | 54.14 | 55.46 | 56.83 |
| 贵州 | 48.05 | 48.98 | 48.74 | 48.89 | 48.40 | 46.85 | 50.33 | 52.15 | 52.48 | 53.28 | 54.83 |
| 云南 | 49.43 | 49.40 | 51.27 | 52.27 | 53.00 | 52.21 | 56.88 | 58.81 | 58.05 | 58.31 | 55.83 |
| 陕西 | 56.16 | 53.22 | 49.34 | 47.96 | 47.22 | 45.95 | 49.34 | 49.31 | 48.68 | 47.86 | 50.05 |
| 甘肃 | 49.49 | 47.58 | 45.62 | 44.83 | 44.52 | 43.26 | 46.44 | 47.47 | 48.82 | 52.14 | 55.00 |
| 青海 | 57.50 | 56.49 | 52.22 | 51.01 | 50.60 | 48.53 | 54.05 | 55.80 | 55.30 | 59.36 | 62.88 |
| 宁夏 | 60.35 | 59.97 | 58.62 | 60.22 | 58.45 | 54.99 | 60.04 | 60.64 | 59.51 | 60.51 | 63.62 |
| 新疆 | 52.99 | 51.16 | 50.31 | 47.90 | 48.88 | 48.58 | 49.94 | 50.94 | 52.67 | 54.04 | 57.51 |

(6)法律与政治环境制度。技术创新活动需要投入大量的时间和资金，

且容易被竞争对手模仿，因此，公正透明的政治环境以及强有力的知识产权保护会影响企业的创新意愿和创新能力。知识产权保护制度与区域技术创新是相辅相成、相互作用的统一体，一个区域良好的知识产权保护制度可以保障区域技术创新的顺利开展，降低相关风险，有利于区域技术创新能力和技术创新效率的提升，实现产业的转型升级和技术创新能力的改进；如果一个地区的知识产权保护力度偏低，相关产业在原始创新过程中产生的核心技术就可能很快被竞争者利用，这将极大地降低该产业从技术创新中获得的收益（赵玉林和徐娟娟，2009）。

本章借鉴樊纲等（2011）的做法，采用四个指标衡量法律与政治环境制度，分别是三种专利（发明专利、实用新型专利和外观设计专利）申请受理量占各地区科技人员数的比重、三种专利申请批准量占各地区科技人员数的比重、科技成果市场化率（各地技术市场成交额/各地区科技人员数）、知识产权侵权结案率（各省份每年的侵权结案数占到 2013 年为止各省份侵权案件总数的比例）（李梅等，2014）。数据主要来源于历年《中国科技统计年鉴》《中国统计年鉴》、中华人民共和国国家知识产权局。我国法律与政治环境制度的得分详见表 6－2。

本章选取 2003—2013 年我国 29 个省（市、自治区，不包括西藏自治区和海南省）的面板数据，在指标计算过程中，对部分年度的缺失数据采用线性插值法填补缺失值。另外，对各项指标权重的确定，根据樊纲等（2011）在构建中国市场化指数时所采用的方法和国际经验，在构成一个指标的变量较多且覆盖范围比较全面时，采用主成分分析和简单算术平均数的结果并没有显著差别。因此，本章采用简单算数平均法计算各省份的综合制度质量得分，结果见表 6－3[①]。另外，区域技术创新能力的计算方法和制度环境的计算方法相同。

① 为使制度环境指标的评分跨年度可比，须对单项指标进行无量纲化处理，设定单项指标基期年份。这里设 1997 年为基期，单项指标在基期得分最高的省份赋值为 100，最低为 0。本书在计算单项指标如非国有工业产值占 GDP 的比重时，计算方法如下：第 $i$ 个指标得分 $= \frac{V_i - V_{\min}}{V_{\max} - V_{\min}} \times 100$。其中，$V_i$ 是某个地区 $i$ 个指标的原始数据，$V_{\max}$ 是基期 29 个省份基年第 $i$ 个指标相对应原始数据中数值最大的一个，$V_{\min}$ 则是最小的一个。然后，利用简单加权平均法算出单项指标的评分及综合制度环境指标的评分。

**表 6－2 各省区市 2003—2013 年法律与政治环境制度得分**

| 地区 | 2003 | 2004 | 2005 | 2006 | 2007 | 2008 | 2009 | 2010 | 2011 | 2012 | 2013 |
|---|---|---|---|---|---|---|---|---|---|---|---|
| 北京 | 71.30 | 90.27 | 94.10 | 118.92 | 120.92 | 143.41 | 164.52 | 179.93 | 234.72 | 291.24 | 333.47 |
| 天津 | 34.71 | 38.01 | 45.71 | 52.95 | 64.54 | 72.88 | 84.36 | 92.09 | 129.57 | 144.59 | 186.56 |
| 河北 | 5.65 | 5.23 | 6.24 | 7.23 | 8.71 | 8.76 | 8.92 | 12.55 | 13.13 | 17.84 | 22.39 |
| 山西 | 3.89 | 4.52 | 5.45 | 5.97 | 7.80 | 10.11 | 11.72 | 12.43 | 17.75 | 25.28 | 30.32 |
| 内蒙古 | 3.91 | 4.33 | 5.72 | 11.33 | 7.54 | 14.69 | 11.68 | 14.37 | 14.96 | 30.87 | 26.85 |
| 辽宁 | 15.00 | 15.26 | 18.52 | 18.54 | 21.04 | 27.22 | 28.02 | 41.65 | 55.35 | 60.14 | 53.48 |
| 吉林 | 31.16 | 7.14 | 7.45 | 8.46 | 8.99 | 10.43 | 11.79 | 13.81 | 16.72 | 20.80 | 19.92 |
| 黑龙江 | 7.63 | 9.84 | 8.42 | 8.52 | 9.01 | 9.60 | 11.92 | 15.88 | 27.92 | 39.12 | 40.53 |
| 上海 | 74.89 | 64.95 | 84.05 | 95.99 | 122.28 | 127.32 | 141.62 | 165.88 | 173.46 | 185.22 | 188.19 |
| 江苏 | 12.32 | 15.25 | 19.52 | 26.69 | 42.90 | 59.40 | 88.66 | 130.12 | 186.00 | 251.18 | 257.41 |
| 浙江 | 23.47 | 25.66 | 35.47 | 45.85 | 57.75 | 72.64 | 93.37 | 113.67 | 145.69 | 215.93 | 236.31 |
| 安徽 | 2.54 | 3.52 | 4.27 | 4.50 | 5.74 | 7.71 | 13.25 | 30.22 | 38.07 | 54.03 | 67.70 |
| 福建 | 11.25 | 11.00 | 13.35 | 15.00 | 16.41 | 9.66 | 24.10 | 31.27 | 41.31 | 62.66 | 87.60 |
| 江西 | 4.07 | 4.98 | 3.88 | 3.96 | 4.81 | 5.15 | 6.15 | 8.15 | 11.37 | 15.16 | 24.34 |
| 山东 | 9.88 | 11.05 | 14.63 | 16.62 | 21.82 | 26.80 | 30.60 | 38.52 | 49.76 | 58.62 | 68.82 |
| 河南 | 3.98 | 3.94 | 5.72 | 6.28 | 7.56 | 9.50 | 9.96 | 12.71 | 16.56 | 21.43 | 28.11 |
| 湖北 | 6.88 | 7.55 | 9.44 | 11.20 | 13.49 | 16.14 | 20.97 | 27.93 | 31.25 | 41.97 | 47.62 |
| 湖南 | 5.25 | 7.24 | 7.64 | 8.43 | 8.15 | 10.99 | 11.81 | 16.54 | 22.89 | 24.87 | 30.69 |
| 广东 | 23.63 | 26.14 | 34.06 | 39.41 | 44.85 | 47.16 | 58.15 | 71.44 | 83.19 | 101.27 | 119.02 |
| 广西 | 4.21 | 3.99 | 5.01 | 3.33 | 3.95 | 5.49 | 4.30 | 5.56 | 8.96 | 12.18 | 23.92 |
| 重庆 | 4.58 | 6.85 | 7.12 | 6.80 | 5.23 | 7.96 | 7.27 | 11.36 | 10.72 | 44.77 | 27.59 |
| 四川 | 9.45 | 12.87 | 12.09 | 14.70 | 13.04 | 13.97 | 21.07 | 39.02 | 50.26 | 76.48 | 85.29 |
| 贵州 | 6.36 | 5.84 | 7.05 | 8.88 | 10.77 | 14.13 | 18.85 | 25.22 | 27.66 | 40.01 | 49.94 |
| 云南 | 2.53 | 3.81 | 3.64 | 4.15 | 6.13 | 4.60 | 6.10 | 7.25 | 11.05 | 15.80 | 21.72 |
| 陕西 | 5.03 | 4.65 | 4.94 | 5.07 | 4.80 | 4.99 | 6.38 | 8.76 | 9.27 | 12.82 | 15.36 |
| 甘肃 | 6.29 | 7.29 | 6.56 | 2.83 | 5.06 | 4.92 | 5.74 | 5.08 | 5.98 | 5.49 | 8.38 |
| 青海 | 4.58 | 4.71 | 5.47 | 7.63 | 10.55 | 13.93 | 17.98 | 27.00 | 37.18 | 52.32 | 82.47 |
| 宁夏 | 4.44 | 5.22 | 4.52 | 4.84 | 6.42 | 6.43 | 6.32 | 10.15 | 12.85 | 18.60 | 29.86 |
| 新疆 | 3.66 | 4.53 | 3.79 | 4.17 | 8.45 | 8.16 | 14.37 | 16.91 | 20.24 | 28.29 | 31.07 |

**表 6－3　各省区市 2003—2013 年综合制度环境得分**

| 地区 | 2003 | 2004 | 2005 | 2006 | 2007 | 2008 | 2009 | 2010 | 2011 | 2012 | 2013 |
|---|---|---|---|---|---|---|---|---|---|---|---|
| 北京 | 91.76 | 101.91 | 106.02 | 119.91 | 118.41 | 132.44 | 142.73 | 153.40 | 180.35 | 207.24 | 227.98 |
| 天津 | 58.15 | 60.23 | 64.09 | 68.29 | 73.13 | 74.59 | 81.17 | 85.43 | 103.56 | 110.84 | 132.05 |
| 河北 | 26.39 | 25.48 | 25.17 | 26.02 | 27.08 | 27.25 | 28.56 | 30.66 | 31.01 | 33.85 | 36.04 |
| 山西 | 28.50 | 27.95 | 28.21 | 28.22 | 28.98 | 28.92 | 31.31 | 31.78 | 34.06 | 38.55 | 42.50 |
| 内蒙古 | 25.66 | 25.36 | 25.71 | 28.63 | 26.17 | 29.29 | 28.75 | 30.55 | 31.03 | 40.77 | 39.64 |
| 辽宁 | 39.10 | 39.51 | 39.90 | 39.90 | 40.76 | 42.91 | 44.42 | 51.42 | 58.19 | 61.19 | 58.55 |
| 吉林 | 44.76 | 31.46 | 29.65 | 30.44 | 30.00 | 30.08 | 31.21 | 32.02 | 33.07 | 35.02 | 35.17 |
| 黑龙江 | 29.35 | 29.29 | 27.18 | 27.24 | 27.42 | 27.57 | 30.01 | 32.38 | 38.94 | 45.10 | 47.26 |
| 上海 | 90.36 | 85.43 | 95.16 | 101.06 | 113.63 | 114.53 | 121.30 | 138.04 | 141.85 | 147.64 | 148.84 |
| 江苏 | 38.99 | 42.62 | 45.08 | 49.66 | 57.99 | 64.88 | 78.98 | 101.28 | 128.64 | 161.34 | 164.36 |
| 浙江 | 46.20 | 48.35 | 54.61 | 60.73 | 67.14 | 74.83 | 87.20 | 98.26 | 113.89 | 149.38 | 159.88 |
| 安徽 | 25.22 | 25.56 | 26.21 | 27.15 | 27.92 | 28.68 | 32.02 | 40.89 | 44.81 | 53.32 | 61.05 |
| 福建 | 35.65 | 36.50 | 37.74 | 39.17 | 39.84 | 35.93 | 43.85 | 48.65 | 54.56 | 64.98 | 78.03 |
| 江西 | 25.97 | 25.98 | 24.72 | 24.81 | 25.46 | 25.70 | 28.10 | 29.42 | 31.27 | 33.76 | 38.99 |
| 山东 | 30.76 | 30.92 | 33.64 | 34.95 | 37.50 | 39.76 | 42.25 | 46.98 | 53.00 | 57.21 | 62.75 |
| 河南 | 24.83 | 24.08 | 23.99 | 24.39 | 25.07 | 25.35 | 26.88 | 28.39 | 30.51 | 33.89 | 38.05 |
| 湖北 | 29.61 | 29.27 | 29.44 | 30.61 | 31.60 | 32.33 | 35.78 | 39.58 | 40.81 | 46.23 | 49.73 |
| 湖南 | 25.77 | 26.67 | 26.34 | 27.01 | 26.85 | 27.98 | 29.40 | 31.66 | 34.80 | 36.16 | 39.71 |
| 广东 | 55.28 | 55.87 | 60.13 | 62.95 | 65.05 | 63.48 | 68.82 | 76.57 | 82.47 | 92.24 | 101.69 |
| 广西 | 25.10 | 25.26 | 25.92 | 25.42 | 25.58 | 26.46 | 27.57 | 28.04 | 29.74 | 32.18 | 38.60 |
| 重庆 | 33.98 | 34.54 | 33.16 | 36.14 | 35.21 | 35.55 | 41.09 | 50.43 | 56.62 | 71.84 | 77.61 |
| 四川 | 28.46 | 27.50 | 28.09 | 29.18 | 29.92 | 31.97 | 36.41 | 39.79 | 40.90 | 47.73 | 53.39 |
| 贵州 | 25.29 | 26.40 | 26.19 | 26.52 | 27.26 | 25.72 | 28.21 | 29.70 | 31.76 | 34.54 | 38.28 |
| 云南 | 27.23 | 27.03 | 28.11 | 28.67 | 28.90 | 28.60 | 31.63 | 33.78 | 33.66 | 35.57 | 35.59 |
| 陕西 | 30.37 | 28.97 | 27.41 | 27.79 | 28.89 | 29.94 | 33.66 | 38.15 | 42.93 | 50.09 | 66.26 |
| 甘肃 | 26.97 | 26.40 | 25.07 | 24.83 | 25.47 | 24.84 | 26.38 | 28.81 | 30.84 | 35.37 | 42.43 |
| 青海 | 30.58 | 30.51 | 28.01 | 27.59 | 29.52 | 28.34 | 34.21 | 36.36 | 37.77 | 43.83 | 46.98 |
| 宁夏 | 33.78 | 33.37 | 32.36 | 33.62 | 33.25 | 32.93 | 36.91 | 36.41 | 37.02 | 41.79 | 46.62 |
| 新疆 | 29.39 | 28.86 | 28.89 | 27.98 | 28.29 | 28.60 | 29.67 | 31.21 | 33.29 | 37.25 | 45.32 |

### 6.2.2 区域技术创新能力的评估

区域技术创新能力是一个多维度的概念。为尽可能全面准确地评估区域技术创新能力,同时考虑到数据的准确性和可获得性,本章从技术创新投入、产出、扩散、环境支持四个方面来综合反映区域技术创新能力,相关区域技术创新能力指标的说明见表6-4。

**表6-4 区域技术创新能力指标**

| 相关变量 | 可测指标 | 单位 |
| --- | --- | --- |
| 技术创新投入 $Y_1$ | R&D人员总数 | 人/万人 |
| | R&D课题投入经费 | 亿元 |
| | R&D经费内部支出 | 亿元 |
| | R&D课题投入人员 | 人/万人 |
| | 高等院校R&D课题投入经费 | 亿元 |
| 技术创新产出 $Y_2$ | 万名就业人员专利申请受理数 | 件/万人 |
| | 万名就业人员专利申请授权数 | 件/万人 |
| | 万名R&D活动人员科技论文发表数 | 篇/万人 |
| | 大中型企业新产品收入占主营业务收入的比重 | 百分比 |
| | 高新技术产业新产品销售收入占主营业务收入的比重 | 百分比 |
| 技术创新扩散 $Y_3$ | 技术市场成交合同金额 | 亿元 |
| | 按地区引进的国外技术合同金额 | 亿元 |
| | 大中型工业企业技术改造经费 | 亿元 |
| | 大中型工业企业消化吸收经费 | 亿元 |
| | 大中型工业企业引进技术经费 | 亿元 |
| 技术创新环境支持 $Y_4$ | 每百万人高等院校平均在校生 | 人/百万人 |
| | 每十万人平均公路拥有量 | 公里/十万人 |
| | 每百万人拥有的卫生人员数 | 人/百万人 |
| | 人均GDP | 千元/人 |
| | 人均受教育经费 | 十元/人 |

注:各地区原始数据主要来源于各年度《中国统计年鉴》《中国科技统计年鉴》《中国教育年鉴》,各项指标评分的计算方法与制度环境指标相同。

（1）区域技术创新投入，命名为 $Y_1$。技术创新投入主要包括人力、资本、技术以及经验。本章结合实际情况，选取与人力、资本等直接相关的从事 R&D 人员总数等五个指标来测度区域技术创新投入。

（2）区域技术创新产出，命名为 $Y_2$。技术创新产出主要包括科技产出和产品产出两个方面。鉴于统计指标的有限性，本章选取万名就业人员专利申请受理数等五个指标衡量区域技术创新产出。

（3）区域技术扩散，命名为 $Y_3$。技术扩散是指创新主体在新技术、新工艺等方面的流动能力，可以有效反映区域创新能力。本章从技术获取改造和技术交易两个方面来测度区域技术扩散。

（4）区域技术创新环境支持，命名为 $Y_4$。技术创新环境支持是技术创新能力的基础和保障，有利于技术创新能力的可持续发展，同时可以对区域技术创新的投入产出能力以及要素积累等产生间接影响。本章从经济环境和教育环境两方面来测度区域技术创新环境支持能力。我国各省综合技术创新能力计算结果见表 6－5。

**表 6－5　各省区市 2003—2013 年综合技术创新能力（$Y_T$）**

| 地区 | 2003 | 2004 | 2005 | 2006 | 2007 | 2008 | 2009 | 2010 | 2011 | 2012 | 2013 |
|---|---|---|---|---|---|---|---|---|---|---|---|
| 北京 | 567.94 | 781.61 | 859.15 | 850.47 | 930.75 | 987.32 | 1014.61 | 1084.23 | 1167.05 | 1229.90 | 1262.75 |
| 天津 | 360.15 | 459.25 | 534.27 | 569.82 | 609.65 | 681.53 | 706.02 | 776.92 | 886.80 | 969.23 | 1088.31 |
| 河北 | 140.60 | 183.02 | 202.47 | 232.38 | 263.08 | 296.29 | 311.20 | 342.51 | 384.88 | 413.97 | 450.49 |
| 山西 | 140.74 | 190.24 | 214.42 | 244.42 | 275.41 | 313.70 | 326.21 | 361.37 | 407.39 | 443.11 | 475.76 |
| 内蒙古 | 144.80 | 185.85 | 216.16 | 257.55 | 306.24 | 370.69 | 421.77 | 484.74 | 561.82 | 623.62 | 701.90 |
| 辽宁 | 210.81 | 262.79 | 303.68 | 334.40 | 377.24 | 423.42 | 449.88 | 500.47 | 568.16 | 622.23 | 704.58 |
| 吉林 | 171.58 | 219.28 | 249.31 | 279.36 | 311.85 | 351.84 | 379.11 | 410.73 | 469.36 | 514.66 | 564.97 |
| 黑龙江 | 166.48 | 210.19 | 237.03 | 263.71 | 290.93 | 326.44 | 337.01 | 373.36 | 414.25 | 443.87 | 504.81 |
| 上海 | 467.45 | 597.19 | 651.11 | 689.02 | 743.37 | 806.64 | 821.49 | 862.47 | 905.78 | 934.68 | 1034.57 |
| 江苏 | 231.74 | 291.78 | 334.39 | 381.09 | 447.73 | 508.80 | 558.45 | 643.16 | 753.49 | 845.39 | 903.70 |
| 浙江 | 244.96 | 311.49 | 348.18 | 395.01 | 443.29 | 491.28 | 520.20 | 576.56 | 641.94 | 698.42 | 776.88 |
| 安徽 | 111.09 | 135.78 | 156.43 | 184.17 | 211.32 | 239.36 | 258.46 | 299.22 | 361.56 | 414.32 | 466.21 |
| 福建 | 169.68 | 205.50 | 233.71 | 269.62 | 305.27 | 342.90 | 383.28 | 437.64 | 497.37 | 549.75 | 658.09 |
| 江西 | 118.66 | 156.83 | 185.58 | 224.07 | 244.27 | 262.40 | 276.98 | 308.63 | 358.96 | 397.32 | 472.17 |

续表

| 地区 | 2003 | 2004 | 2005 | 2006 | 2007 | 2008 | 2009 | 2010 | 2011 | 2012 | 2013 |
|---|---|---|---|---|---|---|---|---|---|---|---|
| 山东 | 173.46 | 228.57 | 262.90 | 299.05 | 340.57 | 394.16 | 423.83 | 472.93 | 533.52 | 592.22 | 659.36 |
| 河南 | 105.00 | 136.51 | 164.40 | 199.85 | 231.33 | 263.10 | 286.39 | 318.17 | 362.70 | 401.72 | 473.03 |
| 湖北 | 167.69 | 218.80 | 242.04 | 277.19 | 313.69 | 349.10 | 375.77 | 410.60 | 460.66 | 507.75 | 547.09 |
| 湖南 | 126.09 | 160.89 | 187.38 | 217.07 | 248.40 | 281.93 | 309.41 | 343.20 | 387.04 | 423.49 | 471.35 |
| 广东 | 208.88 | 258.76 | 300.46 | 340.58 | 392.10 | 439.07 | 469.98 | 524.22 | 580.90 | 640.37 | 743.38 |
| 广西 | 90.43 | 122.75 | 139.65 | 164.20 | 186.51 | 211.74 | 232.87 | 274.29 | 319.44 | 362.09 | 421.39 |
| 重庆 | 135.68 | 172.11 | 200.66 | 241.55 | 274.74 | 310.46 | 346.33 | 395.77 | 459.78 | 527.80 | 625.48 |
| 四川 | 115.98 | 147.15 | 170.33 | 194.95 | 226.44 | 260.03 | 296.13 | 327.75 | 373.59 | 410.88 | 478.81 |
| 贵州 | 71.11 | 93.53 | 109.76 | 131.19 | 148.51 | 171.19 | 191.55 | 216.47 | 256.06 | 291.52 | 429.31 |
| 云南 | 102.35 | 130.92 | 143.85 | 164.51 | 181.17 | 203.05 | 225.40 | 253.04 | 292.84 | 323.30 | 393.79 |
| 陕西 | 165.31 | 215.06 | 242.98 | 271.87 | 305.13 | 354.27 | 394.05 | 440.45 | 514.87 | 579.67 | 643.42 |
| 甘肃 | 106.90 | 136.55 | 152.17 | 184.82 | 207.08 | 237.69 | 259.96 | 287.37 | 326.48 | 355.19 | 421.04 |
| 青海 | 121.79 | 153.69 | 168.25 | 203.33 | 228.08 | 272.04 | 300.04 | 350.64 | 422.40 | 486.48 | 639.97 |
| 宁夏 | 123.12 | 161.57 | 179.75 | 209.74 | 247.51 | 281.34 | 306.26 | 353.47 | 413.70 | 468.96 | 529.36 |
| 新疆 | 167.16 | 207.11 | 221.52 | 248.50 | 266.73 | 292.30 | 305.43 | 350.38 | 401.92 | 441.49 | 570.08 |

注：囿于篇幅，没有在书中报告技术创新投入 $Y_1$、技术创新产出 $Y_2$、技术创新扩散 $Y_3$、技术环境支持 $Y_4$ 等指标的具体数据，如有需要，可向笔者索取。

## 6.3 计量模型与指标选取

基于 Grossman 和 Helpman（1994）的创新驱动增长理论模型，Coe 和 Helpman（1995）运用国际 R&D 溢出效应理论，建立了进口贸易获得的研发资本溢出对国内技术创新影响的基本计量模型（C－H 模型）。

$$Y_{it} = C + \beta_1 \ln rd\_stock_{it} + \beta_2 \ln im\_reverse_{it} + \varepsilon_{it} \qquad (6-1)$$

其中，$Y_{it}$表示一国的技术创新能力，$rd\_stock_{it}$ 表示国内 R&D 资本存量，$im\_reverse_{it}$ 表示通过进口渠道获得的国际 R&D 资本存量溢出。Potterie 和 Lichtenberg（2001）认为，在开放经济体中，技术创新能力的提升主要取决于国内自主 R&D 投入和国际 R&D 溢出。国内自主 R&D 投入主要包括 R&D 经费投入和人力资本投入；国际 R&D 溢出主要有 OFDI 逆向技术溢出、吸引 FDI 和进口贸易三种途径。为弥补 C－H 模型中没有考虑 OFDI 逆向技术溢出的缺陷，Potterie 和 Lichten bery 首次将 OFDI 作为溢出渠道引入 C－H 模型。笔者基于 L－P(2001)模型，结合中国国情，建立如下计量经济模型：

$$\ln Y_{it} = c + \alpha_1 \ln inst_{it} + \alpha_2 \ln ofdi\_reverse_{it} + \alpha_3 \ln rd\_stock_{it} + \alpha_4 \ln im\_reverse_{it} + \alpha_5 \ln fdi\_reverse_{it} + \alpha_6 \ln h_{it} + \varepsilon_{it} \tag{6-2}$$

式中，$Y_{it}$ 表示一国的技术创新能力；$inst_{it}$ 表示制度环境；$ofdi\_reverse_{it}$ 表示通过 OFDI 获得的国际 R&D 资本存量溢出；$rd\_stock_{it}$ 表示国内 R&D 资本存量；$h_{it}$ 表示 R&D 人力资本投入，也是反映自主 R&D 投入的变量之一；$fdi\_reverse_{it}$ 表示通过吸引外资获得的国际 R&D 资本存量溢出；$im\_reverse_{it}$ 表示通过进口贸易渠道获得的国际 R&D 资本存量溢出；$i$ 代表地区；$t$ 表示年份。

### 6.3.1 各省份国内 R&D 资本存量 $rd\_stock_t$

本章以 1997 年为基期，根据 Griliches(1992)提出的计算方法，各省份 1997—2013 年 R&D 资本存量可以依据永续盘存法得出，具体的计算公式为：$rd\_stock_t = (1-\delta) rd\_stock_{t-1} + R\&D_t$。其中，$rd\_stock_t$ 是 $t$ 年的研发资本存量，$\delta$ 是研发资本的折旧率。$R\&D_t$ 是折算为 1997 年不变价格的历年实际 R&D 支出。在计算基年(1997)R&D 存量时，$rd\_stock_{1997} = R\&D_{1997}/(g+\delta)$。其中，$R\&D_{1997}$ 表示各省份 1997 年的实际 R&D 支出，$g$ 为各省份 1997—2013 年实际 R&D 支出的平均增长率，$\delta$ 取 9.6%(肖文和林高榜,2011)。然后，计算历年各省份 R&D 资本存量 $rd\_stock_{it}$。全国以及各省历年名义 R&D 支出数据来源于《中国科技统计年鉴》和《中国主要科技指标数据库》。

### 6.3.2 各省份通过 OFDI 获得的国际 R&D 资本存量溢出 $ofdi\_reverse_{it}$

首先，根据 L－P 方法计算我国对外直接投资获得的国际 R&D 资本存量 $ofdi\_reverse_t$。

$$ofdi\_reverse_t = \sum \frac{ofdi_{jt}}{y_{jt}} s_{jt} \tag{6-3}$$

上式中，$s_{jt}$ 表示在 $t$ 时期国家 $j$ 的国内 R&D 资本存量，$ofdi_{jt}$ 表示在 $t$ 时期我国对 $j$ 国的 OFDI 存量，$y_{jt}$ 表示在 $t$ 时期 $j$ 国的 GDP。为进一步衡量省际层面 OFDI 的逆向溢出效应，本章加入各省份的权重。各省份从 OFDI 中获得的国际 R&D 溢出 $ofdi\_reverse_{it}$ 可以表示为

$$ofdi\_reverse_{it} = ofdi\_reverse_t \times \frac{ofdi_{it}}{\sum ofdi_{it}} \tag{6-4}$$

上式中，$ofdi_{it}$ 表示省份 $i$ 在 $t$ 时期的 OFDI 存量。为了得到 $ofdi\_reverse_{it}$，首先按式(6－3)计算中国 OFDI 获得的国际 R&D 资本存量 $ofdi\_reverse_t$[①]。步骤如下：①计算各国(地区)R&D 存量。与国内 R&D 存量计算方法类似，从 *OECD Factbook* 2014 中获得 1997—2013 年各国(地区)R&D 研发支出占 GDP 的比重。据此估算出各国历年 R&D 支出，GDP 数据来自世界银行 WDI 数据库。②利用世界银行 WDI 数据库中的消费价格指数，将各国(地区)R&D 支出折算为 1997 年不变价格的历年研发支出，消费价格指数来源于世界银行 WDI 数据库；③按照国内计算各省份 R&D 资本存量 $rd\_stock_{it}$ 的方法，计算出各国(地区)1997—2012 年的 R&D 资本存量，其中研发资本的折旧率按照国际惯例取 5%。其次，结合式(6－4)，计算各省份 OFDI 获得的国际 R&D 溢出。各省份 $ofdi_{jt}$ 数据来源于各年度《中国对外投资统计公报》以及各省份统计年鉴。

### 6.3.3　人力资本($h$)投入

人力资本投入是提升技术创新能力的重要途径，通常采用 Barro 和 Lee(1993)提出的劳动力平均受教育年限近似表示人力资本的丰裕程度。在计算各省份人力资本存量时，小学、初中、高中以及大专以上的受教育年限分别为 6 年、9 年、12 年、16 年。

---

① 根据中国对外直接投资流向的规模，选取澳大利亚、加拿大、法国、德国、匈牙利、意大利、日本、韩国、挪威、南非、巴西、荷兰、卢森堡、墨西哥、西班牙、瑞典、英国、美国、中国香港、新加坡、俄罗斯共 21 个国家(地区)作为国际 R&D 资本存量的样本。截至 2013 年底，中国对这些国家(地区)的 OFDI 投资总存量占我国 OFDI 总额存量的 85% 以上(中国对外直接投资公报，2014)，具有较好的代表性。

$$h = \text{小学比重} \times 6 + \text{初中比重} \times 9 + \text{高中比重} \times 12 + \text{大专以上} \times 16$$

**表 6-6 各省区市 2003—2013 年人力资本投入**

| 地区 | 2003 | 2004 | 2005 | 2006 | 2007 | 2008 | 2009 | 2010 | 2011 | 2012 | 2013 |
|---|---|---|---|---|---|---|---|---|---|---|---|
| 北京 | 11.46 | 11.50 | 11.67 | 11.89 | 11.83 | 11.75 | 11.91 | 12.19 | 13.10 | 13.32 | 13.11 |
| 天津 | 10.12 | 10.60 | 10.11 | 10.38 | 10.44 | 10.51 | 10.63 | 10.69 | 11.25 | 11.30 | 11.56 |
| 河北 | 9.01 | 8.95 | 8.68 | 8.52 | 8.57 | 8.75 | 8.83 | 9.18 | 9.72 | 9.83 | 9.54 |
| 山西 | 9.15 | 9.13 | 9.15 | 9.23 | 9.22 | 9.14 | 9.22 | 9.62 | 10.12 | 10.30 | 10.30 |
| 内蒙古 | 8.22 | 8.68 | 8.75 | 8.50 | 8.58 | 8.64 | 8.75 | 9.31 | 9.97 | 10.08 | 9.99 |
| 辽宁 | 9.51 | 9.33 | 9.27 | 9.28 | 9.27 | 9.45 | 9.55 | 9.79 | 9.83 | 9.86 | 10.11 |
| 吉林 | 9.16 | 9.19 | 8.98 | 8.85 | 9.02 | 9.17 | 9.20 | 9.45 | 9.67 | 9.61 | 9.76 |
| 黑龙江 | 8.96 | 9.05 | 9.04 | 8.91 | 9.12 | 9.08 | 9.13 | 9.46 | 9.26 | 9.33 | 9.35 |
| 上海 | 11.24 | 11.30 | 10.80 | 11.44 | 11.40 | 11.49 | 11.71 | 11.26 | 11.67 | 11.81 | 11.97 |
| 江苏 | 8.35 | 8.39 | 8.64 | 8.62 | 8.66 | 8.75 | 8.87 | 9.52 | 9.84 | 10.08 | 10.14 |
| 浙江 | 8.43 | 8.78 | 8.18 | 8.46 | 8.43 | 8.53 | 8.82 | 9.18 | 9.82 | 9.92 | 10.05 |
| 安徽 | 7.86 | 7.93 | 7.25 | 7.32 | 7.27 | 7.60 | 7.73 | 8.28 | 8.73 | 8.97 | 8.85 |
| 福建 | 8.18 | 8.07 | 8.16 | 8.09 | 8.21 | 8.27 | 8.97 | 9.18 | 9.80 | 9.93 | 9.90 |
| 江西 | 8.96 | 8.52 | 8.03 | 8.02 | 8.67 | 8.59 | 8.93 | 8.90 | 9.35 | 9.46 | 9.65 |
| 山东 | 8.48 | 8.60 | 8.19 | 8.40 | 8.49 | 8.63 | 8.72 | 9.08 | 9.93 | 9.83 | 10.09 |
| 河南 | 8.41 | 8.78 | 8.40 | 8.41 | 8.47 | 8.62 | 8.73 | 8.95 | 9.31 | 9.43 | 9.61 |
| 湖北 | 8.14 | 8.39 | 8.15 | 8.38 | 8.46 | 8.59 | 8.76 | 9.07 | 9.85 | 9.80 | 9.91 |
| 湖南 | 8.49 | 8.63 | 8.44 | 8.38 | 8.57 | 8.66 | 8.78 | 9.20 | 10.19 | 10.16 | 10.21 |
| 广东 | 8.96 | 9.08 | 9.18 | 9.14 | 9.35 | 9.45 | 9.40 | 9.79 | 10.08 | 10.05 | 10.17 |
| 广西 | 8.25 | 8.58 | 8.20 | 8.40 | 8.41 | 8.41 | 8.49 | 8.81 | 9.22 | 9.29 | 9.31 |
| 重庆 | 8.93 | 9.18 | 8.74 | 8.61 | 8.65 | 8.80 | 8.84 | 9.29 | 9.80 | 9.98 | 10.14 |
| 四川 | 7.89 | 7.49 | 7.65 | 7.68 | 7.91 | 7.96 | 8.08 | 8.70 | 9.03 | 9.28 | 9.27 |
| 贵州 | 7.79 | 7.78 | 7.06 | 7.24 | 7.52 | 7.55 | 7.82 | 8.24 | 9.02 | 9.04 | 9.20 |
| 云南 | 7.16 | 7.24 | 6.46 | 6.57 | 6.88 | 7.18 | 7.18 | 7.51 | 8.13 | 8.36 | 8.62 |
| 陕西 | 6.18 | 7.12 | 6.53 | 6.77 | 6.78 | 6.99 | 7.08 | 7.65 | 8.15 | 8.28 | 8.52 |
| 甘肃 | 3.02 | 4.01 | 3.51 | 3.67 | 4.33 | 4.29 | 4.16 | 5.17 | 9.08 | 7.08 | 7.17 |
| 青海 | 8.51 | 8.83 | 8.46 | 8.44 | 8.53 | 8.67 | 8.68 | 9.22 | 10.21 | 10.29 | 10.40 |
| 宁夏 | 7.20 | 7.55 | 6.97 | 6.57 | 6.79 | 7.11 | 7.18 | 7.98 | 8.97 | 8.95 | 9.12 |
| 新疆 | 7.03 | 7.10 | 6.94 | 7.18 | 7.30 | 7.41 | 7.55 | 7.84 | 9.19 | 9.25 | 9.34 |

各省份就业人员以及受教育程度数据来源于各年度各省份统计年鉴和《中国劳动统计年鉴》。

### 6.3.4 各省份通过吸引外商投资和进口渠道获得的国际 R&D 资本存量溢出 $fdi\_reverse_{it}$

类似 $ofdi\_reverse_{it}$ 的测度，本章沿用 L－P 方法，首先计算 $fdi\_reverse_t=\sum \frac{fdi_{j\ t}}{y_{jt}}s_{jt}$，得出通过外商投资获得的国际 R&D 资本溢出 $fdi\_reverse_{it}=\frac{fdi_{it}}{fdi_t}fdi\_reverse_t$，其中，$fdi_{jt}$ 表示 $t$ 时期 $j$ 国在我国的 FDI 流量；然后，计算 $im\_reverse_t=\sum \frac{im_{jt}}{y_{jt}}s_{jt}$，得出通过进口渠道获得的国际 R&D 资本溢出 $im\_reverse_{it}=\frac{im_{it}}{im_t}im\_reverse_t$，其中，$im_{jt}$ 表示 $t$ 时期我国从 $j$ 国的进口总额。

### 6.3.5 集中化指数与专业化指数

产业集聚是促进区域经济发展的重要因素，可以显著影响企业的行为与绩效（Porter，2000），从而提升企业全要素生产率与技术创新能力。集中化指数与专业化指数是描述区域经济集聚特征的重要指标。区域产业集中化程度的提高有利于知识在不同企业间传播与溢出，从而有助于提升企业乃至整个区域的技术创新能力与全要素生产率。集中化程度主要强调产业内部的知识与技术溢出（Marshall－Arrow－Romer，MAR 模型）。另外，Jacobs（1969）的研究结果表明，知识溢出主要来源于企业所处产业之外的企业，而非来自产业内的企业，即区域产业多样化程度的提高有助于知识与技术的传播，从而提升区域技术创新能力，推动区域经济发展。因此，本章在空间计量分析过程中纳入集中化指数（HHI）和专业化指数（SLI），考察二者对区域技术创新能力的影响。

（1）集中化指数（Hirschman－Herfindahl Index，HHI 指数）。

HHI 指数最初是由 A. Hirschman 提出用于测度产业集聚程度的重要指

标,然后由哥伦比亚大学的 O. Herfindahl 进一步完善。其计算公式如下:

$$HHI = \sum_{j=1}^{N} s_j^2 = \sum_{j=1}^{N} (GDP_j / GDP)^2 \qquad j = 1, 2, \cdots, N \qquad (6-5)$$

式中,GDP 表示国内生产总值;$GDP_j$表示省份 $j$ 的地区生产总值;$s_j = GDP_j / GDP$,表示省份 $j$ 的国内生产总值占比;$N$ 表示省份的个数。*HHI* 指数越大,表明集中化指数越高。

(2)专业化指数(SLI)。

在实际分析过程中,区域产业的空间集聚度也可以使用专业化指数来表示(樊福卓,2007),具体计算公式如下:

$$SLI_i = \frac{1}{2}\sum_{i=1}^{n}[| s_{ij} - s_j |] = \frac{1}{2}\sum_{i=1}^{n}[| \frac{GDP_i}{GDP_{tot}} - \frac{GDP_{average}}{GDP_{tot}} |] \quad (6-6)$$

其中,$SLI_i$表示区域 $i$ 的空间集聚程度,$GDP_i$表示 $i$ 地区的区域生产总值,$GDP_{tot}$表示国内生产总值,$GDP_{average}$表示全国 29 个省区市的平均 GDP。$SLI_i$数值越大,表示空间集聚程度越大。

相关数据主要来源于《中国贸易外经统计年鉴》与《中国统计年鉴》,各变量的描述性统计结果见表 6-7。

**表 6-7 各变量的描述性统计**

| 变量 | 全国 | | 东部 | | 中部 | | 西部 | |
|---|---|---|---|---|---|---|---|---|
| | 均值 | 标准差 | 均值 | 标准差 | 均值 | 标准差 | 均值 | 标准差 |
| $\ln inst_{it}$ | 3.6802 | 0.4699 | 4.1239 | 0.5189 | 3.4198 | 0.1665 | 3.4579 | 0.1818 |
| $\ln ofdi\_reverse_{it}$ | 2.1920 | 0.3206 | 2.9834 | 0.4328 | 2.0365 | 0.3136 | 1.8764 | 0.2387 |
| $\ln y_t$ | 5.7280 | 0.5358 | 6.1227 | 0.4946 | 5.5805 | 0.3847 | 5.4764 | 0.4572 |
| $\ln y_1$ | 3.0365 | 1.2738 | 4.1110 | 0.8575 | 3.0039 | 0.6670 | 2.0833 | 1.5510 |
| $\ln y_2$ | 2.7806 | 0.9336 | 3.5951 | 0.8471 | 2.4852 | 0.4741 | 2.2551 | 0.7380 |
| $\ln y_3$ | 3.4813 | 1.1252 | 4.4395 | 0.7423 | 3.4618 | 0.5005 | 2.6245 | 1.0448 |
| $\ln y_4$ | 7.0351 | 0.5161 | 7.3878 | 0.4799 | 6.8974 | 0.3891 | 6.8145 | 0.4584 |
| $\ln im\_reverse_{it}$ | 2.4710 | 1.7724 | 4.3901 | 1.0574 | 2.0125 | 0.6613 | 1.0599 | 1.2056 |
| $\ln fdi\_reverse_{it}$ | 3.4269 | 1.4332 | 4.9429 | 0.7866 | 3.2132 | 0.4638 | 2.2040 | 1.0377 |
| $\ln h_{it}$ | 6.7821 | 0.1310 | 6.8735 | 0.1236 | 6.7842 | 0.0733 | 6.6975 | 0.1133 |
| $\ln rd\_stock_{it}$ | 5.6582 | 1.3597 | 6.7799 | 0.9304 | 5.6454 | 0.7463 | 4.6474 | 1.2354 |

**续表**

| 变量 | 全国 | | 东部 | | 中部 | | 西部 | |
|---|---|---|---|---|---|---|---|---|
| | 均值 | 标准差 | 均值 | 标准差 | 均值 | 标准差 | 均值 | 标准差 |
| $hhi_{it}$ | 0.0018 | 0.0028 | — | — | — | — | — | — |
| $sli_{it}$ | 0.0185 | 0.0179 | — | — | — | — | — | — |

注：按国家批复的区域发展规划中所界定的范围和本书研究的需要，东部地区包括北京、天津、河北、辽宁、上海、江苏、浙江、福建、山东、广东 10 个省份，中部地区包括黑龙江、吉林、山西、安徽、江西、河南、湖北、湖南 8 个省份，西部地区包括内蒙古、广西、重庆、四川、贵州、云南、陕西、甘肃、青海、宁夏、新疆 11 个省份。

## 6.4　制度环境、OFDI 逆向技术溢出与区域技术创新的动态面板计量分析

### 6.4.1　内生性问题检验

制度环境、OFDI 逆向技术溢出和区域技术创新能力之间可能会因双向因果关系而产生内生性问题，导致最小二乘法估计结果有偏。为了检验模型是否存在内生性问题，本章采用 Davidson – MacKinnon(1993)的检验方法，原假设为 $S_{it}^{ofdi}$ 和 INS 与随机误差项不相关，即模型不存在显著的内生性问题。计算结果表明，模型存在内生性偏误，这一结论与预期相符。

为了克服内生性造成的偏误，本章采用动态面板数据的系统 GMM 方法，这种方法允许随机误差项存在序列相关和异方差。对于 $ofdi\_reverse_{it}$ 和 $inst_{it}$ 存在的内生性问题，采用解释变量的一阶滞后项作为工具变量。另外，对工具变量运用 J 统计量进行 Sargan（模型过度识别的约束）检验（Arellano – Bover，1995；Blundell – Bond，1998）。表 6 – 8 报告了 Sargan 检验的 $P$ 值，其结果表明，在 10% 的显著性水平下不能拒绝“模型过度约束正确”原假设。这一结论表明，工具变量和误差项不相关，不存在工具变量过度识别问题，模型设定形式正确。此外，为了保证回归结果的有效性，对式(6 – 7)进行自相关检验。表 6 – 8 显示，模型存在 1 阶自相关，但 2 阶不相关，估计结果符合动态面板 GMM 估计的不存在 2 阶序列自相关的前提条件。

### 6.4.2 全样本回归结果

为考察制度环境、OFDI 逆向技术溢出对技术创新投入、产出、扩散、环境支持等能力的影响差异,建立动态面板数据模型:

$$\ln yt_{i\ t} = c + \alpha_1 \ln inst_{it} + \alpha_2 \ln ofdi\_reverse_{it} + \ + \alpha_3 \ln rd\_stock_{it} + \alpha_4 \ln im\_reverse_{it} + \alpha_5 \ln fdi\_reverse_{it} + \alpha_6 \ln h_{it} + \ln yt_{i\ t}(-1) + \varepsilon_{it} \quad (6-7)$$

其中,技术创新能力包括 $y_t$、$y_1$、$y_2$、$y_3$、$y_4$,分别表示综合技术创新、技术创新投入、产出、扩散、环境支持。由于前面已经证明模型中存在内生性偏误,因此,本章在省际层面的实证分析中继续运用系统 GMM 方法进行估计。

结合全部样本的估计结果(见表 6-8),分析如下:

第一,OFDI 逆向技术溢出、人力资本存量和国内研发资本投入的相关系数分别在 5% 和 1% 的水平上显著为正,表明这三者对国内技术创新能力是显著正效应,验证了假设 H3-5。因此,国内自主研发投入和 OFDI 逆向技术溢出有助于提升区域技术创新能力。从系数估计值的大小来看,相对于人力资本存量和国内研发资本投入,OFDI 逆向技术溢出效应对国内技术创新能力的影响较小;OFDI 溢出的国外 R&D 存量增加 1% 将导致国内区域技术创新能力增加 0.0249%。这一方面表明,随着中国 OFDI 规模的扩大以及投资领域的拓展,技术获取型的 OFDI 也逐渐增加,由此而产生的逆向技术溢出效应对提升国内企业技术创新能力的作用日益显现;另一方面也说明,中国的 OFDI 对提升国内企业创新能力的逆向技术溢出效应仍然较小,存在较大的提升空间。

第二,制度环境对区域技术创新能力的影响并不显著。制度环境、OFDI 逆向技术溢出对区域技术创新投入能力、技术创新产出能力、技术创新扩散能力、技术创新环境支持能力存在显著差异。这表明,中国的制度环境尚不完善,需要从经济制度、法律与政治环境制度两方面加以改善。

第三,区域技术创新能力主要取决于人力资本存量和国内 R&D 投入。人力资本投入每增加 1%,将使区域技术创新能力增加 0.7084%;国内 R&D

投入每增加 1%，会促使区域技术创新能力增加 0.0821%。这表明，人力资本投入和国内 R&D 投入是提升区域技术创新能力的主要因素。

**表 6－8　全部样本动态面板数据模型的计量估计结果①**

| 变量 | $\ln y_t$ | $\ln y_1$ | $\ln y_2$ | $\ln y_3$ | $\ln y_4$ | 稳健性检验 |
|---|---|---|---|---|---|---|
| $c$ | −2.7162***<br>(−2.8023) | −3.170<br>(−1.410) | 0.8378<br>(1.0246) | −11.5239*<br>(−1.6567) | −1.3388<br>(−1.4936) | 1.1975<br>(1.2211) |
| $\ln inst_{it}$ | 0.0567<br>(1.4822) | 0.0120<br>(0.1031) | 0.2930***<br>(3.3722) | 0.7302<br>(1.3824) | 0.0043<br>(0.0953) | 0.1212***<br>(2.6154) |
| $\ln ofdi\_reverse_{it}$ | 0.0249**<br>(2.0126) | 0.0853**<br>(2.0554) | 0.0082<br>(0.5738) | 0.1199<br>(−0.8870) | 0.0003<br>(0.0242) | 0.0670***<br>(2.5901) |
| $\ln im\_reverse_{it}$ | 0.0317<br>(1.4708) | −0.1517**<br>(−2.4096) | −0.0605**<br>(−2.0871) | 0.7639<br>(1.3126) | 0.0455**<br>(2.2871) | −0.0667**<br>(−2.2417) |
| $\ln fdi\_reverse_{it}$ | −0.0364<br>(−1.4527) | −0.2496**<br>(−2.0161) | 0.0230<br>(1.1319) | −0.8049<br>(−0.8648) | −0.0390<br>(−1.0725) | −0.0077<br>(−0.2311) |
| $\ln h_{it}$ | 0.7804***<br>(4.1780) | 0.0543<br>(0.1355) | −0.2745**<br>(−2.2211) | 2.3346*<br>(1.7828) | 0.5267**<br>(2.4871) | −0.1935<br>(−1.2514) |
| $\ln rd\_stock_{it}$ | 0.0821**<br>(2.4582) | 1.4805***<br>(7.5542) | 0.0981***<br>(3.7486) | −0.5985*<br>(−1.8498) | 0.0802**<br>(2.1628) | 0.2532***<br>(3.7621) |
| $\ln y_t(-1)$ | 0.4582***<br>(5.2225) | −0.4178***<br>(−4.2223) | 0.8301***<br>(14.1208) | 0.2559*<br>(1.7449) | 0.6331***<br>(4.8633) | 0.7841***<br>(11.6279) |
| AR(1) | 0.0093 | 0.0000 | 0.3907 | 0.0987 | 0.2501 | 0.0183 |
| AR(2) | 0.8426 | 0.6512 | 0.7621 | 0.6174 | 0.4321 | 0.5224 |
| Sargan Text（P 值） | 0.9010 | 0.8341 | 0.9058 | 0.8787 | 0.7719 | 0.5366 |
| $Adj-R^2$ | 0.9964 | 0.9984 | 0.9716 | 0.9410 | 0.9962 | 0.9962 |
| Davidson－MacKinnon 检验（$P$ 值） | 1.0916***<br>(0.0006) | 6.3282**<br>(0.0119) | 1.4314<br>(0.2315) | 1.2933***<br>(0.0025) | 0.9569**<br>(0.0328) | 0.7841***<br>(0.0004) |
| 样本数 | 290 | 290 | 290 | 290 | 290 | 290 |

注：***、** 和 * 分别表示变量估计系数通过 1%、5% 和 10% 的显著性水平检验；( ) 中的数值为变量估计系数的 $t$ 检验值。

① 为进一步检验制度环境与 OFDI 逆向技术溢出效应之间的多重共线性，本书在式（7－7）中依次删除解释变量制度因素和 OFDI 逆向技术溢出效应，参数估计值和回归结果是稳健的，表明这两个解释变量之间不存在严重的多重共线性。

### 6.4.3 分区域回归结果

为深入考察制度环境、OFDI逆向技术溢出效应对中国不同区域技术创新能力的影响，本章将全部样本分为东部、中部、西部3个子样本，分别应用动态面板数据模型进行检验和估计。

**表6-9 东部地区制度环境、OFDI逆向技术溢出与区域技术创新回归结果**

| 变量 | $\ln y_t$ | $\ln y_1$ | $\ln y_2$ | $\ln y_3$ | $\ln y_4$ | 稳健性检验 |
|---|---|---|---|---|---|---|
| $c$ | 3.0752***<br>(4.5182) | -5.1687<br>(-1.4484) | 12.4974**<br>(2.5086) | -20.5926***<br>(-2.8906) | 6.9145***<br>(4.1912) | 3.6045***<br>(6.5251) |
| $\ln inst_{it}$ | 0.2404***<br>(2.8407) | -0.0495<br>(0.7408) | 1.3347***<br>(14.6378) | -0.1272<br>(-0.7094) | 0.0647<br>(0.6490) | 0.9145***<br>(4.0985) |
| $\ln ofdi\_reverse_{it}$ | 0.0382**<br>(2.0364) | 0.0502*<br>(1.6876) | -0.0711<br>(-1.2319) | -0.3474***<br>(-3.5490) | -0.0233<br>(-1.2240) | 0.3550***<br>(4.5019) |
| $\ln im\_reverse_{it}$ | 0.1752***<br>(3.2003) | 0.0588<br>(0.9087) | -0.0342<br>(-0.1846) | 0.3542<br>(1.5666) | -0.0992<br>(-0.9545) | -0.0708<br>(-0.3113) |
| $\ln fdi\_reverse_{it}$ | -0.1004<br>(-0.5096) | -0.0709<br>(-0.7824) | 0.0628<br>(1.1319) | 0.1559<br>(0.8351) | 0.1762<br>(1.3791) | 0.0883<br>(0.4338) |
| $\ln h_{it}$ | -5.7804<br>(-0.2043) | 0.4269<br>(0.8232) | -2.4651***<br>(-3.1731) | 2.9407***<br>(2.7674) | 0.1665<br>(1.0581) | -5.2175***<br>(-5.9449) |
| $\ln rd\_stock_{it}$ | 0.2863**<br>(2.2348) | 0.9253***<br>(3.1616) | 0.4021***<br>(2.8871) | 0.5219***<br>(3.0556) | -0.0115<br>(-0.1066) | 0.7471***<br>(6.6668) |
| $\ln y_t(-1)$ | 0.6357***<br>(8.3674) | 0.5465***<br>(11.8732) | 0.6643***<br>(10.7650) | 0.9154***<br>(8.3223) | 0.7256***<br>(8.7954) | 0.6853***<br>(9.7578) |
| AR(1) | 0.0000 | 0.0000 | 0.0000 | 0.0000 | 0.0000 | 0.0000 |
| AR(2) | 0.9030 | 0.4327 | 0.8521 | 0.1556 | 0.8529 | 0.1796 |
| Sargan Text (P值) | 0.8940 | 0.5397 | 0.7798 | 0.4289 | 0.2527 | 0.9067 |
| $Adj-R^2$ | 0.9960 | 0.9973 | 0.9888 | 0.9403 | 0.9931 | 0.9711 |
| 样本数 | 100 | 100 | 100 | 100 | 100 | 100 |

注：***、**和*分别表示变量估计系数通过1%、5%和10%的显著性水平检验；()中的数值为变量估计系数的 $t$ 检验值。

**表 6－10 中部地区制度环境、OFDI逆向技术溢出与区域技术创新回归结果**

| 变量 | $\ln y_t$ | $\ln y_1$ | $\ln y_2$ | $\ln y_3$ | $\ln y_4$ | 稳健性检验 |
|---|---|---|---|---|---|---|
| $c$ | -1.6815<br>(-1.4426) | 9.6082<br>(1.5621) | 0.8195<br>(0.4818) | 0.9864<br>(1.0668) | -0.9729<br>(-1.2746) | -1.0879<br>(-1.1428) |
| $\ln inst_{it}$ | 0.1465**<br>(2.4953) | 0.0293<br>(0.1149) | 1.3046***<br>(11.0803) | 0.3007***<br>(4.8192) | 0.1195**<br>(2.2728) | 0.3001***<br>(3.9206) |
| $\ln ofdi\_reverse_{it}$ | -0.0039<br>(-0.9781) | 0.0982<br>(1.2551) | 0.0122<br>(0.8793) | -0.0087<br>(-0.2683) | -0.0017<br>(-0.5540) | 0.0814<br>(1.2503) |
| $\ln im\_reverse_{it}$ | 0.0263<br>(1.2332) | -0.0115<br>(-0.0519) | -0.1722**<br>(-2.6330) | -0.2341***<br>(-3.8961) | 0.0314<br>(1.3070) | -0.1035<br>(-0.1148) |
| $\ln fdi\_reverse_{it}$ | 0.0049<br>(0.3680) | -0.2152<br>(-0.9622) | -0.0549<br>(1.2312) | -0.1269<br>(-1.4306) | 0.0154<br>(1.3482) | -0.9351<br>(-0.3830) |
| $\ln h_{it}$ | 0.3895*<br>(1.8150) | 2.3724**<br>(2.1261) | -0.6535***<br>(-2.9426) | -0.2516<br>(-1.1587) | 0.3170**<br>(1.9903) | 0.8590**<br>(2.2785) |
| $\ln rd\_stock_{it}$ | 0.0043<br>(0.5226) | 1.7055***<br>(2.7159) | 0.1591**<br>(2.0244) | 0.2163**<br>(2.4253) | -0.0157<br>(-1.6355) | -3.5371<br>(-0.6493) |
| $\ln y_t(-1)$ | 0.7418***<br>(7.9210) | -0.2751<br>(-0.8039) | 0.5557***<br>(5.0472) | 0.8371***<br>(14.0099) | 0.7831***<br>(10.9872) | 0.9735***<br>(5.7558) |
| AR(1) | 0.5156 | 0.0000 | 0.1393 | 0.0279 | 0.7337 | 0.1122 |
| AR(2) | 0.1490 | 0.1786 | 0.8146 | 0.1773 | 0.4396 | 0.7176 |
| Sargan Text（$P$值） | 0.8763 | 0.1118 | 0.1512 | 0.8436 | 0.7418 | 0.8228 |
| $Adj-R^2$ | 0.9884 | 0.9777 | 0.9029 | 0.7901 | 0.9891 | 0.9651 |
| 样本数 | 80 | 80 | 80 | 80 | 80 | 80 |

注：***、**和*分别表示变量估计系数通过1%、5%和10%的显著性水平检验；()中的数值为变量估计系数的$t$检验值。

**表 6－11 西部地区动态面板数据模型估计结果**

| 变量 | $\ln y_t$ | $\ln y_1$ | $\ln y_2$ | $\ln y_3$ | $\ln y_4$ | 稳健性检验 |
|---|---|---|---|---|---|---|
| $c$ | -0.5699<br>(-1.2401) | -1.1238*<br>(-1.7049) | 0.3701<br>(0.2302) | 0.0637<br>(0.0299) | -0.4003<br>(-0.7502) | -1.4714***<br>(-2.7196) |
| $\ln inst_{it}$ | 0.0583<br>(0.9920) | -0.0308<br>(-0.8255) | 0.2154<br>(0.9003) | 0.3779<br>(1.6231) | 0.0279<br>(0.4723) | 1.5191<br>(1.0761) |
| $\ln ofdi\_reverse_{it}$ | -0.0024<br>(-0.2057) | -0.0081<br>(-0.7179) | 0.0290<br>(0.6154) | -0.0585<br>(-1.5993) | -0.0014<br>(-0.0972) | 3.5251<br>(0.5321) |
| $\ln im\_reverse_{it}$ | 0.0057***<br>(3.2918) | 0.0253<br>(1.4296) | -0.0931<br>(-0.8815) | 0.1232*<br>(1.7975) | 0.0514***<br>(2.8084) | 0.9468<br>(0.4686) |

续表

| 变量 | $\ln y_t$ | $\ln y_1$ | $\ln y_2$ | $\ln y_3$ | $\ln y_4$ | 稳健性检验 |
|---|---|---|---|---|---|---|
| $\ln fdi\_reverse_{it}$ | -0.0524<br>(-1.5540) | 0.0424***<br>(3.4189) | 0.0197<br>(0.2921) | 0.0217<br>(0.4463) | -0.0592<br>(-1.5102) | -0.9811<br>(-0.6355) |
| $\ln h_{it}$ | 0.2409**<br>(2.2469) | 0.1559*<br>(1.6790) | -0.2745**<br>(-2.2211) | -0.2102<br>(-0.6437) | 0.2855**<br>(2.0651) | 1.4761**<br>(2.1812) |
| $\ln rd\_stock_{it}$ | 0.0917***<br>(4.1576) | 0.1229**<br>(2.2298) | 0.0876***<br>(3.5025) | 0.0827***<br>(2.6704) | 0.0914***<br>(2.9194) | -1.0554<br>(-0.8012) |
| $\ln y_t(-1)$ | 0.7251***<br>(11.3930) | 0.8231***<br>(14.9579) | 0.8674***<br>(12.6301) | 0.8162***<br>(17.3201) | 0.7292***<br>(7.8963) | 1.4031***<br>(4.7797) |
| AR(1) | 0.0986 | 0.0742 | 0.2225 | 0.0411 | 0.1498 | 0.0506 |
| AR(2) | 0.2024 | 0.7140 | 0.4030 | 0.5294 | 0.1110 | 0.2745 |
| Sargan Text<br>(*P* 值) | 0.8249 | 0.7546 | 0.8571 | 0.1512 | 0.9713 | 0.6857 |
| $Adj-R^2$ | 0.9964 | 0.9960 | 0.9193 | 0.9124 | 0.9945 | 0.9895 |
| 样本数 | 110 | 110 | 110 | 110 | 110 | 110 |

注：***、** 和 * 分别表示变量估计系数通过 1%、5% 和 10% 的显著性水平检验；( ) 中的数值为变量估计系数的 $t$ 检验值。

根据表 6-9、表 6-10、表 6-11 显示的回归结果可知：

第一，东部地区和中部地区的制度环境对区域技术创新能力是显著正效应，而西部地区的制度环境对区域技术创新能力无显著影响，验证了假设 H3-4。相对于中部地区而言，东部地区制度环境每提升 1%，将导致区域技术创新能力提升 0.2404%，要比中部地区的 0.1465% 高出许多，这表明东部地区的市场竞争机制更加完善、产权和合同的保护力度更加完备，有助于提升其技术创新能力。另外，如表 6-11 所示，西部地区整体的制度环境较差，尚不能有效提升该地区的技术创新能力。

第二，东部地区的 OFDI 对区域技术创新能力产生了显著正向的逆向技术溢出效应，而中部地区和西部地区的 OFDI 对区域技术创新能力并没有产生显著的逆向技术溢出效应。东部地区 OFDI 溢出的国际 R&D 资本存量增加 1%，将导致技术创新能力提升 0.0382%，远高于全国平均水平的 0.0249%。因此，OFDI 对技术创新能力的影响存在显著的区域差异，东部地区 OFDI 对区域技术创新能力的提升效应最大，而中西部地区均不显著。导致这一现象出现的原因包括：首先，各地区 OFDI 规模存在较大差异，截至 2014 年底，东部地区 OFDI 存量占全国总存量的 77.59%，中部地区和西部地区分别占总量的 10.53% 和 11.88%（中国对外直接投资统计年鉴，2014）；其次，由于三大区域的人力资本投入和自主研发投入存在显著差异，中西部地区这两方的比例均远远低于东部地区。

第三，制度环境、OFDI 逆向技术溢出对东、中、西部地区的技术创新投入能力、技术创新产出能力、技术创新扩散能力以及技术环境支持能力存在显著差异，即验证了假设 H3 -6。东部地区的制度环境可以有效提升技术扩散能力，OFDI 可以有效提升技术投入能力；中部地区的制度环境有效提升了区域技术创新产出能力、技术创新扩散能力以及技术环境支持能力，OFDI 的影响均不显著；西部地区的制度环境和 OFDI 对各分项指标的影响均不显著。

### 6.4.4 稳健性检验

为进一步评估实证结果的可靠性，本章用发明专利授权量作为技术创新能力的衡量指标，对全部样本数据和东、中、西部的区域数据进行稳健性检验，具体估计结果见表 6 -9 至表 6 -11。从回归结果来看，当选择发明专利作为因变量时，模型的估计结果和前面的估计结果基本一致。对于全部样本而言，人力资本存量以及自主研发投入仍然是影响省市技术创新能力的主要因素；对于我国东、中、西部的技术创新能力而言，制度环境、OFDI 逆向技术溢出的相关系数相对平稳。综上所述，本章关于制度环境、OFDI 逆向技术溢出对区域技术创新能力影响的实证结果是稳健和可靠的。

## 6.5 制度环境、OFDI 逆向技术溢出与区域技术创新能力提升的空间计量分析

随着新经济地理学与新增长理论的兴起，以及空间计量经济学、空间统计的逐步发展，从空间计量经济学视角分析制度环境、OFDI 逆向技术溢出对区域技术创新能力的提升作用为本章提供了一种新的研究思路。空间面板数据模型尤其是空间滞后模型（SAR）、空间误差模型（SEM）、空间杜宾模型

(SDM)的引入,使区域技术创新与制度环境、OFDI 逆向技术溢出领域的理论研究与实证分析具备了扎实的方法支撑。

### 6.5.1 空间计量模型

常用的空间计量经济模型包括空间滞后模型(SAR)、空间误差模型(SEM)、空间杜宾模型(SDM)。空间滞后模型(SAR)通过因变量的空间滞后项来反映变量之间的空间自相关关系,此时,制度环境、OFDI 逆向技术溢出对区域技术创新能力影响的空间滞后模型可以表示为

$$\begin{aligned}\ln y_{it} = &\rho \textstyle\sum_{j\neq i} W_{ij}\ln y_{jt} + \beta_1 \ln inst_{it} + \beta_2 \ln ofdi\_reverse_{it} + \\ &\beta_3 \ln fdi\_reverse_{it} + \beta_4 \ln im\_reverse_{it} + \beta_5 \ln h_{it} + \\ &\beta_6 \ln rd\_stock_{it} + \beta_7 absorb_{it} + \beta_8 hhi_{it} + \beta_9 sli_{it} + \varepsilon_{it}\end{aligned} \quad (6-8)$$

式(6－8)中,$lny_{it}$ 表示地区 $i$ 在时期 $t$ 的技术创新能力。$\sum_{j\neq i} \mathrm{W}_{ij} lny_{\mathrm{jt}}$ 是地区空间加权滞后因变量,主要测度外部空间溢出效应以及空间分布对区域技术创新能力的影响;$W_{ij}$ 表示空间权重矩阵,$\rho$ 表示空间自回归系数,估计值反映了空间相关性的大小与方向,误差项 $\varepsilon_{it} \sim N(0,\sigma^2 I)$ 。

空间误差模型(SEM)通过随机干扰项来反映变量之间的空间自相关关系,此时,制度环境、OFDI 逆向技术溢出对区域技术创新能力影响的空间误差模型为

$$\begin{aligned}\ln y_{it} = &\beta_0 + \beta_1 \ln inst_{it} + \beta_2 \ln ofdi\_reverse_{it} + \beta_3 \ln fdi\_reverse_{it} + \\ &\beta_4 \ln im\_reverse_{it} + \beta_5 \ln h_{it} + \beta_6 \ln rd\_stock_{it} + \beta_7 absorb_{it} + \\ &\beta_8 hhi_{it} + \beta_9 sli_{it} + u_{it}\end{aligned}$$

$$u_{it} = \lambda W u_{it} + \varepsilon_{it}, \varepsilon_{it} \sim N(0,\sigma^2 I_n) \quad (6-9)$$

式中,$\lambda$ 表示空间误差自相关误差系数,用来测度回归残差之间空间关系的强度,即相邻地区的观测值 $y$ 对本地区 $y$ 所产生的影响。

空间杜宾模型(SDM)通过因变量与自变量的空间滞后项来反映变量之间的空间自相关关系,此时,制度环境、OFDI 逆向技术溢出对区域技术创新能力影响的空间杜宾模型可以表示为

$$\begin{aligned}\ln y_{it} = &\rho \textstyle\sum_{j\neq i} W_{ij}\ln y_{jt} + \lambda W \ln x_{it} + \beta_1 \ln inst_{it} + \beta_2 \ln ofdi\_reverse_{it} + \\ &\beta_3 \ln fdi\_reverse_{it} + \beta_4 \ln im\_reverse_{it} + \beta_5 \ln h_{it} +\end{aligned}$$

$$\beta_6 \ln rd\_stock_{it} + \beta_7 absorb_{it} + \beta_8 hhi_{it} + \beta_9 sli_{it} + \varepsilon_{it} \qquad (6-10)$$

式中，ln*inst* 表示制度环境，ln*ofdi_reverse* 表示对外直接投资获得的技术溢出，ln*fdi_reverse* 表示外商直接投资获得的技术溢出，ln*im_reverse* 表示进口获得的技术溢出，ln*h* 表示人力资本，ln*rd_stock* 表示研发资本存量，*absorb* = ln*ofdi_reverse* * ln*h* 表示吸收能力，*hhi* 表示区域技术创新的集中化指数，*sli* 表示区域技术创新的专业化指数。

首先，需要确定恰当的模型形式，即本章应当选择空间杜宾模型，还是选择空间滞后模型或空间误差模型，需要验证以下矩阵关系是否成立（见表6－12）。

**表6－12　空间计量模型选择检验结果**

| 模型 | 模型形式 | 检验条件 | 检验条件对应含义 | 卡方统计量 | P值 |
|---|---|---|---|---|---|
| SAR | $Y = \rho WY + X\beta + \varepsilon$ | $\theta = 0$ | SDM退化为SAR | 22.77 | 0.0589 |
| SEM | $Y = X\beta + \varepsilon, \varepsilon = \lambda Wu + u$ | $\theta = -\rho\beta$ | SDM退化为SEM | 21.49 | 0.0478 |
| SDM | $Y = \rho WY + X\beta + WX\theta + \varepsilon$ | — | — | — | — |

检验结果拒绝了符合空间滞后模型（SAR）和空间误差模型（SEM）的原假设，因此，模型应选择空间杜宾模型（SDM）进行回归处理。

其次，对空间杜宾模型进行豪斯曼（Hausman）检验，统计量对应的 $p$ 值为0.0240，即拒绝了随机效应的原假设，应选择固定效应空间杜宾模型。

### 6.5.2　省域层面技术创新能力的空间相关性与集群特征

为描述我国区域创新活动的空间格局与分布模式，本章以我国29个省份（市、自治区）作为空间观测单元，以2003—2013年的相关数据作为区域技术创新活动的衡量指标，从区域视角出发，对综合技术创新能力（$y_t$）、技术创新投入能力（$y_1$）、技术创新产出能力（$y_2$）、技术创新扩散能力（$y_3$）、技术创新环境支持能力（$y_4$）等指标的空间自相关特征以及集群现象进行检验，揭示省域层面技术创新能力的空间相关性与集群特征。

本章通过Moran's $I$ 统计值来检验我国区域技术创新能力行为的全局空间自相关特征，表6－13报告了2003—2013年29个省份（市、自治区）技术创新活动的空间自相关Moran's $I$ 的计算结果。根据表6－13显示的结果可知，省域层面综合技术创新能力（$Y_t$）的 Moran's $I$ 统计值在1%的显著性水平上提供了强烈的空间负相关的证据，拒绝了综合技术创新能力空间随机分布的原假设，综合技术创新能力的空间分布在整个样本期间呈现出具有相异的属性集聚在一起（高值与低值相邻、低值与高值相邻）的特征，即技术创新能力相对较高的省份倾向于与其他技术创新能力较低的省份邻近，而技术创新能力较低的省份倾向于与技术创新能力相对较高的省份邻近。这意味着我国省域层面技术创新能力在空间上是相关的，因此，不能将区域技术创新能力假定为一个独立的观测值。

结合表6-14的回归结果可以发现：无论是综合技术创新能力（$Y_t$），还是技术创新投入能力（$Y_1$）、技术创新产出能力（$Y_2$）、技术创新扩散能力（$Y_3$）、技术创新环境支持能力（$Y_4$）等指标在不同省份之间出现明显的极化特征，不同省份之间的空间分异特征都会日趋明显。

**表6-13 2003—2013年我国各省区市综合技术创新能力 $Y_T$ 的 Moran's $I$**

| 年份 | $W^G$（地理距离） | | $W^E$（经济距离） | | $W^H$（人力资本距离） | |
|---|---|---|---|---|---|---|
| | Moran's $I$ | P-value | Moran's $I$ | P-value | Moran's $I$ | P-value |
| 2003 | -0.063 | 0.048 | -0.100 | 0.000 | -0.073 | 0.014 |
| 2004 | -0.066 | 0.033 | -0.106 | 0.000 | -0.076 | 0.008 |
| 2005 | -0.067 | 0.029 | -0.107 | 0.000 | -0.077 | 0.006 |
| 2006 | -0.060 | 0.068 | -0.097 | 0.001 | -0.070 | 0.021 |
| 2007 | -0.062 | 0.054 | -0.098 | 0.000 | -0.071 | 0.016 |
| 2008 | -0.063 | 0.049 | -0.099 | 0.000 | -0.072 | 0.015 |
| 2009 | -0.055 | 0.122 | -0.088 | 0.003 | -0.063 | 0.052 |
| 2010 | -0.054 | 0.138 | -0.085 | 0.005 | -0.061 | 0.063 |
| 2011 | -0.057 | 0.104 | -0.088 | 0.003 | -0.064 | 0.046 |
| 2012 | -0.061 | 0.066 | -0.090 | 0.002 | -0.067 | 0.030 |
| 2013 | -0.063 | 0.061 | -0.088 | 0.003 | -0.064 | 0.054 |

注：囿于篇幅，没有在正文中报告技术创新投入能力 $Y_1$、技术创新产出能力 $Y_2$、技术创新扩散能力 $Y_3$、技术环境支持能力 $Y_4$ 等指标分年度的 Moran's $I$，但报告了2003—2013年汇总的各指标 Moran's $I$。

**表 6－14 2003—2013 年我国各省区市技术创新能力指标的 Moran's I**

| 指标 | 年份 | $W^G$(地理距离) | | $W^E$(经济距离) | | $W^H$(人力资本距离) | |
|---|---|---|---|---|---|---|---|
| | | Moran's I | P－value | Moran's I | P－value | Moran's I | P－value |
| $Y_T$ | 2003—2013 | －0.061 | 0.064 | －0.095 | 0.001 | －0.069 | 0.024 |
| $Y_1$ | 2003—2013 | －0.074 | 0.012 | －0.096 | 0.001 | －0.079 | 0.007 |
| $Y_2$ | 2003—2013 | －0.088 | 0.001 | －0.128 | 0.000 | －0.095 | 0.000 |
| $Y_3$ | 2003—2013 | －0.076 | 0.008 | －0.110 | 0.000 | －0.083 | 0.002 |
| $Y_4$ | 2003—2013 | －0.093 | 0.000 | －0.095 | 0.001 | －0.094 | 0.000 |

## 6.5.3 空间计量估计结果分析

本章运用中国 29 个省份(市、自治区)2003—2013 年共 319 个观测值，对式(6－9)进行回归，借助空间面板数据，从空间、时间、截面三个维度研究制度环境、OFDI 逆向技术溢出对区域技术创新能力的影响。

### 6.5.3.1 基于空间地理距离权重的估计结果

**表 6－15 基于空间地理距离权重的估计结果**

| 变量 | $\ln Y_t$ | $\ln Y_1$ | $\ln Y_2$ | $\ln Y_3$ | $\ln Y_4$ |
|---|---|---|---|---|---|
| ln*inst* | 0.0494 **<br>(1.96) | 0.0586 ***<br>(3.78) | 0.0601 ***<br>(3.07) | －0.0324<br>(－1.08) | 0.1342<br>(0.51) |
| ln*ofdi_reverse* | 0.0199 **<br>(2.13) | 0.0960 ***<br>(3.39) | －0.0708<br>(－0.76) | －0.0261<br>(－0.85) | 0.0962 ***<br>(7.20) |
| ln*fdi_reverse* | －0.0284<br>(－1.52) | 0.0364 ***<br>(2.81) | －0.0865 ***<br>(－3.06) | 0.0413<br>(0.46) | 0.0438<br>(1.28) |
| ln*im_reverse* | 0.0243<br>(1.26) | 0.0185<br>(0.42) | －0.1233<br>(－1.46) | 0.2915 ***<br>(2.92) | 0.0352<br>(1.14) |
| ln*h* | 0.7055 **<br>(2.38) | 0.1463 **<br>(0.40) | 0.2473<br>(0.35) | 2.8022 ***<br>(3.34) | －0.3371<br>(－1.29) |
| ln*rd_stock* | 0.0621 ***<br>(2.97) | 0.0850 ***<br>(9.07) | 0.0148 ***<br>(5.29) | 0.0226<br>(1.22) | 0.1359 ***<br>(5.93) |
| *absorb* | 0.0867 **<br>(1.98) | 0.1978 ***<br>(3.63) | 0.0946<br>(0.90) | 0.1044<br>(0.84) | －0.2746 ***<br>(－7.11) |
| *hhi* | 0.9791<br>(1.54) | 0.7749 *<br>(1.79) | －2.8070<br>(－1.04) | 0.5445<br>(0.50) | 0.7975 **<br>(2.34) |

**续表**

| 变量 | $\ln Y_t$ | $\ln Y_1$ | $\ln Y_2$ | $\ln Y_3$ | $\ln Y_4$ |
|---|---|---|---|---|---|
| *sli* | 0.0661<br>(1.19) | 0.2598 ***<br>(3.76) | 0.3367 **<br>(2.53) | -0.1666<br>(-1.06) | 0 .0022<br>(0.05) |
| $\rho$ | -0.9306 **<br>(-2.41) | -0.4931<br>(-1.36) | -1.2451 ***<br>(-3.38) | -1.1333 ***<br>(-3.00) | -1.2342 ***<br>(-3.34) |
| *W*_ ln*inst* | -1.2904<br>(-0.47) | 5.5929<br>(1.62) | -6.6714<br>(-1.00) | -11.2746<br>(-1.44) | 0.0923<br>(0.04) |
| *W*_ ln*ofdi_reverse* | -1.3815<br>(-0.56) | 0.9809<br>(0.32) | 0.6514<br>(0.11) | -21.6986 ***<br>(-3.11) | -0.7336<br>(-0.34) |
| *W*_ln*fdi_reverse* | 0.6266<br>(0.54) | -0.2698<br>(-0.19) | -0.9121<br>(-0.33) | 6.6425 **<br>(2.03) | 2.0571 **<br>(2.02) |
| *W*_ln*im_reverse* | 0.2340<br>(0.33) | -0.0346<br>(-0.04) | -0.6148<br>(-0.36) | 0.9019<br>(0.45) | -0.1629<br>(-0.26) |
| *W*_ ln*h* | 1.4259<br>(0.25) | 5.3898<br>(0.77) | -7.5862<br>(-0.56) | 6.7539<br>(0.42) | -4.1588<br>(-0.84) |
| *W*_ ln*rd_stock* | -1.9130<br>(-1.25) | 4.2098 **<br>(2.25) | -8.2564 **<br>(-2.28) | 5.7991<br>(1.35) | 3.3724 **<br>(2.50) |
| *W*_ *absorb* | 0.6786<br>(0.60) | -0.2477<br>(-0.18) | -0.4741<br>(-0.17) | 10.0151 ***<br>(3.11) | 0.5202<br>(0.52) |
| *W*_ *hhi* | -3.0986<br>(-0.41) | -13.9502<br>(-1.47) | 34.4551 *<br>(1.91) | -38.7283 *<br>(-1.78) | 8.6538<br>(1.18) |
| *W*_ *sli* | -0.2268<br>(-0.17) | 2.0641<br>(1.20) | -5.5391 *<br>(-1.68) | 4.7458<br>(1.21) | 0.6521<br>(0.52) |
| *Within* - $R^2$ | 0.9889 | 0.9752 | 0.2073 | 0.4841 | 0.9924 |
| *Between* - $R^2$ | 0.2669 | 0.8099 | 0.3803 | 0.7518 | 0.2368 |
| *Overall* - $R^2$ | 0.4760 | 0.2734 | 0.2114 | 0.3032 | 0.6903 |
| Sigma2_*e* | 0.0122 | 0.0188 | 0.0700 | 0.0977 | 0.0094 |
| Log*L* | 246.6998 | 180.6515 | -35.4358 | -87.4253 | 285.1880 |

根据表 6 - 15 的估计结果可知,空间杜宾模型估计的 29 个省份(市、自治区)区域技术创新能力函数的拟合优度达到了 0.9899,符合预期。变量的显著性检验显示,制度环境、OFDI 逆向技术溢出的回归系数在 5% 的水平上显著为正,与预期基本一致,表明制度环境、OFDI 逆向技术溢出可以显著提升区域综合技术创新能力,其他变量的估计结果基本符合预期。

第一，与动态面板数据模型估计结果不同，本章将空间因素纳入回归模型中，通过实证分析发现，制度环境可以显著提升综合区域技术创新能力（$Y_t$），再次验证了微观层面的结论，即我国以市场化改革为主的制度环境对区域技术创新能力存在显著的正向提升作用。另外，制度环境对区域技术创新投入能力（$Y_1$）、技术创新产出能力（$Y_2$）、技术创新扩散能力（$Y_3$）、技术创新环境支持能力（$Y_4$）的影响存在显著差异，这表明即使考虑空间相互作用，中国的制度环境仍不完善，为此，各级政府应加强市场环境建设，逐步推进 R&D 活动的市场化与企业创新主体化。政府作为制度创新的主体，需要进一步从市场化程度、产业机构、金融深化程度、开放程度和城市化率等经济制度以及法律与政治环境制度两方面予以完善。另外，为促进科研成果与企业、市场的进一步结合，各级政府应通过制定一系列政策措施，实现产、学、研之间的相互结合，从而提升技术创新能力与技术创新效率。

第二，OFDI 逆向技术溢出的相关系数在 5% 的水平上显著为正，表明 OFDI 逆向技术溢出可以正向显著地提升区域技术创新能力，验证了假设 H3－5 和假设 H3－6。从系数估计值的大小来看，相对于人力资本存量和国内研发资本投入，OFDI 逆向技术溢出效应对区域技术创新能力的影响较小；OFDI逆向技术溢出的国外 R&D 存量每增加 1%，便会促使区域技术创新能力增加 0.0199%。

第三，与动态面板估计结果类似，区域综合技术创新能力提升的根本途径仍依赖于人力资本投入和国内 R&D 投入。人力资本存量与国内研发资本投入的相关系数分别在 5% 和 1% 的水平上显著为正，人力资本投入每增加 1%，区域技术创新能力增加 0.7055%；国内 R&D 投入每增加 1%，区域技术创新能力增加 0.0621%。这表明，人力资本投入和国内 R&D 投入是提升区域技术创新能力的主要因素。

第四，与微观层面的回归结果类似，空间自回归系数（$\rho$）仍然为负，并且在 5% 的水平上显著为负，这意味着省域层面的综合技术创新能力在 2003—2013 年存在显著的集群效应，而没有表现出邻近省域之间的空间溢出效应，即全国 29 个省份的区域综合技术创新能力出现显著的极化现象，且空间分异特征越来越明显。另外，技术创新产出能力（$Y_2$）、技术创新扩散能力（$Y_3$）、技术创新环境支持能力（$Y_4$）等指标也出现显著的极化现象。技术创新投入能力（$Y_1$）虽然系数不显著，但空间自回归系数仍然为负。

第五，其他控制变量的回归结果，吸收能力系数（$absorb = lnofdi\_reverse * lnh$）在5%的水平上显著为正，吸收能力每增加1%，可以提升区域综合技术创新能力0.0867%。因此，以OFDI逆向技术溢出与人力资本结合的吸收能力作为支撑才能发挥OFDI逆向技术溢出效应。另外，区域技术创新的集中化指数（*hhi*）以及区域技术创新的专业化指数（*sli*）的回归系数均不显著。

### 6.5.3.2 稳健性检验

**表6-16 基于空间经济距离权重的估计结果**

| 变量 | ln*yt* | ln*y*1 | ln*y*2 | ln*y*3 | ln*y*4 |
|---|---|---|---|---|---|
| ln*inst* | 0.0493 **<br>(2.44) | 0.0628 ***<br>(4.09) | 0.0612 ***<br>(3.50) | -0.0471<br>(-0.72) | 0.1524<br>(0.82) |
| ln*ofdi_reverse* | 0.0187 ***<br>(2.71) | 0.0938 ***<br>(3.99) | -0.0740<br>(-0.91) | -0.0277<br>(-0.18) | 0.0949 ***<br>(7.56) |
| ln*fdi_reverse* | -0.0231<br>(-0.98) | 0.0254 ***<br>(2.68) | -0.0825 ***<br>(-3.29) | 0.0476<br>(0.16) | 0.0313<br>(0.92) |
| ln*im_reverse* | 0.0284<br>(1.10) | 0.0116<br>(0.50) | -0.1389 *<br>(-1.65) | 0.2815 ***<br>(2.83) | 0.0332 *<br>(1.71) |
| ln*h* | 0.6813 **<br>(2.31) | 0.1455<br>(0.40) | 0.4335<br>(0.61) | 2.5307 ***<br>(3.01) | -0.3261<br>(-1.24) |
| ln*rd_stock* | 0.0631 ***<br>(2.99) | 0.0936 ***<br>(8.82) | 0.0136 ***<br>(5.07) | 0.0218<br>(1.20) | 0.1112 ***<br>(5.46) |
| *absorb* | 0.1111 **<br>(2.58) | 0.2280 ***<br>(4.30) | 0.1206<br>(1.16) | 0.0143<br>(0.12) | -0.2929 ***<br>(-7.61) |
| *hhi* | 0.9365<br>(1.35) | -2.6286<br>(1.34) | -3.3515<br>(-1.47) | 0.9208<br>(0.81) | 1.1249 ***<br>(3.13) |
| *sli* | 0.0681<br>(1.25) | 0.2539 ***<br>(3.80) | 0.4468 ***<br>(3.39) | -0.2630 *<br>(-1.70) | -0.0337<br>(-0.69) |
| $\rho$ | -0.6644 *<br>(-1.82) | -0.3536<br>(-1.06) | -0.7125 **<br>(-1.98) | -0.9098 ***<br>(-2.48) | -0.6947 *<br>(-1.92) |
| *W_* ln*inst* | 0.7210<br>(0.35) | 7.1209 ***<br>(2.81) | -2.6853<br>(-0.54) | -7.2612<br>(-1.22) | 0.6210<br>(0.34) |

续表

| 变量 | lnyt | lny1 | lny2 | lny3 | lny4 |
|---|---|---|---|---|---|
| W_ lnofdi_reverse | 1.4203<br>(0.53) | 5.3173 *<br>(1.66) | 0.5190<br>(0.08) | -17.1992 **<br>(-2.26) | 1.1748<br>(0.51) |
| W_ lnfdi_reverse | -0.1679<br>(-0.18) | -0.3723<br>(-0.32) | -3.0128<br>(-1.34) | 5.5895 **<br>(2.11) | 2.0697 **<br>(2.48) |
| W_ lnim_reverse | -0.0411<br>(-0.06) | -0.0297<br>(-0.04) | -1.8183<br>(-1.15) | 0.5689<br>(0.31) | 0.6039<br>(1.04) |
| W_ lnh | 1.5339<br>(0.29) | 1.0188<br>(0.16) | 4.8113<br>(0.38) | -0.0151<br>(-0.00) | -6.6074<br>(-1.42) |
| W_ lnrd_stock | -3.0182 **<br>(-2.01) | 3.9177 **<br>(2.17) | -11.2459 ***<br>(-3.17) | 5.9068<br>(1.40) | 3.8806 ***<br>(2.95) |
| W_ absorb | 0.6160<br>(-0.50) | -2.3715<br>(-1.60) | -0.0960<br>(-0.03) | 7.8407 **<br>(2.23) | -0.5197<br>(-0.48) |
| W_ hhi | -3.2270<br>(-0.33) | -20.5210 *<br>(-1.68) | 8.8082<br>(0.37) | 0.1952<br>(0.01) | 23.0919 **<br>(2.49) |
| W_ sli | 0.3600<br>(0.19) | 4.6706 **<br>(2.00) | -1.0957<br>(-0.24) | -2.3084<br>(-0.42) | -1.2088<br>(-0.70) |
| Within - $R^2$ | 0.9226 | 0.9772 | 0.2073 | 0.4758 | 0.9923 |
| Between - $R^2$ | 0.1241 | 0.7522 | 0.3803 | 0.2227 | 0.2618 |
| Overall - $R^2$ | 0.3548 | 0.3926 | 0.2114 | 0.2216 | 0.7000 |
| Sigma2_e | 0.0125 | 0.0189 | 0.0700 | 0.1016 | 0.0099 |
| LogL | 245.7067 | 179.4498 | -35.4358 | -91.0790 | 278.1556 |

注：***、** 和 * 分别表示变量估计系数通过 1%、5% 和 10% 的显著性水平检验；( ) 中的数值为变量估计系数的 t 检验值。

**表 6-17　基于人力资本距离权重的估计结果**

| 变量 | lnyt | lny1 | lny2 | lny3 | lny4 |
|---|---|---|---|---|---|
| lninst | 0.0519 **<br>(2.14) | 0.0778 ***<br>(4.03) | 0.0715 ***<br>(3.13) | -0.0334<br>(-1.09) | 0.1472<br>(0.71) |
| lnofdi_reverse | 0.0194 **<br>(2.24) | 0.0823 ***<br>(3.56) | -0.0793<br>(-0.78) | -0.0275<br>(-0.85) | 0.0822 ***<br>(7.20) |
| lnfdi_reverse | -0.0248<br>(-0.69) | 0.0307 ***<br>(2.71) | -0.0978 ***<br>(-3.17) | 0.0514<br>(0.47) | 0.0411<br>(1.20) |
| lnim_reverse | 0.0236<br>(1.24) | 0.0188<br>(0.43) | -0.1235<br>(-1.46) | 0.2893 ***<br>(2.93) | 0.0379<br>(1.23) |
| lnh | 0.7189 **<br>(2.42) | 0.1759<br>(0.48) | 0.3016<br>(0.42) | 2.7151 ***<br>(3.24) | -0.3199<br>(-1.22) |

**续表**

| 变量 | ln*yt* | ln*y*1 | ln*y*2 | ln*y*3 | ln*y*4 |
|---|---|---|---|---|---|
| ln*rd_stock* | 0.0683***<br>(2.95) | 0.0129***<br>(8.97) | 0.0877***<br>(5.21) | 0.0358<br>(1.30) | 0.1306***<br>(5.83) |
| *absorb* | 0.0925**<br>(2.09) | 0.2089***<br>(3.81) | 0.1015<br>(0.95) | 0.1038<br>(0.83) | -0.2784***<br>(-7.12) |
| *hhi* | 0.9839<br>(1.52) | -2.7519*<br>(-1.70) | -2.8967***<br>(-3.08) | 0.6049<br>(0.55) | 0.8398**<br>(2.43) |
| *sli* | 0.0696<br>(1.24) | 0.2635***<br>(3.81) | 0.3571***<br>(2.65) | -0.1989<br>(-1.26) | -0.0040<br>(-0.08) |
| $\rho$ | -0.8259**<br>(-2.16) | -0.4937<br>(-1.37) | -1.0630***<br>(-2.84) | -1.2061***<br>(-3.19) | -1.1448***<br>(-3.10) |
| *W*_ ln*inst* | -0.3519<br>(-0.13) | 7.1757**<br>(2.14) | -5.7349<br>(-0.88) | -12.5168<br>(-1.64) | 0.8256<br>(0.35) |
| *W*_ ln*ofdi_reverse* | -0.6481<br>(-0.24) | 2.7267<br>(0.83) | 0.4937<br>(0.08) | -23.3436***<br>(-3.11) | -0.3166<br>(-0.13) |
| *W*_ ln*fdi_reverse* | 0.2475<br>(0.22) | -0.5847<br>(-0.42) | -1.7728<br>(-0.65) | 6.9168**<br>(2.18) | 2.0075**<br>(2.01) |
| *W*_ ln*im_reverse* | 0.1699<br>(0.24) | -0.1011<br>(-0.12) | -0.7177<br>(-0.42) | 0.8822<br>(0.44) | -0.1023<br>(-0.17) |
| *W*_ ln*h* | 2.3551<br>(0.43) | 5.3889<br>(0.80) | -3.5646<br>(-0.27) | 4.8092<br>(0.31) | -4.1646<br>(-0.87) |
| *W*_ ln*rd_stock* | -2.1444<br>(-1.38) | 3.5453*<br>(1.88) | -8.7546**<br>(-2.38) | 7.2319*<br>(1.68) | 3.3292**<br>(2.45) |
| *W*_ *absorb* | 0.3529<br>(0.29) | -1.0876<br>(-0.71) | -0.2839<br>(-0.10) | 10.7689***<br>(3.11) | 0.2849<br>(0.26) |
| *W*_ *hhi* | -3.5562<br>(-0.44) | -16.5763<br>(-1.63) | 31.5042<br>(1.61) | -28.8574<br>(-1.24) | 9.1108<br>(1.17) |
| *W*_ *sli* | -0.0345<br>(-0.02) | 3.0113<br>(1.55) | -5.2688<br>(-1.40) | 2.2867<br>(0.51) | 0.6102<br>(0.43) |
| *Within* - $R^2$ | 0.9125 | 0.9733 | 0.2124 | 0.4831 | 0.9998 |
| *Between* - $R^2$ | 0.1666 | 0.8695 | 0.3812 | 0.4372 | 0.2416 |
| *Overall* - $R^2$ | 0.3824 | 0.3982 | 0.2018 | 0.2570 | 0.6908 |
| Sigma2_*e* | 0.0123 | 0.0188 | 0.0715 | 0.0973 | 0.0095 |
| Log*L* | 246.3384 | 180.5489 | -36.3120 | -87.5735 | 282.1113 |

注：***、** 和 * 分别表示变量估计系数通过 1%、5% 和 10% 的显著性水平检验；( ) 中的数值为变量估计系数的 $t$ 检验值。

为进一步验证制度环境、OFDI 逆向技术溢出对区域技术创新能力回归结果的可靠性，本章以空间经济距离权重、空间人力资本权重对回归结果进行稳健性检验，相关回归结果见表 6－16 和表 6－17。基于空间经济距离权重矩阵和空间人力资本权重矩阵的估计结果表明，制度环境、OFDI 逆向技术溢出可以显著提升区域技术创新能力，但省域层面的区域技术创新能力在 2003—2013 年存在显著的集群效应，并没有表现出邻近省域之间的空间溢出效应，这表明实证结果是稳健的。

## 6.6 小 结

本章在阐明制度环境、OFDI 逆向技术溢出提升区域技术创新能力内在机理的基础上，选取 2003—2013 年省际面板数据，运用动态面板数据模型的系统 GMM 方法，实证检验了制度环境、OFDI 逆向技术溢出对包括投入能力、产出能力、扩散能力、环境支持能力在内的区域技术创新能力的提升作用。第一，OFDI 逆向技术溢出可以显著提升区域技术创新能力，且 OFDI 对技术创新能力的影响存在明显的区域差异，东部地区 OFDI 对区域技术创新能力的提升效应最大，而中西部地区均不明显；第二，制度环境未能有效提升区域技术创新能力，但是东部地区和中部地区的制度环境对区域技术创新能力产生了正向显著的影响；第三，制度环境、OFDI 逆向技术溢出对东、中、西部地区的技术创新投入、技术创新产出、技术创新扩散以及技术环境支持存在较大差异。

另外，现实的经济地理系统是一个复杂的系统，各要素之间相互关联、相互影响，如果在理论与实证分析过程中忽略空间因素，则必然会导致回归结果出现偏误。因此，为进一步分析我国区域创新活动的空间格局与分布模式，本章以我国 29 个省份（市、自治区）作为空间观测单元，以 2003—2013 年的相关数据作为区域技术创新活动的衡量指标，从区域视角出发，利用空间杜宾模型（SDM）从空间、时间、截面三个维度研究制度环境、OFDI 逆向技术溢出对区域技术创新能力的影响。实证结果表明：制度环境可以显著提升综合区域技术创新能力；OFDI 逆向技术溢出、人力资本存量、研发资本存量是影响区域技术创新能力的主要因素;省域层面的综合技术创新能力在样本回归期间存在显著的集群效应,而没有表现出邻近省域之间的空间溢出效应,即全国29个省份的区域综合技术创新能力出现显著的极化现象,且空间分异特征越来越明显。

# 7 制度距离、OFDI 逆向技术溢出与中国技术进步

全球经济遭遇“次贷危机”冲击后，仍处于深度调整时期。中国经济面临严峻挑战，经济增长速度下行，经济增长方式缺乏效率，产业结构失衡，各级政府负债迅速积累，区域间经济发展极不平衡。其中，经济增长速度下降是最为突出的问题，如何解决经济增长速度放缓以及与之相关的就业等问题是官、产、学各界共同关注的重大理论与现实问题。学术界主要从需求侧和供给侧两方面提出了政策建议。需求侧方面主要强调继续以消费、投资、出口“三驾马车”拉动中国经济增速回升，但由于投资回报率递减、债务过度增加以及杠杆率迅速升高容易产生经济系统性风险等原因，需求侧的分析方法与应对策略缺乏可操作性。而供给侧主要强调从劳动力、资本以及全要素生产率（TFP）三方面拉动经济增长，但由于边际报酬递减规律，依靠投资拉动经济增长缺乏可持续性。因此，技术进步和生产效率提高是一国经济增长的主要动力。

长期以来推动我国经济中高速增长的劳动力、资本、自然资源等传统动力出现一定减弱，我国经济增长的动力正在从传统的要素驱动、投资驱动向创新驱动转变，创新成为经济发展新引擎。2016 年 5 月，中共中央和国务院印发的《国家创新驱动发展战略纲要》指出，创新驱动是国家命运所系，是大势所趋，是发展形势所迫。因此，必须依靠创新驱动打造发展新引擎，培育新的经济增长点，持续提升我国经济发展的质量与效益，开辟我国发展的新空间，实现经济保持中高速增长和产业迈向中高端水平“双目标”。

## 7.1 问题的提出

Grossman 和 Helpman(1991)、Rivera 和 Romer(1991)等基于研发内生增长模型,将技术内生化处理研究技术进步和创新对经济长期增长的影响,实证分析结果表明:知识生产与人力资本是一国经济增长最持久的源泉,技术进步和创新是一个国家经济发展的主要推动力。自 2006 年首次提出建设创新型国家战略以来,创新型国家建设取得了显著成绩,但我国仍处于效率驱动发展阶段(世界经济论坛,2012),而国家整体层面的技术创新能力和技术创新效率是建设国家创新体系的基础,是提高社会生产和综合国力的战略支撑,因此,分析国家创新能力和技术创新效率的影响因素具有重要的理论意义和现实意义。

创新型国家建设一方面需要坚持走中国特色的自主创新道路,另一方面要以全球视野谋划和推动技术创新,通过实施"走出去"战略,开展对外直接投资,在海外获得先进技术和研发成果等战略资源,提升我国整体的技术创新能力和全要素生产率。在政府"走出去"战略的主导下,我国对外直接投资的流量与存量出现大幅度增长。我国对外直接投资流量从 1997 年的 25.62 亿美元增加到 2014 年的 1231.2 亿美元,对外直接投资存量从 1997 年的 224.44 亿美元增加到 2014 年的 8826.4 亿美元(中国对外直接投资公报,2014),如图 7-1 和图 7-2 所示。

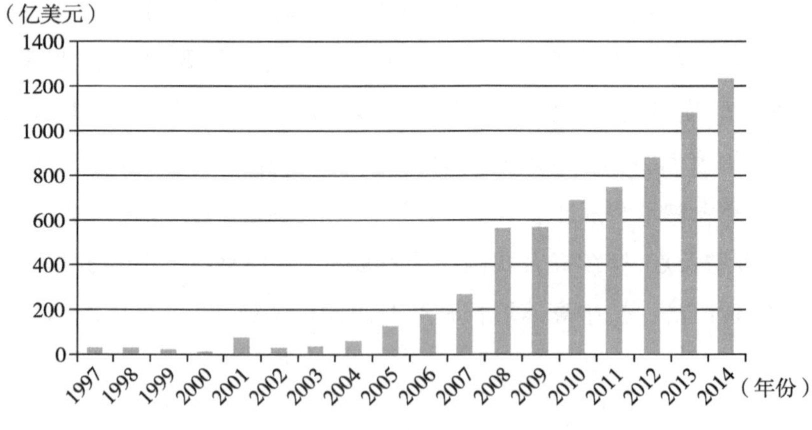


**图 7-1 1997—2014 年中国对外直接投资流量**

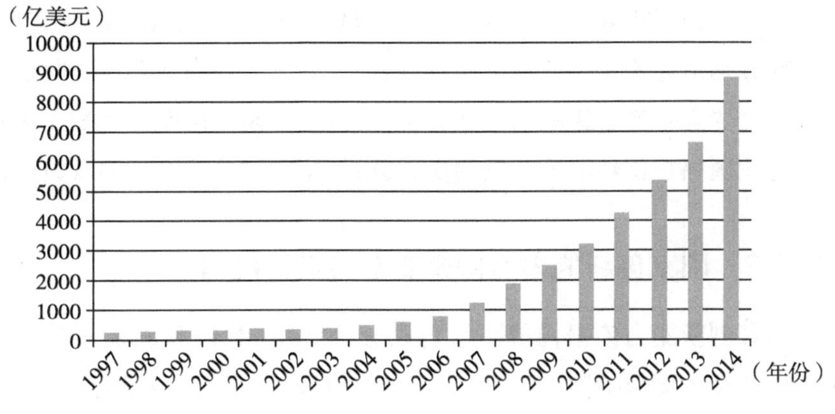


**图 7－2　1997—2014 年中国对外直接投资存量**

中国对外直接投资的数量和金额大幅度增长，已经成为促进中国经济增长的重要力量。如此大规模的对外直接投资能否产生逆向技术溢出效应？对外直接投资逆向技术溢出能否促进国家创新能力和创新效率提升？国内外学者目前已经从理论和实证角度验证了投资母国良好的制度环境有利于国家创新体系建设，而缺乏从东道国制度环境层面分析 OFDI 逆向技术溢出对国家创新能力和全要素生产率的影响，即东道国良好的制度环境以及中国与东道国之间的制度距离能否提升国家创新能力和全要素生产率？上述问题的解决有助于提升我国在全球价值链当中的地位，促进经济结构转型以及产业优化升级。

本章在回顾 OFDI 逆向技术溢出以及国家创新能力相关文献的基础上，分析了东道国制度环境（双边制度距离）、OFDI 逆向技术溢出提升国家创新能力的内在机理，并通过实证分析探讨了国家创新能力提升的主要影响因素。与以往的研究相比，本章的创新之处在于：①从东道国制度环境入手，同时考察了双边制度距离（东道国制度环境）、OFDI 逆向技术溢出对国家创新能力和全要素生产率的影响；②选取 1997—2013 年的跨国数据进行实证分析，扩大了样本容量，增强了估计结果的稳健性与可靠性；③不仅分析了 OFDI 逆向技术溢出对全要素生产率的影响，还进一步考察了 OFDI 逆向技术溢出对包括创新投入、创新产出、创新环境在内的综合创新能力的影响。

本章结构安排如下：第二部分是国家创新能力的构成要素与实现机制；第三部分是指标构建与变量说明；第四部分是制度距离、OFDI 逆向技术溢出对我国全要素生产率影响的实证分析；第五部分是制度距离、OFDI 逆向技术溢出对我国综合创新能力影响的实证分析；第六部分为结论与政策建议。

## 7.2 国家创新能力的构成要素与实现机制

国家创新能力依据构成要素可以分为环境、载体和成果三个层次。国家创新环境主要包括制度环境、文化传统以及政府干预政策等；创新活动的载体包括企业、高等院校以及研发机构等；创新活动成果包括科技论文、专利许可证以及发明专利等。本章根据国家创新能力的层次划分，构建了既能反映国家创新能力构成要素相互作用关系，又能使国家创新能力模型构建与测度方案设计有机结合的三维结构模型，如图 7 – 3 所示。

结合图 7 – 3，可以发现国家创新能力形成是在特定的创新环境（体制、机制、文化、基础设施、机器设备）下，企业、研发机构等创新主体通过研发投入，形成技术产出和知识产出，最终提升创新产出水平。

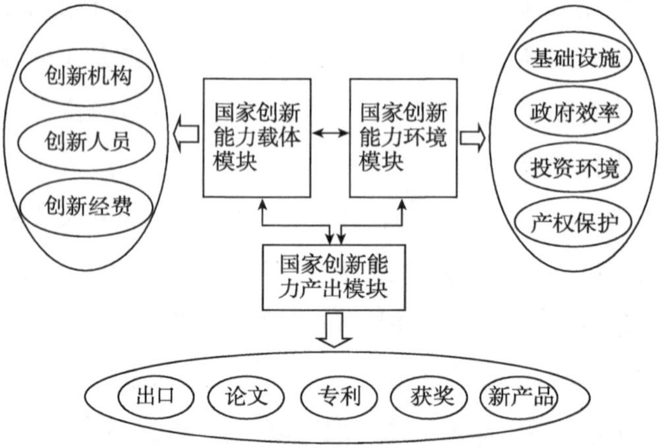


**图 7 – 3 国家创新能力的构成要素及实现机制**

资料来源：刘凤朝，等．国家创新能力测度方法及其应用[M]．北京：科学出版社，2012：61.

## 7.3 指标构建与变量说明

### 7.3.1 全要素生产率的测度

在开放的经济条件下，全要素生产率的变化一方面依赖于国内研发投入和人力资本积累，另一方面也依赖于对外直接投资、外商直接投资、进口贸易等渠道获得的国际 R&D 溢出。全要素生产率（TFP）作为一项综合指标，可以有效测算对外直接投资逆向技术溢出等对本国技术进步的影响。

本章在估计全要素生产率之前，需要设定生产函数的具体形式。具有结构简约、易用、直观测度规模经济、符合常理等诸多优势的 Cobb – Douglas（C – D）生产函数是目前学术界最常用的生产函数形式，受到国内外研究学者的一致青睐。C – D 生产函数的一般形式如下：

$$Y_t = A_t L_t^{\alpha} K_t^{\beta} \tag{7-1}$$

式中，$Y_t$表示产出，通常用 GDP 衡量；$A_t$表示全要素生产率（TFP）；$L_t$和$K_t$分别表示劳动和资本的投入；$L_t$用经济活动总人口（就业人口）衡量；$K_t$用资本存量衡量。$K_t$的计算公式为

$$K_{t+1} = (1-\delta)K_t + I_t/P_t \tag{7-2}$$

$K_{t+1}$表示第 $t+1$ 年的固定资本存量，$I_t$表示第 $t$ 年的投资额，$P_t$为以 1997 年为基期的固定资产投资价格指数，$t$ 为固定资产折旧率。本章参考肖文和林高榜（2011）的做法，$\delta$ 取 9.6%。1997 年资本存量的计算方法为：$K_{1997} = \frac{I_{1997}}{g+\delta}$。其中，$g$ 为我国 1997—2013 年固定资产投资额的平均增长率。假设经济增长方式为希克斯中性，且规模报酬不变（$\alpha+\beta=1$）。由式(7 – 1)可得：

$$\ln\left(\frac{Y_t}{L_t}\right) = \ln A + \beta\ln\left(\frac{Y_t}{L_t}\right) + \varepsilon_t \tag{7-3}$$

$\varepsilon_t$ 表示随机干扰项，求得资本产出弹性 $\widehat{\beta} = 0.2074$，代入式(7 – 3)，得

到 $\ln A = in(\frac{K_t}{L_t}) - \hat{\beta} in(\frac{K_t}{L_t})$ ，即可求出全要素生产率 $A$。

## 7.3.2 国家综合创新能力的测度

### 7.3.2.1 国家创新能力综合指标构建的思路与方法

国家创新能力是一个多维度的概念。为准确评估国家创新能力，本章从国家创新投入、国家创新产出、国家创新环境三个方面来综合反映国家技术创新能力。在评价国家创新能力时，本章借鉴国际上有影响力的欧盟委员会的《欧洲创新记分牌》和《全球创新记分牌》、OECD 的《科学、技术和工业：记分牌和指标》、世界银行的《科技竞争力指数》等国家创新能力指标方案，同时兼顾指标结构的合理性以及指标的科学性。在权衡国家创新能力指标体系的数据支撑能力与完整性时，重点强调数据的可比性与可信度，不因追求指标的完整性而降低数据的支撑能力。本章构建的国家创新能力指标体系见表 7－1。

表 7－1　国家创新能力指标测度体系

| 类型 | 一级指标 | 二级指标 |
|---|---|---|
| 国家创新能力 $Y_t$ | 创新投入 $Y_1$ | R&D 人员全时当量（万人年） |
| | | R&D 经费支出（百万元） |
| | | 研究开发人员（人） |
| | | 规模以上工业企业新产品开发经费支出（亿元） |
| | | R&D 经费支出占国民生产总值的比重（%） |
| | 创新产出 $Y_2$ | 发表科技论文数（万篇） |
| | | 专利申请授权数（件） |
| | | 规模以上工业企业新产品销售收入（亿元） |
| | | 技术市场成交额（亿元） |
| | | 高技术产业出口额（亿元） |
| | 创新环境 $Y_3$ | 人均国内生产总值（元） |
| | | 高等院校平均在校生人数（十万人/人） |
| | | 人均受教育经费（元） |
| | | 城镇化率（%） |

#### 7.3.2.2 对原始数据进行标准化处理

与前文类似,国家创新能力各项指标的计量单位不同,无法直接进行加权平均,需要对原始数据进行标准化处理。具体计算公式如下:

对于正向指标,有

$$x_j = \frac{x_j - \min x_j}{\max x_j - \min x_j} \times 99 + 1 \qquad (j = 1, 2, \cdots, t) \qquad (7-4)$$

对于负向指标,有

$$x_j = \frac{\max j - x_{ij}}{\max x_j - \min x_j} \times 99 + 1 \qquad (j = 1, 2, \cdots, t) \qquad (7-5)$$

#### 7.3.2.3 国家综合创新能力的测度结果

本章从技术创新投入、产出、环境支持三个方面来综合反映国家创新能力,相关结果见表7-2。

(1)国家创新投入,命名为$Y_1$。创新投入主要包括人力、资本等。结合我国创新能力实际情况,本章选取R&D人员全时当量、R&D经费支出、研究开发人员、规模以上工业企业新产品开发经费支出、R&D经费支出占国民生产总值的比重这5个指标来反映国家创新投入。

(2)国家创新产出,命名为$Y_2$。创新产出主要包括科技产出和产品产出两个方面。本章选取发表科技论文数、专利申请授权数、规模以上工业企业新产品销售收入、技术市场成交额、高技术产业出口额这5个指标来衡量国家创新产出。

(3)国家创新环境,命名为$Y_3$。良好的创新环境是集聚创新资源的基础条件,有利于国家创新能力的可持续发展。另外,创新环境会对国家创新投入产出以及创新要素的积累产生间接影响。本章选取人均国内生产总值、高等院校平均在校生人数、人均受教育经费、城镇化率反映国家创新环境指标。

**表 7-2　1997—2013 年国家创新能力综合结果**

| 年份 | *YT* | *Y*1 | *Y*2 | *Y*3 |
|---|---|---|---|---|
| 1997 | 1.3991 | 2.1816 | 1.0157 | 1.0000 |
| 1998 | 2.2116 | 2.5085 | 1.7014 | 2.4250 |
| 1999 | 5.9983 | 5.8906 | 3.3607 | 8.7436 |
| 2000 | 9.9486 | 12.2997 | 4.7162 | 12.8299 |
| 2001 | 12.6135 | 13.0691 | 6.5314 | 18.2401 |
| 2002 | 16.5650 | 17.1137 | 8.8006 | 23.7806 |
| 2003 | 20.4384 | 19.8921 | 12.7542 | 28.6690 |
| 2004 | 24.5727 | 22.1502 | 17.8840 | 33.6838 |
| 2005 | 30.8852 | 30.0999 | 22.7908 | 39.7649 |
| 2006 | 37.3962 | 36.7191 | 28.8485 | 46.6210 |
| 2007 | 45.2482 | 44.7511 | 36.7374 | 54.2563 |
| 2008 | 53.5329 | 54.1153 | 45.0258 | 61.4575 |
| 2009 | 54.6318 | 46.7813 | 50.0807 | 67.0333 |
| 2010 | 64.6648 | 56.5539 | 62.1979 | 75.2428 |
| 2011 | 889.8533 | 2509.3983 | 75.3403 | 84.8213 |
| 2012 | 102.1594 | 87.5833 | 126.0962 | 92.7986 |
| 2013 | 100.0000 | 100.0000 | 100.0000 | 100.0000 |

### 7.3.3　制度环境的测度

#### 7.3.3.1　东道国制度环境(*ins*)

东道国良好的制度环境可以降低交易成本,有利于知识产权保护与合同履行,可以降低投资风险、提高全要素生产率(Blonigen & Piger,2011),从而吸引更多的直接投资;反之,较差的制度环境会导致交易成本居高不下,不利于知识、技术、管理经验在投资双方之间扩散。因此,政局稳定、制度环境良好对吸引直接投资显得尤为重要(Busse & Horen,2008)。良好的制度环境指标应当包含政治、经济、文化等多个层面。在实证分析过程中,本章借鉴了 Kolstag 和 Wiig(2010)及 Amighini 等(2011)的研究成果,选取世界银行编制的全球治理指标 WGI(Worldwide Governance Indicators)作为一国制度环境的代理变量。

全球治理指标是全球范围内公认的最具权威性和价值的综合性公共治理指标体系。主要包括六个方面:话语权和责任、政治稳定性、政府效率、规管质量、法治规则、腐败控制。该指标通过对所有国家和地区进行分析,并依据计算标准给出评分[①],分数越高,意味着该国的制度环境越好。

#### 7.3.3.2 双边制度距离($ins\_dis$)[②]

东道国与中国的双边制度距离是影响我国对外直接投资逆向技术溢出效果的重要因素。双边制度距离是指样本国家(地区)的制度得分减去中国的制度得分并取绝对值。作为发展中国家的一员,中国与发达国家之间的制度距离较大,与发展中国家的制度距离较小。为便于分析,本章引入正向制度距离(母国制度优于东道国制度)和负向制度距离(东道国制度优于母国制度)的概念。当投资于比母国制度环境更好的潜在东道国时,母国的跨国公司会选择正向制度距离更大的国家,而非制度距离接近的国家。本章主要分析向OECD国家进行直接投资产生的逆向技术溢出,因此,这里的双边制度距离是指正向双边制度距离。本章利用简单加权平均法计算得出综合制度距离。

### 7.3.4 基于OFDI获得的国际R&D资本存量溢出

本章继续使用L-P方法计算我国1997—2013年对外直接投资获得的国际R&D资本溢出($ofdi\_rev_t$)。具体计算公式如下:

$$ofdi\_rev_t = \sum \frac{ofdi_{jt}}{y_{jt}} s_{jt} \qquad (7-6)$$

其中,$s_{jt}$表示$t$时期国家$j$的国内R&D资本存量,$ofdi_rev_t$表示$t$时期国家$j$通过OFDI渠道获得的国际R&D资本存量溢出额,$ofdi_{jt}$表示在$t$时期我国对$j$国的OFDI存量,$y_{jt}$表示在$t$时期$j$国的GDP。

---

① 全球治理指标单项以及总得分的区间是-2.5~2.5。

② 本部分内容来源于:杜江,宋跃刚. 制度距离、要素禀赋与我国OFDI区位选择偏好——基于动态面板数据模型的实证研究[J]. 世界经济研究,2014(12):47-52,85.

按式(7－6)计算中国OFDI获得的国际R&D资本存量 $ofdi\_rev_t^1$ ①。步骤如下:①计算各国(地区)R&D存量。与国内R&D存量计算方法类似,从 *OECD Factbook* 2014中获得1997—2013年各国(地区)R&D研发支出占GDP的比重,据此估算出各国历年R&D支出,GDP数据来自世界银行WDI数据库;②利用世界银行WDI数据库中的消费价格指数,将各国(地区)R&D支出折算为1997年不变价格的历年研发支出,消费价格指数来源于世界银行WDI数据库;③按照国内计算各省份R&D资本存量 $rd_t$ 的方法,计算出各国(地区)1997—2013年的R&D资本存量,其中研发资本的折旧率按照国际惯例取5%,进而计算我国对外直接投资获得的国际R&D溢出,$ofdi\_rev_t$ 越大,表明OFDI逆向技术溢出效果越好,有更多机会获得国外先进技术。相关数据来源于各年度《中国对外投资统计公报》。

## 7.3.5　其他控制变量的测度

### 7.3.5.1　对国内R&D资本存量的测度 $rd_t$

本章以1997年为基期,根据Griliches(1992)提出的永续盘存法计算我国1997—2013年R&D资本存量。具体计算方法如下:$rd_t=(1-\delta)rd_{t-1}+rd\_input_t$。其中,$rd_t$ 表示我国 $t$ 时期的研发资本存量,$\delta$ 是研发资本存量的折旧率,$rd\_input_t$ 是利用消费者价格指数折算为1997年不变价格的历年实际R&D支出。在计算基年(1997)R&D存量时,$rd_{1997}=rd\_inpit_{1997}/(g+\delta)$。其中,$rd\_input_{1997}$ 表示我国1997年的实际R&D支出,$g$ 为我国1997—2013年实际R&D支出的平均增长率,$g$ 取值为21.86%,$\delta$ 取值为9.6%(肖文和林高榜,2011)。然后,计算出1997—2013年我国R&D资本存量 $rd_t$。我国1997—2013年名义R&D支出数据来源于《中国科技统计年鉴》和《中国主要

① 根据中国对外直接投资流向的规模,选取澳大利亚、加拿大、法国、德国、匈牙利、意大利、日本、韩国、挪威、南非、巴西、荷兰、卢森堡、墨西哥、西班牙、瑞典、英国、美国、中国香港、新加坡、俄罗斯共21个国家(地区)作为国际R&D资本存量的样本。截至2013年底,中国对这些国家(地区)的OFDI投资总存量占我国OFDI总额存量的85%以上(中国对外直接投资公报,2013),具有较好的代表性。

科技指标数据库》。

#### 7.3.5.2　人力资本($h$)存量的测度

丰裕的人力资本存量是提升一国综合技术创新能力的重要途径(Barro & Lee,1993)。在实证分析过程中,本章以劳动力平均受教育年限作为人力资本存量的代理变量,在计算我国总体人力资本存量时,文盲、小学、初中、高中、大学及以上的受教育年限分别设定为 0 年、6 年、9 年、12 年和 16 年。具体的计算公式如下:

$$h = primary \times 6 + junior \times 9 + high \times 12 + college \times 16 \qquad (7-7)$$

#### 7.3.5.3　通过 FDI 和进口渠道获得的国际 R&D 资本存量溢出的测度

类似 $ofdi\_rev_t$ 的测度,本章继续使用 L－P 方法,首先通过计算 $fdi\_rev_t = \sum \frac{fdi_{jt}}{y_{jt}} s_{jt}$ ,得出通过外商投资获得的国际 R&D 资本溢出。其中,$fdi_{jt}$ 表示我国在 $t$ 时期吸引 $j$ 国的外商直接投资额,$y_{jt}$ 表示 $t$ 时期 $j$ 国的国内生产总值,$s_{jt}$ 表示在 $t$ 时期 $t$ 国国内 R&D 资本存量。

类似地,本章继续计算 $im\_rev_t = \sum \frac{im_{jt}}{y_{jt}} s_{jt}$ ,得出通过进口渠道获得的国际 R&D 资本溢出。其中,$m_{jt}$ 表示 $t$ 时期我国从 $t$ 国的进口总额,其他变量的含义与前文类似。

### 7.3.6　变量的描述性统计分析

相关变量的描述性统计分析结果见表 7－3。

**表 7－3　数据的描述性统计**

| | *Obs* | *Mean* | *Std. Dev.* | *Min* | *Max* |
|---|---|---|---|---|---|
| ln$tfp$ | 17 | 0.4841 | 0.3157 | 0.0625 | 0.9891 |
| ln$y_t$ | 17 | 3.1399 | 1.2623 | 0.3358 | 4.6265 |
| ln$y_1$ | 17 | 3.1487 | 1.1507 | 0.7801 | 4.6052 |
| ln$y_2$ | 17 | 2.8529 | 1.4376 | 0.0156 | 4.8370 |
| ln$y_3$ | 17 | 3.3112 | 1.2931 | 0.0000 | 4.6052 |

**续表**

| | Obs | Mean | Std. Dev. | Min | Max |
|---|---|---|---|---|---|
| ln*ofdi_rev* | 17 | 3.9146 | 1.3063 | 2.5175 | 6.2112 |
| ln*ins* | 17 | 0.0596 | 0.0249 | 0.0215 | 0.0976 |
| ln*ins_dis* | 17 | 0.4585 | 0.0315 | 0.4058 | 0.5285 |
| ln*fdi_rev* | 17 | 4.2254 | 0.3264 | 3.8070 | 4.8688 |
| ln*im_rev* | 17 | 6.7275 | 0.8274 | 5.3983 | 7.8721 |
| ln*h* | 17 | 6.7411 | 0.0829 | 6.6215 | 6.8870 |
| ln*rd* | 17 | 9.1057 | 1.0722 | 7.3894 | 10.7721 |
| ln*ofdi* | 17 | 6.7514 | 1.1969 | 5.4136 | 8.7956 |
| ln*fdi* | 17 | 6.1970 | 0.4029 | 5.7491 | 6.9106 |
| ln*im* | 17 | 8.1177 | 0.8189 | 6.9051 | 9.2142 |

## 7.4 制度距离、OFDI逆向技术溢出对我国全要素生产率影响的实证分析

### 7.4.1 计量模型与指标选取

本章基于 Potterie 和 Lichtenberg(2001)的研究观点,认为在开放经济体中,一国全要素生产率和技术创新能力的提升主要取决于国内自主 R&D 投入和国际 R&D 溢出。国内自主 R&D 投入主要包括 R&D 经费投入和人力资本投入;国际 R&D 溢出主要通过 OFDI 逆向技术溢出、吸引 FDI 和进口贸易三种途径获得。本章基于 L-P(2001)模型,并结合中国国情,建立如下计量经济模型:

$$\ln tfp_t = \alpha_0 + \alpha_1 \ln ins_t + \alpha_2 \ln ofdi\_rev_t + \varepsilon_t \quad (7-8)$$

$$\ln tfp_t = \alpha_0 + \alpha_1 \ln ins\_dis_t + \alpha_2 \ln ofdi\_rev_t + \varepsilon_t \quad (7-9)$$

$$\ln tfp_t = \alpha_0 + \alpha_1 \ln ins\_dis_t + \alpha_2 \ln ofdi\_rev_t + \alpha_3 \ln fdi\_rev_t + \alpha_4 \ln im\_rev_t + \alpha_5 \ln h_t + \alpha_6 \ln rd_t + \alpha_7 \ln h_t^* \ln ofdi\_rev_t + \varepsilon_t \quad (7-10)$$

$$\ln tfp_t = \alpha_0 + \alpha_1 \ln ins\_dis_t + \alpha_2 \ln ofdi\_rev_t + \alpha_3 \ln fdi\_rev_t + \alpha_4 \ln im\_rev_t + \alpha_5 \ln h_t + \alpha_6 \ln rd_t + \alpha_7 \ln h_t^* \ln ofdi\_rev_t + \varepsilon_t \quad (7-11)$$

其中，$tfp_t$表示一国的全要素生产率，$ins$ 表示东道国制度环境，$ins_dis_t$表示中国与东道国之间的双边制度距离，$ofdi_rev_t$表示通过 OFDI 获得的国际 R&D 资本存量溢出，$rd_t$表示国内 R&D 资本存量，$h_t$表示 R&D 人力资本投入，$fdi_rev_t$表示通过吸引外资获得的国际 R&D 资本存量溢出，$im_rev_t$表示通过进口贸易渠道获得的国际 R&D 资本存量溢出，$t$ 表示年份。

### 7.4.2　平稳性检验

首先，本章对各变量 ln$tfp$、ln$yt$、ln$y_1$、ln$y_2$、ln$y_3$、ln$ofdi_rev$、ln$ins$、ln$ins_dis$、ln$fdi_rev$、ln$im_rev$、ln$h$、ln$rd$ 及其一阶差分利用 ADF 检验方法进行平稳性检验，具体检验结果见表 7－4。在对各变量水平值的检验中，单位根检验的结果均显示变量在 10% 的显著性水平下存在单位根。

**表 7－4　各变量单位根检验结果**

| 变量 | 检验方式(C,T,K) | ADF 值 | 临界值 | 平稳性 | 单整阶数 |
|---|---|---|---|---|---|
| Δln$tfp$ | (C,T,1) | －5.6450 | －4.7284*** | 平稳 | I(1) |
| Δln$y_t$ | (C,0,1) | －4.5577 | －2.7406*** | 平稳 | I(1) |
| Δln$y_1$ | (C,T,1) | －3.8126 | －3.7597** | 平稳 | I(1) |
| Δln$y_2$ | (C,T,1) | －4.4215 | －3.7597** | 平稳 | I(1) |
| Δln$y_3$ | (C,T,1) | －4.3772 | －3.8753** | 平稳 | I(1) |
| Δln$ofdi_rev$ | (C,T,2) | －5.1264 | －4.8001*** | 平稳 | I(2) |
| Δln$ins$ | (C,T,1) | －4.4748 | －3.7597** | 平稳 | I(1) |
| Δln$ins_dis$ | (C,0,1) | －2.8773 | －2.6813* | 平稳 | I(1) |
| Δln$fdi_rev$ | (C,0,1) | －2.7787 | －2.6813* | 平稳 | I(1) |
| Δln$im_rev$ | (C,T,1) | －4.7661 | －3.7912** | 平稳 | I(1) |
| Δln$h$ | (C,0,1) | －2.8225 | －2.6813* | 平稳 | I(1) |
| Δln$rd$ | (C,0,2) | －4.5283 | －4.0044*** | 平稳 | I(2) |

注：①检验方式(C,T,K)分别表示单位根检验的常数项、趋势项以及滞后阶数。另外，变量滞后阶数的选择依据是 AIC 和 SC 的数值，Δ 表示各变量的一阶差分。② ***、** 和 * 分别表示该值是 1%、5% 和 10% 显著性水平下的临界值。

在实证分析过程中，本章对所有变量进行一阶差分处理。根据表 7－4 显示的结果，差分后变量的单位根检验结果显示：Δln$ofdi_rev$、Δln$rd$ 为二阶差分后平稳，其他变量为一阶差分后平稳，各变量之间是否存在协整关系需要做进一步检验。解释变量之间存在较高的相关程度，表明多重共线性问题较为严重。因此，当模型中解释变量之间存在较为严重的多重共线性时，进行岭回归估计的结果更加稳健，参数估计的均方误差也会较小，式(7－10)、式(7－11)、式(7－14)、式(7－15)的岭参数分别为0.05、0.05、0.09、0.11，且参数估计的符号并没有发生变化，因此，对模型进行岭回归可以较好地克服变量之间的多重共线性问题。

表7－5和表7－6分别给出了全要素生产率和国家综合技术创新能力的回归估计结果，本章参考鲁万波等(2015)的做法，使用Breush(布劳舒)－Godfrey(戈弗雷)提出的拉格朗日乘数检验方法(Lagrange Multiplier Test，LM检验)来检验模型残差的序列相关性。当模型存在序列相关时，使用广义差分法来消除序列相关性。另外，使用ARCH检验方法检验模型残差的异方差，当模型存在异方差时，使用加权最小二乘法克服异方差。最后，本章对8个模型的回归残差进行Jarque－Bera正态性检验以及ADF单位根检验，从而判断残差是否符合球形扰动假定以及各个变量之间是否存在协整关系。拉格朗日乘数检验方法检验(LM检验)和ARCH检验的$P$值均大于10%的显著性水平，表明各模型均不存在序列相关和异方差；模型回归残差的单位根(ADF)检验的结果表明，在10%的水平上拒绝存在单位根的原假设，变量之间存在长期稳定的均衡关系，模型设定比较合理；8个模型回归残差的Jarque－Bera正态性检验结果表明，残差符合球形扰动假定，不存在异方差和序列相关。

### 7.4.3 全要素生产率的回归结果

根据表7－5的估计结果可知，东道国制度环境(双边制度距离)、OFDI逆向技术溢出的回归系数在1%的水平上显著为正，表明：制度环境、OFDI逆向技术溢出可以显著提升我国的全要素生产率，其他变量的估计结果基本符合预期。

第一，东道国的制度环境以及东道国与中国的双边制度距离对我国全要素生产率存在显著影响，回归结果表明，东道国的制度环境越好，双边制度距离越大，越有利于提升投资母国的全要素生产率，验证了假设H3－7和假设H3－8。其中可能的原因是，东道国的市场化程度和经济自由度都比较高，社会资源实现了合理的配置。我国跨国公司可以与本土企业公平竞争，经济行为较少受东道国政府的干预。另外，制度环境较好的国家保护私有产权的制度较为完善，这为跨国公司的对外直接投资行为提供了良好的外部经济社会环境。

第二，OFDI逆向技术溢出的相关系数在1%的水平上显著为正，表明OFDI逆向技术溢出可以正向显著地提升投资母国的全要素生产率，从系数估计值的大小来看，相对于人力资本存量和国内研发资本投入，OFDI逆向技术溢出效应对国内全要素生产率的影响较小；OFDI溢出的国外R&D存量每增加1%，将导致国内全要素生产率增加0.0592%～0.1966%，证明了假设H3－9。

**表7－5　全要素生产率的回归结果**

| 变量 | $\ln tfp$ | $\ln tfp$ | $\ln tfp$ | $\ln tfp$ |
|---|---|---|---|---|
| | 制度环境 | 制度距离 | 制度环境 | 制度距离 |
| $c$ | －0.5039***<br>(－3.65) | －1.1161***<br>(－5.55) | －0.8192***<br>(－3.48) | －0.8834***<br>(－3.02) |
| $\ln ins_t$ | 0.5601<br>(0.51) | | 0.3828***<br>(31.09) | |
| $\ln ins\_dis_t$ | | 1.4708***<br>(3.44) | | 0.4136***<br>(73.15) |
| $\ln ofdi\_rev_t$ | 0.2439***<br>(11.74) | 0.2365***<br>(22.95) | 0.1996***<br>(6.97) | 0.0592***<br>(4.50) |
| $\ln im\_rev_t$ | | | 0.1762***<br>(2.64) | 0.2909***<br>(3.89) |
| $\ln fdi\_rev_t$ | | | －0.3941<br>(1.23) | －0.1269<br>(－1.43) |
| $\ln h_t$ | | | 0.3230**<br>(1.97) | 0.3151**<br>(2.40) |

**续表**

| 变量 | lntfp | lntfp | lntfp | lntfp |
|---|---|---|---|---|
| | 制度环境 | 制度距离 | 制度环境 | 制度距离 |
| $\ln rd_t$ | | | 1.1015 *** (6.15) | 1.6841 *** (2.90) |
| *jhx* | | | 0.8372 *** (9.65) | 0.2535 *** (6.37) |
| AR(*p*) | 无 | 无 | AR(2) | AR(2) |
| ARCH text 的（*P* 值） | 0.1023 | 0.3538 | 0.1130 | 0.1773 |
| LM text 的（*P* 值） | 0.4764 | 0.1219 | 0.1354 | 0.1866 |
| $Adj-R^2$ | 0.9473 | 0.9882 | 0.9968 | 0.9958 |
| ADF 检验 | -4.2976 *** | -4.0831 *** | -3.2442 ** | -2.3472 ** |
| J-B 检验 *P* 值 | 0.9515 | 0.6279 | 0.5296 | 0.2497 |

注：***、** 和 * 分别表示变量估计系数通过 1%、5% 和 10% 的显著性水平检验；( ) 中的数值为变量估计系数的 *t* 检验值。

第三，与前文估计结果类似，提升国家全要素的根本途径仍是人力资本存量和国内 R&D 投入。人力资本存量与国内研发资本投入的相关系数分别在 5% 和 1% 的水平上显著为正，人力资本投入每增加 1%，全要素生产率增加 0.7055%；国内 R&D 投入每增加 1%，全要素生产率增加 0.3150% ~ 0.3230%。因此，人力资本存量和国内 R&D 投入是提升全国家要素生产率的主要因素。

第四，吸收能力（$\ln h_t * \ln ofdi\_rev_t$）回归系数在 1% 的水平上显著为正，吸收能力每增加 1%，可以提升全要素生产率 0.2535% ~ 0.8372%。这意味着，以对外直接投资与人力资本结合的吸收能力作为支撑才能发挥 OFDI 逆向技术溢出效应。

第五，其他控制变量的回归结果。外商直接投资的回归系数为负，但不显著，这意味着外商直接投资在某种程度上对国内企业的全要素生产率提升产生了“挤出效应”。另外，进口对全要素生产率的提升作用要大于对外直接投资。

## 7.5　制度距离、OFDI 逆向技术溢出对我国综合技术创新能力影响的实证分析

本章进一步利用 L-P(2001)模型,建立国家综合技术创新能力影响因素的计量经济模型:

$$\ln yi_t = \alpha_0 + \alpha_1 \ln ins_t + \alpha_2 \ln ofdi\_rev_t + \varepsilon_t \quad (7-12)$$

$$\ln yi_t = \alpha_0 + \alpha_1 \ln ins\_dis_t + \alpha_2 \ln ofdi\_rev_t + \varepsilon_t \quad (7-13)$$

$$\ln yi_t = \alpha_0 + \alpha_1 \ln ins\_dis_t + \alpha_2 \ln ofdi\_rev_t + \alpha_3 \ln fdi\_rev_t + \alpha_4 \ln im\_rev_t + \alpha_5 \ln h_t + \alpha_6 \ln rd_t + \alpha_7 \ln h_t^* \ln ofdi\_rev_t + \varepsilon_t \quad (7-14)$$

$$\ln yi_t = \alpha_0 + \alpha_1 \ln ins\_dis_t + \alpha_2 \ln ofdi\_rev_t + \alpha_3 \ln fdi\_rev_t + \alpha_4 \ln im\_rev_t + \alpha_5 \ln h_t + \alpha_6 \ln rd_t + \alpha_7 \ln h_t^* \ln ofdi\_rev_t + \varepsilon_t \quad (7-15)$$

其中,$\ln yi_t$分别表示国家综合创新能力($\ln y_t$)、创新投入能力($\ln y_1$)、创新产出能力($\ln y_2$)以及创新环境支持能力($\ln y_3$)①,其他变量的含义与上文相同。

根据表 7-6 显示的回归结果,得出如下结论:

(1)制度环境($\ln inst$)对国家综合创新能力的影响。考虑控制变量后,无论是东道国制度环境还是双边制度距离的回归系数在 1% 的水平上显著为正,都表明话语权和责任、政治稳定性、政府效率、规管质量、法治规则、政府对腐败的控制力度等制度因素正向显著影响 OFDI 逆向技术溢出效果,东道国良好的制度环境可以为对外直接投资企业提供良好的外部环境和高效便捷的服务,有利于跨国公司子公司在该国的持续健康发展,因此,良好的东道国制度环境和双边制度距离可以提升投资母国的国家创新能力,证明了假设 H3-7 和假设 H3-8。

---

① 囿于篇幅,本书并没有报告创新投入能力($\ln y_1$)、创新产出能力($\ln y_2$)以及创新环境支持能力($\ln y_3$)的回归结果,感兴趣的读者可以向笔者索取。

**表 7-6　国家综合创新能力的回归结果**

| 变量 | $\ln y_t$ | $\ln y_t$ | $\ln y_t$ | $\ln y_t$ |
|---|---|---|---|---|
| | 制度环境 | 制度距离 | 制度环境 | 制度距离 |
| $c$ | 2.3043***<br>(6.07) | 2.3282***<br>(3.14) | 1.8394***<br>(2.75) | 1.9720***<br>(3.21) |
| $\ln ins_t$ | 1.0377<br>(0.44) | | 0.3583***<br>(37.83) | |
| $\ln ins\_dis_t$ | | 0.0449<br>(0.04) | | 0.3828***<br>(31.09) |
| $\ln ofdi\_rev_t$ | 0.3662***<br>(5.69) | 0.3639***<br>(5.63) | 0.3131***<br>(10.18) | 0.1996***<br>(6.97) |
| $\ln im\_rev_t$ | | | 0.2936***<br>(4.66) | 0.3794***<br>(4.81) |
| $\ln fdi\_rev_t$ | | | -0.2842<br>(1.52) | -0.2256<br>(-1.49) |
| $\ln h_t$ | | | 0.8828***<br>(3.31) | 0.3229<br>(1.57) |
| $\ln rd_t$ | | | 1.8300**<br>(1.99) | 1.0143***<br>(2.61) |
| $jhx$ | | | 1.0031**<br>(2.51) | 1.0371**<br>(2.35) |
| AR($p$) | AR(2) | AR(2) | AR(2) | AR(2) |
| ARCH text<br>($P$ 值) | 0.4008 | 0.4206 | 0.7904 | 0.4944 |
| LM text<br>($P$ 值) | 0.6789 | 0.7171 | 0.1650 | 0.9166 |
| $Adj-R^2$ | 0.9810 | 0.9807 | 0.9940 | 0.9939 |
| ADF 检验 | -3.4973** | -3.499*** | -7.4107** | -8.2183** |
| J-B 检验 $P$ 值 | 0.2566 | 0.8442 | 0.3785 | 0.3874 |

（2）对外直接投资逆向技术溢出（$\ln ofdi\_reverse$）对国家综合创新能力的影响。OFDI 逆向技术溢出的相关系数无论是否考虑控制变量因素，均在 1% 的水平上显著为正，表明对外直接投资逆向技术溢出显著、正向地提升

了国家创新能力，证明了假设 H3－9。

(3)吸收能力($\ln ofdi\_reverse * \ln h$)对国家综合创新能力的影响。根据表7－6显示的回归结果，吸收能力的系数在5%的水平上显著为正，表明吸收能力显著提升了国家综合创新能力。

(4)人力资本($\ln h$)与研发资本存量($\ln rd$)对国家综合创新能力的影响。与对外直接投资逆向技术溢出的回归系数相比，人力资本与研发资本存量的回归系数更大，表明人力资本与研发资本存量对国家综合创新能力的贡献更大。

## 7.6　小　结

本章利用1997—2013年国家层面的相关数据，在阐明我国创新能力的影响因素和形成机理的基础上，从东道国制度环境和双边制度距离入手，实证分析了制度距离(东道国制度环境)、OFDI 逆向技术溢出对我国全要素生产率和国家创新能力的影响。本章的主要结论如下：

(1)东道国制度环境和双边制度距离均可显著提升我国的综合创新能力以及全要素生产率。作为发展中国家的一员，我国向制度环境较好的国家进行对外直接投资，可以保障我国跨国公司在东道国长期稳定地发展，有更多的机会进行技术学习和获得国际 R&D 技术溢出。总体而言，东道国的制度环境越好，双边制度距离越大，越有利于提升投资母国的全要素生产率和综合创新能力。

(2)OFDI 逆向技术溢出可以显著提升我国的全要素生产率和综合创新能力。我国跨国公司通过在技术先进的国家进行 OFDI，通过“集聚—溢出”机制最大程度地利用东道国的技术溢出，将先进技术和研发成果传回母国，在本国进行技术扩散和技术转化，从而提升我国的全要素生产率和综合创新能力。因此，对外直接投资获得的国际技术溢出对于提升我国的自主创新能力和整体研发水平意义重大。

(3)人力资本与国内研发资本存量仍然是影响我国全要素生产率和综合创新能力的最主要因素。因此，需要加大人力资本投资力度，将我国建成人力资源强国,从而形成新的"教育红利",同时加大研发资本的投入力度,推动科技与人力资本紧密结合,着力构建以企业为主体、市场为导向、产学研相结合的国家创新体系。

# 8　结论与展望

在经济全球化的今天,科学技术是一国综合国力的重要组成部分,科技竞争力也已成为综合国力竞争的关键。技术创新活动作为技术进步的重要来源,已经成为衡量一国科技竞争力的主要指标,同样也是我国企业不断发展、靠近并攀升至全球价值链高端环节的重要推动力。对于技术要素并不丰裕的中国而言,技术创新一方面依赖于我国所处的以建立社会主义市场经济体制为导向的制度环境的改革与完善;另一方面更为重要的是依赖于积极从事自主研发活动、参与全球市场竞争。本书紧密围绕"制度环境、对外直接投资逆向技术溢出对技术创新非均衡发展的作用机制"这一基本问题展开,从企业、区域、国家三个层面分析了制度环境和对外直接投资行为是否提升了技术创新能力和全要素生产率。

## 8.1　主要结论

本书以制度环境、对外直接投资逆向技术溢出为根本线索,从理论上考察了我国对外直接投资逆向技术溢出的可行性,以及逆向技术溢出提升企业、区域、国家层面技术创新能力与全要素生产率的相关机理;在实证研究方面,运用动态面板数据模型和空间面板杜宾模型,分别从微观、中观、国家层面检验了制度变迁、OFDI 逆向技术溢出对技术创新能力与全要素生产率的影响。

第一,在微观层面,基于 1999—2007 年中国工业企业数据库与商务部对外直接投资企业名录的匹配数据,实证分析了制度环境、OFDI 对企业全要素生产率的影响。研究结果表明:制度环境可以显著正向提升企业全要素生产率;国有、民营、外资企业的对外直接投资均显著提升了企业的全要素生产率;无论是向OECD国家还是向非OECD国家进行的对外直接投资,都可以提升企业的全要素生产率;对外直接投资动机中研发加工型的对外直接投资可以显著提升企业的全要素生产率,且提升幅度最大。在宏观层面,在考虑空间集聚内生效应的基础上,构造空间地理距离权重矩阵、空间经济距离权重矩阵、人力资本距离权重矩阵,并运用空间计量经济学的空间杜宾模型(SDM)检验各地区制度环境、对外直接投资逆向技术溢出等因素对省域全要素生产率的影响。回归结果表明:以市场化改革为主的制度环境、对外直接投资逆向技术溢出对全要素生产率增长的作用在空间上是显著的;空间自回归系数$\rho$显著为负,表明省域之间的全要素生产率在样本期间存在显著的集群效应;从母国不同所有制类型企业来看,制度环境有利于提升民营企业的全要素生产率,制度环境对国有企业和外资企业的全要素生产率影响不显著,外资企业与民营企业的对外直接投资显著提升了企业的全要素生产率,而国有企业的对外直接投资无法提升投资企业的全要素生产率,民营企业和外资企业的空间自回归系数$\rho$显著为负,表现出日益明显的极化现象。而国有企业的空间自回归系数$\rho$存在正负交替的现象。

第二,选取2003—2013年省际面板数据,运用动态面板数据模型的系统GMM方法,实证检验了制度环境、OFDI逆向技术溢出对包括投入能力、产出能力、扩散能力、环境支持能力在内的区域技术创新能力的提升作用。首先,OFDI逆向技术溢出可以有效提升区域技术创新能力,且OFDI逆向技术溢出对技术创新能力的影响存在明显的地区差异,东部地区OFDI逆向技术溢出对区域技术创新能力的提升效应最大,而中西部地区均不明显;其次,制度环境未能有效提升区域技术创新能力,但是东部地区和中部地区的制度环境对区域技术创新能力产生了正向显著的影响。另外,制度环境、OFDI逆向技术溢出对东、中、西部地区的技术创新投入、技术创新产出、技术创新扩散以及技术环境支持的影响存在明显差异。为了进一步分析我国区域创新活动的空间格局与集群模式,以我国29个省区市作为空间观测单元,以2003—2013年的相关数据作为区域技术创新活动的衡量指标,利用空间杜宾模型(SDM),从空间维度研究制度环境、OFDI逆向技术溢出对区域技术创新能力的影响。实证结果表明:制度环境可以显著提升综合区域技术创新能力;OFDI逆向技术溢出、人力资本存量、研发资本存量是影响区域技术创新能力的主要因素;省域层面的综合技术创新能力在样本回归期间存在显著的集群效应,而没有表现出邻近省域之间的空间溢出效应,即全国29个省份的区域综合技术创新能力出现显著的极化现象,且空间分异特征越来越明显。

第三,利用1997—2013年国家层面的相关数据,在阐明我国创新能力的影响因素和形成机理的基础上,从东道国制度环境和双边制度距离入手,实证分析了制度距离(东道国制度环境)、OFDI逆向技术溢出对我国全要素生产率和国家创新能力的影响。研究结果表明:东道国制度环境和双边制度距离均可显著提升我国的综合创新能力和全要素生产率;OFDI逆向技术溢出可以显著提升我国的全要素生产率和综合创新能力;人力资本与国内研发资本存量仍然是影响我国全要素生产率和综合创新能力的最主要因素;吸收能力可以显著提升国家综合创新能力。

## 8.2 政策建议

结合企业层面、区域层面以及国家层面的实证结果,本书提出如下政策建议。

### 8.2.1 企业层面的政策建议

第一,扩大对发达国家技术密集型产业的对外直接投资。本书的实证结果表明:在非经营性对外直接投资、贸易销售型对外直接投资、研发加工型对外直接投资与多元化对外直接投资四种投资动机中,研发加工型对外直接投资回归结果系数远高于非经营性对外直接投资与多元化对外直接投资,这种对外直接投资的正效应主要归功于中国跨国公司在全球产业的成本优势以及产品符合东道国当地居民的需求特点,这与发达国家的技术密集型公司形成了优势互补,因此,需要进一步加大技术获取型对外直接投资的份额。

2014年中国对外直接投资统计公报显示，技术获取型对外直接投资的比例仍然较低，市场寻求型对外直接投资的比例仍然比较高，市场寻求型对外直接投资会对创新路径产生锁定效应，仅依靠原有技术寻求更大的市场份额，缺乏技术创新动力，对本国企业技术创新能力的提升作用十分有限。

第二，扩大对发展中国家的投资规模，加快梯度产业转移。在向劳动要素密集的发展中国家进行投资时，通过扩大市场份额、提高产量、改变投资母国劳动力要素禀赋之间的比例等途径来影响母国跨国公司的技术创新能力和全要素生产率。本书的实证结果表明：尽管向发展中国家的对外直接投资对技术创新能力的提升作用低于向发达国家进行的对外直接投资，但其回归系数为正，表明向发展中国家的对外直接投资仍然可以显著提升母公司的技术创新能力。

### 8.2.2 区域层面的政策建议

第一，进一步推进中国的市场化改革。中国的市场化改革一方面取得了经济建设的巨大成就，另一方面对中国的技术创新投入与技术创新产出产生了巨大的驱动效应（陈修德等，2014；郝颖和刘星，2010）。本书的实证结果表明：制度环境可以显著提升我国东部地区和中部地区的区域技术创新能力；西部地区由于制度环境较差，尚不能有效提升其技术创新能力。因此，中国经济正面临着由粗放型增长方式向创新驱动增长方式转变的压力，坚定不移地推动我国市场化进程不仅能有效提升市场力量与市场化程度对创新要素资源的配置作用，还有助于我国创新型国家体系建设的顺利实现。

第二，我国东、中、西部地区技术创新能力存在较大差异，东部地区跨国公司应当积极“走出去”，加大技术获取型对外直接投资的力度，通过多种投资方式来吸收和利用发达国家丰富的研发资源，并积极吸收国外的先进技术，进而提升本地区技术创新能力和全要素生产率。对我国中部地区而言，应当发挥其在劳动力成本、资源优势的基础上，促进中部地区各城市之间以及与其他东西部各城市之间的相互合作，真正发挥其承东启西的作用。对西部地区而言，应当从制度层面尽可能地创造有利于各产业投资与发展的经济与法律政治制度环境,有效承接沿海地区的产业转移。

第三,注重人力资本积累,组建优质的科技创新团队。根据国内外相关经验,一国教育水平与该国技术创新的吸收能力成正比。人力资本水平的高低不仅影响一国的技术创新能力,还能衡量一国的经济增长潜力。缺乏高素质人才是我国中西部地区综合技术创新能力较低的主要原因,严重阻碍了我国中西部地区对国外先进技术的消化吸收,无法充分发挥国际 R&D 资本存量的扩散效应。我国教育制度在逐渐完善,国民受教育程度也在逐年提高,但具备研发能力的高层次人才仍然十分缺乏,极不利于区域自主创新能力的提升。人力资本水平作为区域成功掌握技术扩散效应的关键,还应从几个方面进行改进:首先,突出培养技术创新型人才,特别是对世界领先水平的高级工程师、R&D 领军人物、科学家等研发型人才的重点培养;其次,大力引进海外高层次、专业性的紧缺人才,努力营造出公平、公开、竞争、择优的用人制度环境;最后,促进人才跨区域流动,扩大区域之间的技术交流与合作。

### 8.2.3 国家层面的政策建议

第一,继续深化经济体制改革,提升制度环境。对那些应该但未发挥显著提升企业技术创新能力和全要素生产率的制度要素,各级政府应进一步构建、培育、优化相关制度要素,优化制度要素的实施方式与路径,从而改善那些承载企业生产活动的制度环境,进而提升企业技术创新能力和全要素生产率。对那些能够显著影响技术创新的制度要素,各级政府应当根据其对技术创新能力的提升效果,采取针对性的优化措施来加强这些制度因素对企业技术创新的提升作用。对那些尚未显著影响技术创新的制度因素,各级政府应当推进体制、机制创新,积极发挥各种制度因素对企业技术创新的提升作用,并在此基础上培养推动企业技术创新的长效增长机制。

第二,积极推进“走出去”战略。国家层面的实证结果表明,OFDI 可以产生逆向技术溢出效应和创新效应,这既是我国实施“走出去”战略的重要目标,也是我国实施自主创新战略的必然要求。我国应采取各种措施鼓励有实力的跨国公司“走出去”,发挥 OFDI 逆向技术溢出对全要素生产率和综合技术创新能力的提升作用。

## 8.3 研究的局限及未来研究展望

受到多种因素的限制，本书研究在以下方面亟须完善：

第一，由于数据的限制，在微观层面的研究只有1999—2007年的数据，缺乏2008—2015年的相关数据，而在此期间，我国经济社会发生了巨大变化，微观层面的回归结果是否适合于经济新常态，需进一步讨论。

第二，在实证分析过程中，主要采用省域层面的空间权重矩阵，缺乏县域层面的实证分析。大多数的空间计量经济分析都是基于省级行政单元以及更大级别的单元（吴玉鸣和徐建华，2004；林光平等，2005；李婧等，2010）。而针对县域层面技术创新的研究比较少，有关制度环境、OFDI逆向技术溢出对技术创新影响研究的文献则更少，这也是笔者未来研究的方向，即以县域为空间尺度，利用空间计量经济方法分析制度环境、OFDI逆向技术溢出对技术创新能力与全要素生产率的影响。

第三，在实证分析过程中并没有进行门限值检验。本书在企业、区域、国家层面的实证分析过程中采用了分组检验及交互项的方法，而这些方法存在一定的局限性，如分组检验标准的确定不够精确，无法准确测度变量的影响边界。Hansen面板门槛回归模型可以很好地解决类似的问题，该模型根据数据自身特点划分出不同的门槛值，然后进行检验。我国东、中、西部地区的经济基础、地理位置及发展现状存在明显的差异，部分超越门槛的东部省市可以凭借自身雄厚的经济基础及良好的"技术消化吸收能力"引进、消化、吸收对外直接投资获得的逆向技术溢出，从而提升当地的技术创新能力和全要素生产率；其他地区则无法跨越门槛的限制，不能吸收对外直接投资获得的逆向技术溢出效应。因此，在进一步的研究中，需要采用静态面板门限模型与动态面板门限模型分析制度环境、OFDI逆向技术溢出对技术创新非均衡发展的影响，从而为实现本地区技术创新能力和全要素生产率提升做出理论与实践指导。

# 参考文献

[1]Acemoglu D, Antràs P, Helpman E. Contracts and Technology Adoption [J]. American Economic Review, 2007, 97(3): 916 - 943.

[2]Acemoglu D, Cantoni D, Johnson S, Robinson J A. Consequences of Radical Reform: The French Revolution [J]. American Economic Review, 2011, 101(7): 3286 - 3307.

[3]Acemoglu D, Johnson S, Robinson J A . Institutions as a Fundamental Cause of Long - Run Growth. In Handbook of Economic Growth[M]. Philippe Aghion and Stephen Durlauf(eds), 2005, (1A):384 - 473.

[4]Acemoglu D, Johnson S, Robinson J A, Yared P. Income and Democracy? [R]. NBER Working Paper, 2005.

[5]Acemoglu D, Johnson S, Robinson J A. The Rise of Europe: Atlantic Trade, Institutional Change and Economic Growth [J]. American Economic Review, 2005, 95(3):546 - 579.

[6]Acemoglu D, Johnson S, Robinson J A. Reversal of Fortune: Geography and Institutions in the Making of the Modern World Income Distribution [J]. Quarterly Journal of Economics, 2002 (118):1231 - 1294.

[7] Acs Z, Audrestch D B, Feldman M. Real Effects of Academic Research: Comment [J]. American Economic Review, 1992, 82(1):363 - 367.

[8]Acs Z J, Audretsch D B, Feldman M P. R&D Spillovers and Recipient Firm Size [J]. The Review of Economics and Statistics,1994(2): 336 - 340.

[9]Ahsan M, Musteen M. Multinational Enterprise's Entry Mode Strategies

and Uncertainty: A Review and Extension [J]. International Journal of Management Reviews, 2011, 13(4):376 -392.

[10]Alonso J A, Garcimartin C. The Determinants of Institutional Quality. More on the Debate [J]. Journal of International Development, 2013, 25(2): 206 -226.

[11]Alvarez R, Lopez R. Exporting and Performance: Evidence from Chilean Plants [J]. Canadian Journal of Economics, 2005, 38(4): 1384 -1400.

[12]Amighini A, Rabellotti R, Sanfilippo M. China's Outward FDI: An Industry -Level Analysis of Host Country Determinants [R]. Venice Summer Institute, CESifo,2011.

[13]Angrist J D. Estimating the Labor Market Impact of Voluntary Military Service Using Social Security Data on Military Applicants [J]. Econometrica, 1998 (66): 249 -288.

[14]Anne C C, Rosen H S. Budget Spillovers and Fiscal Policy Interdependence: Evidence from the States [J]. Journal of Public Economics, 1993 (52): 285 -307.

[15]Anselin L, Florax R J, Rey S J. Advances in Spatial Econometrics Methodology, Tools and Applications [M]. Berlin: Springer Verlag, 2004.

[16]Anselin L, Varga A,Acs Z J. Eographic Spillovers and University Research: A Spatial Econometric Perspective [J]. Growth and Change, 2000 (31): 501 -516.

[17]Anselin L, Varga A, Acs Z J. Local Geographic Spillovers between University Research and High Technology Innovations [J]. Journal of Urban Economics, 1997 (42): 422 -448.

[18]Anselin L,Kelejian H H. Testing for Spatial Error Autocorrelation in the Presence of Endogenous Regressors [J]. International Regional Science Review, 1997 (20): 153 -182.

[19]Anselin L. Spatial Economics:Methods and Model [M]. Dordrecht,

Kluwer Academic Press, 1988.

[20] Anselin L. Thirty Years of Spatial Economics [J]. Papers in Regional Science, 2010, 89(1): 3 -23.

[21] Antras P, Helpman E. Global Sourcing [R]. January CEPR Discussion Paper, 2004, No. 4170.

[22] Aoki M. Endogenizing Institutions and Institutional Changes [J]. Journal of Institutional Economics, 2007, 3(1): 1 -31.

[23] Aoki M. Toward a Comparative Institutional Analysis [M]. Cambridge, MA: MIT Press, 2001.

[24] Arellano M, Bover O. Another Look at the Instrumental Variables Estimation of Error - components Models [J]. Journal of Econometrics, 1995, 68 (1): 29 -51.

[25] Arrow K J. The Economic Implications of Learning by Doing [J]. Review of Economic Studies, 1962, 29(2): 155 -173.

[26] Arthur W B. The Structure of Invention [J]. Research Policy, 2007, 36(2): 274 -287.

[27] Baldwin R, Okubo T. Heterogeneous Firms, Agglomeration and Economic Geography: Spatial Selection and Sorting [J]. Journal of Economics Geography, 2006, 6(3): 323 -346.

[28] Baltagi B A. Companion to Theoretical Econometrics [M]. Oxford: Blackwell, 2001.

[29] Barrell R, Pain N. An Econometric Analysis of U.S. Foreign Direct Investment [J]. The Review of Economics and Statistics, 1996, 78(2): 200 -207.

[30] Barro R, Xavier S M. Economic Growth [M]. USA: Mc Graw - Hill Inc., 1995.

[31] Barro R J, Lee J W. International Comparisons of Educational Attainment [J]. Journal of Monetary Economics, 1993, 32(3): 363 -394.

[32] Battese G E, Coelli T J. Frontier Production Function, Technological

Efficiency and Panel Data: With Application to Paddy Farmers in India [J]. Journal of Productivity Analysis, 1992 (3):153 – 169.

[33] Battese G E, Coelli T J. A Model for Technological Inefficiency Effects in a Stochastic Frontier Production Function for Panel Data [J]. Empirical Economics, 1995 (20):325 – 332.

[34] Beardsell M, Henderson V. Spatial Evolution of the Computer Industry in the USA [J]. European Economic Review, 1999, 43:431 – 456.

[35] Belloc M, Bowles S. International Trade, Factor Mobility and the Persistence of Culture – Institutional Diversity [R]. CESifo Working Paper Series, 2011, No. 2762.

[36] Bernard A, Bradford J, Lawrence R. Exporters, Jobs and Wages in U. S. Manufacturing: 1976 – 1987 [J]. Brookings Papers on Economic Activity: Microeconomics, 1995: 67 – 119.

[37] Bernard A B, Jensen J B. Firm Structure, Multinationals, and Manufacturing Plant Deaths [J]. Review of Economic and Statistic, 2006, 89(1): 1 – 11.

[38] Bitzer J, Kerekes M. Does Foreign Direct Investment Transfer Technology Across Borders? [J]. New Evidence Economics Letters, 2008 (100):355 – 358.

[39] Blomstrom M, Konan D, Lipsey R. FDI in the Restructuring of the Japanese Economy [R]. NBER Working Paper, 2000, No. 8015.

[40] Blonigen B A, Piger J. Determinants of Foreign Direct Investment [R]. NBER, Working Paper, 2011, No. 16704.

[41] Blundell R, Bond S. Initial Conditions and Moment Restrictions in Dynamic Panel Data Models[J]. Journal of Econometrics, 1998 (87): 115 – 143.

[42] Boarnet M G. Spillovers and the Local Effects of Public Infrastructure [J]. Journal of Regional Science, 1998, 38(3): 381 – 400.

[43] Bombardini M, Kurz C J, Morrow P M. Ricardian Trade and The Impact of Domestic Competition on Export Performance [J]. Canadian Journal of Economics, 2012(45): 585 – 612.

[44]Borensztein E, Gregorio J D, Lee J W. How Does Foreign Direct Investment Affect Economic Growth? [J]. Journal of International Economics, 1998, 45(1): 115 -135.

[45]Braconier H, Ekholm K, Midelfart K H. In Search of FDI - Transmitted R&D Spillovers: A Study Based on Swedish Data[J]. Review of World Economics, 2001,137(4):644 -665.

[46]Brandt L, Biesebroeck J V, Zhang Y. Creative Accounting or Creative Destruction? Firm Level Productivity Growth in Chinese Manufacturing [J]. Journal of Development Economics, 2012, 97(2): 339 -351.

[47]Bronzini R,Piselli P. Determinants of Long run Regional Productivity with Geographical Spillovers: The Role of R&D, Human Capital and Public Infrastructure [J]. Regional Science and Urban Economics, 2009,39(2):187 -199.

[48]Brouthers K D. Real Options, International Entry Mode Choice and Performance [J]. Journal of Management Studies, 2008, 45(5):936 -960.

[49]Busse M, Horen N V. Political Risk, Institutions and Foreign Direct Investment [J]. European Journal of Political Economy, Elsevier, 2008(2):397 -415.

[50]Caniels M C J, Verspagen B. Barriers to Knowledge Spillovers and Regional Convergence in an Evolutionary Model [J]. Journal of Evolutionary Economics, 2001, 11(3): 307 -329.

[51]Cantos P, Gumbau, Albert M, Maudos J. Transport Infrastructures, Spillovers Effects and Regional Growth: Evidence of the Spanish Case [J]. Transport Reviews, 2005, 25(1): 25 -50.

[52]Cantwell J A ,Tolentino P E E. Technological Accumulation and Third World Multinationals [Z]. Paper presented at the annual meeting of the European International Business Association, Antwerp, December,1987.

[53]Cantwell J, Dunning J H, Lundan S M. An Evolutionary Approach to Understanding International Business Activity: The Co - evolution of MNEs and the Institutional Environment [J]. Journal of International Business Studies,

2010, 41(4): 567 -586.

[54]Caselli F, Coleman J. The World Technology Frontier [J]. American Economic Review, 2006, 96(3): 499 - 522.

[55]Chaudhry A, Garner P. Do Governments Suppress Growth? Institutions, Rent - Seeking, and Innovation Blocking in a Model of Schumpeterian Growth [J]. Economics & Politics, 2007,19(1): 35 -52.

[56]Chen M, Moore M. Location Decision of Heterogeneous Multinational Firms [J]. Journal of International Economics, 2010, 80(2): 188 -199.

[57]Cheng L K, Ma Z. China's Outward Foreign Direct Investment Paper Presented at Indian Statistical Institute [A]. 12 December, 2008. http://www.isid. ac. in/ ~pu/seminar/12_12_2008.

[58]Coase R H. The Nature of the Firm [J]. Economica New Series, 1937 (4): 386 -405.

[59]Coe D T, Helpman E. International R&D Spillovers and Institutions [J]. European Economic Review, 1995, 53(7): 723 -741.

[60]Cohen J P, Morrison P C J. Public Infrastructure Investment, Cost, and Inter State Spatial Spillovers in US Manufacturing: 1982 -1996 [J]. SSRN Electronic Journal, 2001, 78(1):47 -67.

[61]Cohen W, Levinthal D. Absorptive Capacity: A New Perspective on Learning and Innovation [J]. Administrative Science Quarterly, 1990, 35(1): 128 -152.

[62]Cuypers I, Martin X. What Makes and What does not Make a Real Options? A Study of International Joint Ventures [J]. Journal of International Business Studies, 2010, 41(1):47 -69.

[63]Darby J, Desbordes R, Wooton I. Does Public Governance Always Matter? How Experience of Poor Institutional Quality Influences FDI to the South [R]. CEPR Discussion Paper Series, 2009, No. 7533.

[64]Davidson R, Mackinnon J G. Estimation and Inference in Econometrics

[M]. London: Oxford University Press, 1993.

[65]De Loecker J. Does Exporting Generate High Productivity? Evidence from Slovenia [J]. Journal of International Economics, 2007, 73(1):69 -98.

[66]Delgado M J, Alvarez I. Network Infrastructure Spillover in Private Productive Sectors: Evidence from Spanish High Capacity Roads [J]. Applied Economics, 2007, 39(12):1583 -1597.

[67]Devereux M P, Griffith R, Simpson H. The Geographic Distribution of Production Activity in the UK [J]. Regional Science and Urban Economics, 2004(34):533 -564.

[68]Dixit A K, Stiglitz J E. Monopolistic Competition and Optimum Product Diversity [J]. American Economic Review, 1977 (67): 297 -308.

[69]DOSI G. The Contribution of Economic Theory to the Understanding of a Knowledge - based Economy [R]. OECD, 1996.

[70]Driffield N, Love J H. Foreign Direct Investment, Technology Sourcing and Reverse Spillovers [J]. The Manchester School, 2003, 71(6): 659 -672.

[71]Driffierd N, Love J H. Who Gains from Whom? Spillovers Competition and Technology Sourcing in the Foreign - owned Sector of UK Manufacturing [J]. Scottish Journal of Political Economy, 2005, 52(5): 663 -686.

[72]Dunning J H. Explaining International Production [M]. London: Unwin Hyman, 1988.

[73]Dunning J H, Chang S K, Lin J D. Incorporating Trade into the Investment Development Path: A Case Study of Korea and Taiwan [J]. Oxford Development Studies, 2001, 29(2): 145 -154.

[74]Dunning J H, Dilyard J R. Towards a General Paradigm of Foreign Direct and Foreign Portfolio Investment [J]. Transnational Corporations, 1999, 8(1): 1 -52.

[75]Dunning J H, Lundan S M. Institutions and the OLI Paradigm of the Multinational Enterprise [J]. Asia Pacific Journal of Management, 2008, 25(4):

573 – 593.

[76] Dunning J H, Lundan S M. Multinational Enterprises and the Global Economy [M]. Edward Elgar Publishing, 2008.

[77] Dunning J H, Rugman A M. The Influence of Hymer's Dissertation on the Theory of Foreign Direct Investment [J]. The American Economic Review, 1985 (75): 228 – 232.

[78] Dunning J H. Explaining the International Direct Investment Position of Countries: Towards a Dynamic or Developmental Approach [J]. Review of World Economics, 1981, 119(1): 30 – 64.

[79] Dunning J H. Trade, Location of Economic Activity and the Multinational Enterprise: A Search for an Eclectic Approach [A]. First Published in Ohlin B, Hesselborn P O, Wijkman P M. The International Allocation of Economic Activity[C]. London: Macmillan, 1977.

[80] Dunning J H. International Production and the Multinational Enterprise [M]. London: GeorgeAllen & Unwin Ltd., 1981.

[81] Dunning J H. Multinational Enterprises and the Global Economy [M]. Mass: Addison – Wesley, 1993.

[82] Dunning J H. Reappraising the Eclectic Paradigm in the Age of Alliance Capitalism [J]. Journal of International Business Studies, 1995, 26(3): 461 – 493.

[83] Dunning J H. The Eclectic Paradigm as an Envelope for Economic and Business Theories of MNE Activity [J]. International Business Review, 2000, 9(1): 163 – 190.

[84] Dunning J H. Trade, Location of Economic Activity and the Multinational Enterprise: A Search for an Eclectic Approach[C]. A Nobel Symposium: International Location of Economic Activity . London: Unwin Hyman, 1988: 13 – 40.

[85] Duranton G, Pruga D. Nursery Cities [J]. American Economic Review, 2001 (91): 1454 – 1477.

[86]Elhorst J P. Spatial Econometrics [M]. Springer, 2013.

[87]Fischer M M, Varga A. Spatial Knowledge Spillovers and University Research: Evidence from Austria [J]. Annals of Regional Science, 2003, 37(2): 303 -322.

[88]Fujita M, Krugman P, Venables A. The Spatial Economy: Cities, Regions, and International Trade [M]. Cambridge: MIT Press, 1999.

[89]Fujita M. A Monopolistic Competition Model of Spatial Agglomeration: A Differentiated Products Approach [J]. Regional Science and Urban Economics, 1988 (18): 87 -124.

[90]Furman J L, Porter M E, Stern S. The Determinants of National Innovative Capacity [J]. Research Policy, 2002, 31(6): 899 -933.

[91]Gazaniol A, Peltraut F. Outward FDI, Performance and Group Affiliation: Evidence from French Matched Firms [J]. Economics Bulletin, 2013, 33(2): 891 -904.

[92]Getis A, Ord J K. The Analysis of Spatial Association by Use of Distance Statistics [J]. Geographical Analysis, 1992, 24(3):189 -206.

[93]Glaeser E L, Kallal H D, Scheinkman J A, Shleifer A. Growth in Cities [J]. Journal of Political Economy, 1992, 100(6): 1126 -1152.

[94]Gong B H, Sickles R C. Finite Sample Evidence on the Performance of Stochastic Frontier and Data Envelopment Analysis Using Panel Data [J]. Journal of Economics, 1992, 51:259 -284.

[95] González X, Pazó C. Do Public Subsidies Stimulate Private R&D Spending? [J]. Research Policy, 2008, 37(3): 371 -389.

[96]Gorg H, Greenaway D. Much Ado about Nothing? Do Domestic Firms Really Benefit from Foreign Direct Investment? [J]. World Bank Research Observer, 2004 (2): 171 -197.

[97]Goto A, Suzuki K. R&D Capital, Rate of Return on R&D Investment and Spillovers of R&D in Japanese Manufacturing Industries [J]. Review of Eco-

nomics and Statistics, 1989, 71(4): 555 -564.

[98]Greif A. Micro – theory and Recent Development in the Study of Economic Institutions through Economic History [C]. In David M. Kreps and Kenneth F. Wallis eds, Advances in Economic Theory, Cambridge University Press, 1997.

[99]Grief A. Institutions and the Path to Modern Economy. Lessons from Medieval Trade [M]. Cambridge University Press, 2006.

[100]Griffith, Rachel, Stephen R, Reenen J V. Mapping the Two Faces of R&D: Productivity Growth in a Panel of OECD Countries [J]. Review of Economics and Statistics, 2004, 86(4): 883 -895.

[101]Griliches Z. The Search for R&D Spillovers Scandinavian [J]. Journal of Economics, 1992, 94(4):29 -47.

[102]Grossman G, Hart O. The Costs and Benefits of Ownership: A Theory of Vertical and Lateral Integration [J]. Journal of Political Economy, 1986, 94(4):691 -719.

[103]Grossman G, Helpman E. Innovation and Growth in the Global Economy [M]. The MIT Press, Cambridge,1991.

[104]Grossman G M, Helpman E. Endogenous Innovation in the Theory of Growth [J]. Journal of Economic Perspectives, 1994(8): 23 -44.

[105]Guillen M F, Garcia – Canal E. The American Model of The Multinational Firm and the "New" Multinationals from Emerging Economies [J]. Academy of Management Perspectives, 2009, 23(2): 23 -35.

[106]Halleck V S, Elhorst J P. On Spatial Econometric Model, Spillover Effects[R]. W. University of Groningen, Working Paper, 2012.

[107]Haussmann R, Wang J H, Rodrik D. What You Export Matters [J]. Journal of Economic Growth, 2007 (12): 1 -25.

[108] Heckman J J, Ichimura H, Todd P. Matching as an Econometric Evaluation Estimator [J]. Review of Economics Studies, 1998, 65:261 -294.

[109] Helpman E, Melitz M, Yeaple S. Export Versus FDI with Heterogeneous Firms [J]. American Economic Review, 2004, 94(1): 300 -316.

[110] Henderson J V. Marshall's Scale Economics [J]. Journal of Urban Economics, 2003, 53(1): 1 -28.

[111] Hennart J F. What Is Internalization? [J]. Review of World Economics, 1986 (122): 791 -804.

[112] Hofstede. Cultures and Organizations: Software of Mind [M]. New York: McGraw - Hill, 1992.

[113] Hsieh C T, Klenowand P J. Misallocation and Manufacturing TFP in China and India [J]. Quarterly Journal of Economics, 2009, 124(4):1403 -1448.

[114] Hussinger K. R&D and Subsidies at the Firm Level: An Application of Parametric and Semi - parametric Two - step Selection Models [J]. Journal of Applied Econometrics, 2008, 23(6): 729 -747.

[115] Hwy - Chang M, Roehl T W. Unconventional Foreign Direct Investment and the Imbalance Theory [J]. International Business Review, 2001, 10: 197 -215.

[116] Hymer S H. International Operation of National Firms: A Study of Direct Foreign Investment [M]. MIT Press, 1960.

[117] Jacobs J. The Economy of Cities [M]. New York: Random House, 1969.

[118] James H, Lage - Hidalgo F. Analyzing the Determinants of US Direct Investment in Mexico[J]. Applied Economics,2000,32(10):1259 -1267.

[119] Klein M W, Rosengren Eric. The Real Exchange Rate and Foreign Direct Investment in the United States: Relative Wealth vs. Relative Wage Effects [J]. Journal of International Economics, 1994, 36(3 -4):373 -389.

[120] Kogut B, Chang S J. Technological Capabilities and Japanese Direct Investment in the United States [J]. Review of Economics and Statistics, 1991, 73(3): 401-413.

[121] Kojima Kiyoshi. Direct Foreign Investment: A Japanese Model of Multinational Business Operations[M]. London: CroomHelm, 1978.

[122] Kolstag I, Wiig A. What Determines Chinese Outward FDI? [J]. Journal of World Business, 2012, 47(1): 26 - 34.

[123] Krugman P. Increasing Returns and Economic Geography [J]. Journal of Political Economy, 1996, 99(3): 48 - 59.

[124] Lai H, Zhu S. Technology, Endowments, and the Factor Content of Bilateral Trade[J]. Journal of International Economics, 2008(71): 389 - 409.

[125] Lall S. Developing Countries as Exporters of Technology: A First Look at the Indian Experience [M]. London: The Macmillan Press Ltd., 1982.

[126] Lall S. The New Multinationals [Z]. New York, John Wiley, 1983.

[127] LeSage J P, Llano C. A Spatial Interaction Model with Spatially Structured Origin and Destination Effects [J]. Journal of Geographical System, 2013, 15(3): 265 - 289.

[128] Lesage J P, Pace R K. Introduction to Spatial Econometrics [M]. New York: CRC Press Taylor & Francis Group, 2009.

[129] Lesage J P. Spatial Econometrics [M]. The Web Book of Regional Science, Regional Research Institute, West Virginia University, Morgantown, WV, 1999.

[130] Levchenko A A. Institutional Quality and International Trade [J]. The Review of Economic Studies, 2007, 74(3): 791 - 819.

[131] Lichtenberg F R. The Effect of Government Funding on Private Industrial Research and Development: A Re - assessment [J]. The Journal of Industrial Economics, 1987, 36(3): 97 - 104.

[132] Lichtenberg F R, Potterie B P. Does Foreign Direct Investment Transfer Technology Across Borders? [J]. The Review of Economics and Statistics, 2001, 83(3): 490 - 497.

[133] Lozano S, Gutierrez E, Moreno P. Network DEA Approach to Air-

ports Performance Assessment Considering Undesirable Outputs [J]. Applied Mathematical Modeling, 2013, 37(4): 1665 - 1676.

[134]Lucas R E. On the Mechanics of Economic Development [J]. Journal of Monetary Economics, 1988, 22(1):284 - 343.

[135] Mansfield E. The Economics of Technological Change [M]. New York: W. W. Norton & Company Inc. , 1968.

[136]Marschak J,Andrews W H. Random Simultaneous Equations and the Theory of Production [J]. Econometrica, 1944 (12): 143 - 205.

[137]Mary O, Mahony,Vecchi M. R&D, Knowledge Spillovers and Company Productivity Performance [J]. Research Policy, 2009(38): 35 - 44.

[138]Mathews J A. Dragon Multinationals: New Players in 21st Century Globalization [J]. Asia Pacific Journal of Management, 2006 (23):5 - 27.

[139]McMillan J, Naughton B. How to Reform a Planned Economy: Lessons from China [J]. Oxford Review of Economic Policy, 1992, 8(1): 130 - 143.

[140]Melitz M J. The Impact of Trade On Intra - industry Reallocations and Aggregate Industry Productivity[J]. Econometrica,2003,71(6): 1695 - 1725.

[141] Miller K D, Reuer J J. Firm Strategy and Economic Exposures to Foreign Exchange Rate Movements [J]. Journal of International Business Studies, 1998, 29(3):493 - 513.

[142] Moore M O. Determinants of German Manufacturing Direct Investment:1980 - 1988 [J]. Review of World Economics. 1993, 129 (1):120 - 138.

[143]Morales M F. Research Policy and Endogenous Growth [J]. Spanish Economic Review, 2004 (3):179 - 209.

[144]Moran P A P. Notes on Continuous Stochastic Phenomena [J]. Biometrika, 1950 (37): 17 - 23.

[145]Morrow P M. Ricardian - Heckscher - Ohlin Comparative Advantage: Theory and Evidence [J]. Journal of International Economics, 2010 (82): 137 - 151.

[146]Nachum L, Keeble D. MNE Linkage and Local Clusters: Foreign and Indigenous Firms in the Media Cluster of Central London [J]. Journal of International Management, 2003(9): 171 -192.

[147]Naughton B. Implications of the State Monopoly over Industry and Its Relaxation [J]. Modern China, 1992,18(1): 14 -41.

[148]Nelson R R. National Innovation Systems: A Comparative Analysis [M]. Cambridge: Oxford University Press,1993.

[149] Nelson R R. The Simple Economics of Basic Scientific Research [J]. The Journal of Political Economy,1959, 67(3): 297 -306.

[150] North D C. Institutions and Economic Performance. In Rationality [M]. Institutions and Economic Methodology, London: Routledge, 1994.

[151]North D C. Institutions, Institutional Change and Economic Performance[M]. Cambridge: Cambridge University Press,1990.

[152]North D C, Wallis J, Steven B. Limited Access Orders in the Developing World: A New Approach to the Problems of Development [R]. Policy Research Working Paper, 2007.

[153]Nunn N. Relationship - Specificity, Incomplete Contracts, and the Pattern of Trade [J]. Quarterly Journal of Economics, 2007, 122 (2): 569 -600.

[154]Okubo T. Firms Heterogeneity and Location Choice [R]. Discussion Paper, 2010.

[155]Olley G S, Pakes A. The Dynamics of Productivity in the Telecommunications Equipment Industry [J]. Econometrica, 1996, 64 (6): 1263 -1297.

[156]Ottaviano G I P. "New" New Economic Geography: Firm Heterogeneity and Agglomeration Economies [J]. Journal of Economic Geography, 2011, 11 (2): 231 -240.

[157]Pace R K, Barry R. Sparse Spatial Auto Regressions [J]. Statistics

and Probability Letters, 1997, 33(3): 191 -297.

[158]Perkins D H. The Challenge China Economy Poses for Chinese Economists [J]. China Economy Review, 2002, 13(4): 412 -418.

[159]Porter M E. Location, Competition, and Economic Development: Local Clusters in a Global Economy [J]. Economic Development Quarterly, 2000, 14(1): 15 -34.

[160]Porter M E. The Competitive Advantage of Nations [M]. London: MacMillan, 1990.

[161]Pradhan J, Singh N. Outward FDI and Knowledge Flows: A Study of India Automotive Sector [J]. International Journal of Institutions and Economics, 2009, 1(1): 156 -187.

[162]Puga D. European Regional Policy in Light of Recent Location Theories [J]. Journal of Economic Geography, 2002, 2(4): 372 -406.

[163]Rivera B L, Romer P. Economic Interaction and Endogenous Growth [J]. Quarterly Journal of Economics, 1991, 106(2): 531 -555.

[164]Romer P M. Increasing Returns and Long - run Growth [J]. Journal of Political Economy, 1986, 94 (5): 1002 -1037.

[165]Romer P M. Endogenous Technological Change [J]. Journal of Political Economy, 1990, 98 (5): 71 -102.

[166]Rugman A M. New Theories of the Multinational Enterprise [M]. London: Croom Helm, 1982.

[167]Ryuhei W, Takashi N. Firm Heterogeneity and the Choice of Internationalization Models: Statistical Evidence from Japanese Firm - Level Data [R]. RIETI Discussion Paper Series,2009,No. 09 - E -024.

[168]Ryuhei W, Takashi N. Productivity and FDI of Taiwan Firms: A Review from a Nonparametric Approach [R]. RIETI Discussion Paper Series, 2012, No. 12 - E -033.

[169]Schmookler J. Invention and Economic Growth [M]. Cambridge:

Harvard University Press, 1966.

[170]Schott P K. The Relative Sophistication of Chinese Export [J]. Economic Policy, 2008 (53):5 -49.

[171]Schumpeter J. The Theory of Economic Development [M]. Cambridge: Harvard University Press, 1912.

[172]Shi Y G, Rao Y. China's Research Culture [J]. Science, 2010, 329 (3):1128 -1128.

[173]Simonetta L, Peter N, Lulia T. Economic Integration and Regional Structure Change in a Wider Europe: Evidence from New EU and Accession Countries [J]. Journal of Institutional Innovation, Development & Transitions, 2004 (8): 48 -55.

[174]Siotios. Foreign Direct Investment Strategies and Firms Capabilities [J]. Journal of Economics & Management Strategy, 1999, 8(2):251 -270.

[175]Solow R M, Technical and the Aggregate Production Function [J]. The Review of Economics and Statistics, 1957, 39(3): 312 -320.

[176]Tappeiner G, Hauser C, Walde J. Regional Knowledge Spillovers: Fact or Artifact? [J]. Research Policy, 2008, 37(5):861 -874.

[177]Teece D J. The Multinational Enterprise: Market Failure and Market Power Considerations [J]. Sloan Management Review, 1981 (22): 3 -17.

[178]Tiiu P, Schlitte F. Regional Income Inequality and Convergence Processes in the EU -25 [R]. HWWA Discussion Paper, No. 355.

[179]Tobler W R. A Computer Movie Simulating Urban Growth in the Detroit Region [J]. Economic Geography, 1970 (46):234 -240.

[180]Tomi T, Vesa H. Social Capital in Building Regional Innovative Capability: A Theoretical and Conceptual Assessment [C]. The 43rd Congress of European Regional Science Association (ERSA), 27 - 31August 2003, Jyväskylä, Finland.

[181]UNCTAD. World Investment Report: Transnational Corporations and

the Internationalization of R&D [R]. United Nations, New York and Geneva, 2005.

[182] UNCTAD. World Report [EB/OL]. http://unctad. org/en/Pages/Statistics. aspx, 2006.

[183] Utterback J M. Innovation in Industry and the Diffusion of Technology [J]. Science, 1974 (183):620 -626.

[184] Venables A J. Equilibrium Locations of Vertically Linked Industries [J]. International Economic Review, 1996 (37): 341 -359.

[185] Vernon R. International Investment and International Trade in the Product Circle [J]. Quarterly Journal of Economics, 1966 (5): 190 -207.

[186] Wang C, Hong M, Boateng K. What Drives Outward FDI of Chinese Firms? Testing the Explanatory Power of Three Theoretical Frameworks [J]. International Business Review, 2012 (21): 425 -438.

[187] Wang C C, Lin G S. The Growth and Spatial Distribution of China's ICT Industry: New Geography of Clustering and Innovation [J]. Issues & Studies, 2008, 44(2): 145 -192.

[188] Wang E C, Huang W. Relative Efficiency of R&D Activities: A Cross - Country Study Accounting for Environmental Factors in the DEA Approach [J]. Research Policy, 2007, 36(2):260 -273.

[189] Wang Y, Yao Y D. Sources of China's Economic Growth 1952 - 1999: Incorporating Human Capital Accumulation [J]. China Economic Review, 2003, 14(1):32 -52.

[190] Wells L T Jr. Third World Multinationals [M]. Cambridge, Massachusetts: MIT Press, 1983.

[191] Williamson O E. Transaction Cost Economics: The Governance of Contractual Relations [J]. Journal of Law and Economics, 1979 (22): 233 -261.

[192] Williamson O E. The Economic Institutions of Capitalism: Firms, Markets, Relational Contracting [M]. New York: Free Press, 1985.

[193] Yam. The Analysis of Sources of Innovation Technological Innovation, Capabilities, and Performance: An Empirical Study of Hong Kong Manufacturing Industries [J]. Research Policy, 2011 (40): 391 -402.

[194] Yang S, Chen K, Huang T. Outward Foreign Direct Investment and Technology Efficiency: Evidence from Taiwan's Manufacturing Firms [J]. Journal of Asian Economics, 2013 (27): 7 -17.

[195] Yeaple S R. Firm Heterogeneity and the Structure of US Multinational Activity[J]. Journal of International Economics,2009,78(2):206 -215.

[196] A. 科瑟尔. 社会冲突的功能[M]. 孙立平等,译. 北京:华夏出版社,1989.

[197] J. 保罗・埃尔霍斯特. 空间计量经济学从横截面数据到空间面板[M]. 肖光恩,译. 北京:中国人民大学出版社,2015.

[198] R. 科斯,A. 阿尔钦,D. 诺斯,等. 财产权利与制度变迁 [M]. 上海:上海三联书店,1994.

[199] 阿里斯. 奔向合理社会:工业文明的价值 [M]. 得克萨斯:得克萨斯大学出版社,1961.

[200] 白洁. 对外直接投资的逆向技术溢出效应——对中国全要素生产率影响的经验检验[J]. 世界经济研究,2009(8): 65 -69.

[201] 班博,任惠光. 中国企业对外直接投资的绩效评价体系研究[J]. 山东大学学报(哲学社会科学版),2008(2): 104 -109.

[202] 蔡芳芳,濮励杰,张建. 基于 ESDA 的江苏省县域经济发展空间模式解析[J]. 经济地理,2012,32(3):22 -27.

[203] 曹琪格,任国良,骆雅丽. 区域制度环境对企业技术创新的影响[J]. 财经科学,2014(1): 71 -80.

[204] 柴忠东. 新兴市场跨国企业竞争优势:企业特定还是母国因素?[J]. 亚太经济,2013(6): 92 -97.

[205] 车维汉,张琳. 上海市产学研合作效率评价:基于分行业数据的 DEA 分析[J]. 科技进步与对策,2010(3): 20 -25.

[206]陈菲琼,高悦顺,孙晓光.联盟抑或并购:基于创新能力的外部资源的选择[J].生产力研究,2003(5):129-130.

[207]陈菲琼,虞晓丹.企业对外直接投资对自主创新的反馈机制:以万象集团 OFDI 为例[J].财贸经济,2009(3):101-106

[208]陈菲琼,钟芳芳,陈珧.中国对外直接投资与技术创新研究[J].浙江大学学报,2013(4):170-181.

[209]陈建军,胡晨光.产业集聚的集聚效应——以长江三角洲次区域为例的理论和实证分析[J].管理世界,2008(6):68-84.

[210]陈修德,秦全德,吴小节,史欣向.市场化改革与企业研发效率动态演进——来自中国高技术产业层面的经验证据[J].科学学研究,2014,32(10):1488-1497.

[211]陈岩.中国对外投资逆向技术溢出效应实证研究:基于吸收能力的分析视角[J].中国软科学,2011(10):61-72.

[212]陈勇兵,康吉红,王艳."新"新经济地理学研究脉络梳理与展望[J].中南财经政法大学学报,2013(2):3-10.

[213]成力为,孙玮.我国制造业内外资资本与劳动配置效率差异的实证研究[J].中国软科学,2007(12):90-97.

[214]成立为,孙玮.市场化程度对自主创新配置效率的影响——基于Cost-Malmquist 指数的高技术产业行业面板数据分析[J].中国软科学,2012(5):128-137.

[215]戴魁早,刘友金.市场化进程对创新效率的影响及行业差异[J].财经研究,2013(5):4-16.

[216]戴魁早.制度环境、区域差异与知识生产效率——来自中国省际高技术产业的经验证据[J].科学学研究,2015(3):369-377.

[217]党兴华,弓志刚.多维邻近性对跨区域技术创新合作的影响—基于中国共同专利数据的实证分析[J].科学学研究,2013(10):1590-1600.

[218]邓明.制度距离、"示范效应"与中国 OFDI 的区位分布[J].国际贸易问题,2012(2):123-135.

[219]邓新明,许洋.双边投资协定对中国对外直接投资的影响——基于制度环境门槛效应的分析[J].经济研究,2015(3):47-55.

[220]杜江,宋跃刚.知识资本、OFDI逆向技术溢出与企业技术创新——基于全球价值链视角[J].科技管理研究,2015(21):25-30.

[221]杜江,宋跃刚.制度距离、要素禀赋与我国OFDI区位选择偏好——基于动态面板数据模型的实证研究[J].世界经济研究,2014(12):47-52,86.

[222]凡勃伦.有闲阶级论[M].北京:商务印书馆,1964.

[223]樊福卓.地区专业化的度量[J].经济研究,2007,(9):71-83.

[224]樊纲,王小鲁,朱恒鹏.中国市场化指数——各地区市场化相对进程2011年报告[M].北京:经济科学出版社,2011.

[225]樊霞,赵丹萍,何悦.企业产学研合作的创新效率及其影响因素研究[J].科研管理,2012(2):33-39.

[226]范柏乃.城市技术创新透视——区域技术创新研究的一个新视角[M].北京:机械工业出版社,2004.

[227]范建双,虞晓芬,赵磊.中国国有、私营和外资工业企业地区间效率差异研究[J].数量经济技术经济研究,2015(6):21-38.

[228]范允奇,徐玉生.腐败、政府R&D投入与高技术产业技术创新效率[J].财贸研究,2014(6):95-102.

[229]方军雄.所有制、市场化进程与资本配置效率[J].管理世界,2007(11):27-35.

[230]方齐云,吴光豪.高技术产业集聚提高了创新效率吗?[J].管理现代化,2015(2):54-57.

[231]冯春晓.我国对外直接投资与产业结构优化的实证研究[J].国际贸易问题,2009(8):97-104.

[232]冯锋,肖相泽,张雷勇.产学研合作共生现象分类与网络构建研究——基于质参量兼容的扩展Logistic模型[J].科学学与科学技术管理,2013,(2):3-11.

[233]高艳慧,万迪昉.企业性质、资金来源与研发产出——基于我国高技术产业的实证研究[J].科学学与科学技术管理,2011(9):146-156.

[234]郭书文,黄汉民.制度质量、制度稳定性与对外贸易:一项实证研究[J].国际经贸探索,2011(4):47-51.

[235]韩庆潇,杨晨,李鹏.中国高技术产业知识溢出与创新效率分析[J].中国科技论坛,2015(2):67-71.

[236]韩玉军,王丽.中国OFDI逆向技术溢出效应的影响因素研究——基于国别面板数据的非线性门槛技术回归[J].经济理论与经济管理,2015(6):94-105.

[237]郝颖,刘星.市场化进程与上市公司R&D投资:基于产权特征视角[J].科研管理,2010(4):81-90.

[238]胡鞍钢,鄢一龙,姜佳莹."十三五"规划及2030年远景目标的前瞻性思考[EB/OL].人民网,http://theory.people.com.cn/n/2015/0304/c207270-26635551.html.

[239]胡健,焦兵.空间计量经济学理论体系的解析及其展望[J].统计与信息论坛,2012,27(1):3-8.

[240]胡乃武,龙向东.半个多世纪以来西方经济增长理论的发展[J].经济学动态,2001(10):65-72.

[241]胡振华,杨琼.中国高技术产业创新效率研究[J].科学管理研究,2015(4):32-35.

[242]黄晖.中国区域经济非均衡发展的制度分析[D].长沙:湖南大学,2012.

[243]黄静,吴和成,李慧.基于面板数据的高技术产业R&D投入产出关系研究[J].科技进步与对策,2010,27(16):58-62.

[244]冀相豹.中国对外直接投资影响因素分析——基于制度的视角[J].国际贸易问题,2014(9):98-108.

[245]加尔布雷斯.经济学和公共目标(中文版)[M].北京:商务印书馆,1980.

[246]简泽.企业间的生产率差异、资源再配置与制造业部门的生产率[J].管理世界,2011(5):11-23.

[247]江旅安.提高认识,抓住关键,推动技术创新[M].北京:中国经济出版社,1997.

[248]江小涓.我国对外投资的战略意义与政策建议[J].中国外汇管理,2000(11):8-9.

[249]江小涓.中国的外资经济对增长、结构升级和竞争力的贡献[J].中国社会科学,2002(6):3-14.

[250]姜磊,柏玲.空间面板模型的进展:一篇文献综述[J].广西财经学院学报,2014,27(6):1-8.

[251]蒋冠宏,蒋殿春.中国对发展中国家的投资——东道国制度重要吗?[J].管理世界,2012(11):45-56.

[252]蒋冠宏,蒋殿春.中国工业企业对外直接投资与企业生产率进步[J].世界经济,2014(9):53-76.

[253]蒋冠宏,蒋殿春.中国企业对外直接投资的异质性检验——以服装、纺织和鞋帽类企业为例[J].世界经济研究,2013(11):61-65,79.

[254]蒋冠宏.制度差异、文化距离与中国企业对外直接投资风险[J].世界经济研究,2015,(8):37-47,128.

[255]蒋雅文.论制度变迁理论的变迁[J].经济评论,2003(4):73-79.

[256]解维敏,唐清泉,陆姗姗.政府R&D资助、企业R&D支出与自主创新:来自中国上市公司的经验证据[J].金融研究,2009(6):86-99.

[257]金碚.高技术产业在中国产业发展中的地位和作用[J].中国工业经济,2003(12):5-10.

[258]金春雨,王伟强.我国高技术产业空间集聚及影响因素研究——基于省级面板数据的空间计量分析[J].科学学与科学技术管理,2015(7):49-56.

[259]金祥荣,茹玉骢,吴宏.制度、企业生产效率与中国地区间出口差异[J].管理世界,2008(11):65-77.

[260]景劲松,陈劲,吴沧澜.我国企业 R&D 国际化的现状、特点及模式[J].研究与发展管理,2003(8):41 -48.

[261]康芒斯.制度经济学[M].北京:商务印书馆,2006.

[262]科斯 R H.财产权利与制度变迁产权学派与新制度学派译文集[M].上海:上海三联书店,1994.

[263]李柏洲,苏屹.基于 SNM 的企业原始创新管理工具研究[J].软科学,2010(11):6 -8.

[264]李海超,王昕怡.高技术产业原始创新实现路径研究[J].华东经济管理,2013,27(8): 83 -86.

[265]李婧,谭清美,白俊红.中国区域创新生产的空间计量分析——基于静态与动态面板数据模型的实证研究[J].管理世界,2010(7):43 -65.

[266]李兰冰,刘秉镰.中国高技术产业的效率评价与成因识别[J].经济学动态,2014(9): 56 -65.

[267]李林,丁艺,刘志华.金融集聚对区域经济增长作用的空间计量分析[J].金融研究,2011(5):113 -123.

[268]李梅,金照林.国际 R&D、吸收能力与对外直接投资逆向技术溢出——基于我国省际面板数据的实证研究[J].国际贸易问题,2011(10):124 -136.

[269]李梅,柳士昌.对外直接投资逆向技术溢出的地区差异和门槛效应——基于中国省际面板数据的实证研究[J].管理世界,2012(1):21 -32.

[270]李梅,袁小艺,张易.制度环境与对外直接投资逆向技术溢出[J].世界经济研究,2014(2):61 -74.

[271]李培楠,赵兰香,万劲波.创新要素对产业创新绩效的影响——基于中国制造业和高技术产业数据的实证分析[J].科学学研究,2014,32(4):605 -612.

[272]李泳.中国企业对外直接投资成效研究[J].管理世界,2009(9):34 -43.

[273]李志远,余淼杰.生产率、信贷约束与企业出口:基于中国企业层

面的分析[J]. 经济研究,2013(6):85 - 99.

[274]梁晓艳,李志刚,汤书昆. 我国高技术产业的空间聚集现象研究:基于省际高技术产业产值的空间计量分析[J]. 科学学研究,2007,25(3):453 - 460.

[275]林光平,龙志和,吴梅. 我国地区经济收敛的空间计量实证分析:1978—2002[J]. 经济学(季刊),2005(4):67 - 82.

[276]林光平,龙志和,吴梅. 中国地区经济 σ 收敛的空间计量实证分析[J]. 数量经济技术经济研究,2006(4):14 - 21,69.

[277]林毅夫,李永军. 比较优势、竞争优势与发展中国家的经济发展[J]. 管理世界,2003(7):21 - 28,66.

[278]林云,金祥荣. 区域技术创新绩效的"马太效应"——基于中国 30 个省市面板数据分析[J]. 经济学家,2008(3):78 - 85.

[279]刘安国,杨开忠,谢燮. 新经济地理学与传统经济地理学之比较研究[J]. 地理科学进展,2005,20(10):1059 - 1066.

[280]刘安国,杨开忠. 新经济理论与模型评价[J]. 经济学动态,2001 (12):67 - 72.

[281]刘海洋,罗洋. 中国高技术企业出口影响因素分析——基于异质企业贸易理论的视角[J]. 经济经纬,2012(2):62 - 66.

[282]刘宏,张蕾. 中国 ODI 逆向技术溢出对全要素生产率的影响程度研究[J]. 财贸经济,2012(7):95 - 100.

[283]刘晶,朱彩虹. 制度距离与南方国家对外直接投资区位选择——跨国实证分析[J]. 投资研究,2012(10):51 - 67.

[284]刘美平. 战略性新兴产业技术创新路径的共生模式研究[J]. 当代财经,2011(11):105 - 111.

[285]刘明霞,王学军. 中国对外直接投资的逆向技术溢出效应研究[J]. 世界经济研究,2009(9):53 - 62,88 - 89.

[286]刘伟. 中国高技术产业研发创新效率测算——基于三阶段 DEA 模型[J]. 数理统计与管理,2015(1):17 - 28.

[287]刘伟全.对外直接投资在全球价值链升级中的作用[J].国际经济合作,2011(2):91-94.

[288]刘小玄,李双杰.制造业企业相对效率的度量和比较及其外生决定因素(2000—2004)[J].经济学(季刊),2008(3):843-867.

[289]刘英基.高技术产业技术创新、制度创新与产业高端化协同发展研究——基于复合系统协同度模型的实证分析[J].科技进步与对策,2015(1):66-72.

[290]刘云,杨湘浩.中国高技术产业的区域研发效率——基于省级面板数据的实证分析[J].中国管理科学,2012,20(11):653-658.

[291]刘志彪,张杰.从融入全球价值链到构建国家价值链:中国产业升级的战略思考[J].学术月刊,2009(9):59-68.

[292]卢瑟福.经济学中的制度:旧制度主义和新制度主义[M].北京:中国社会科学出版社,1999.

[293]鲁明泓.制度因素与国际直接投资区位分布:一项实证研究[J].经济研究,1999(7):57-65.

[294]鲁桐.中国企业海外经营:对英国中资企业的实证研究[J].世界经济,2000(4):3-15.

[295]鲁万波,常永瑞,王叶涛.中国对外直接投资、研发技术溢出与技术进步[J].科研管理,2015(3):38-48.

[296]鲁晓东,连玉君.中国工业企业全要素生产率估计:1999—2007[J].经济学(季刊),2012,11(2):541-558.

[297]路江涌,陶志刚.我国制造业区域集聚程度决定因素的研究[J].经济学(季刊),2007,6(3):801-816.

[298]罗丽英,黄娜.我国对外直接投资对国内就业影响的实证分析[J].上海经济研究,2008(8):86-91.

[299]迈克尔·波特.竞争战略[M].中译本.北京:华夏出版社,1997.

[300]毛其淋,许家云.中国企业对外直接投资是否促进了企业创新[J].世界经济,2014(8):98-125.

[301]聂辉华,江艇,杨汝岱. 中国工业企业数据库的使用现状和潜在的问题[J]. 世界经济,2012(5):142-158.

[302]欧阳艳艳. 中国对外直接投资逆向技术溢出的影响因素分析[J]. 世界经济研究,2010(4):66-71.

[303]潘颖,刘辉煌. 中国对外直接投资与产业结构升级关系的实证研究[J]. 统计与决策,2010(2):102-104.

[304]裴长洪,樊瑛. 中国企业对外直接投资的国家特定优势[J]. 中国工业经济,2010(7):45-54.

[305]祁春凌,邹超. 东道国制度质量、制度距离与中国的对外直接投资区位[J]. 当代财经,2013(7):100-110.

[306]邱兆林. 政府干预、企业自主研发与高技术产业创新——基于中国省级面板数据的实证分析[J]. 经济问题探索,2015(4):43-48.

[307]任治君,高文玲. OFDI 逆向技术溢出对高技术产业全要素生产率的影响研究——基于 Malmquist 指数和动态面板数据模型的实证分析[J]. 工业技术经济,2013(1):109-117.

[308]茹玉骢. 技术寻求型对外直接投资及其对母国经济的影响[J]. 经济评论,2004(2): 109-112

[309]沙文兵. 对外直接投资、逆向技术溢出与国内技术创新——基于中国省际面板数据的实证研究[J]. 世界经济研究,2012 (3):69-74,89.

[310]邵军,徐康宁. 制度质量、外资进入与增长效应:一个跨国的经验研究[J]. 世界经济,2008(7):3-22.

[311]邵云飞,谭劲松. 区域技术创新能力形成机理探析[J]. 管理科学学报,2006(8):1-11.

[312]沈体雁,冯等田,孙铁山. 空间计量经济学[M]. 北京:北京大学出版社,2010.

[313]施海燕. 中国高技术产业时空演变、集聚适宜度及要素优化配置[J]. 科学学与科学技术管理,2012(7):96-102.

[314]宋跃刚,杜江. 制度变迁、OFDI、逆向技术溢出与区域技术创新

[J]. 世界经济研究,2015(9):60 -73,128.

[315]宋跃刚,张文博,瞿小松. 经济转型的理论经验与中国实践[M]. 成都:四川大学出版社,2015.

[316]苏方林. 省域 R&D 知识溢出的 GWR 实证分析[J]. 数量经济技术经济研究,2007(2):145 -153.

[317]苏红键,赵坚. 经济圈制造业增长的空间结构效应——基于长三角经济圈的数据[J]. 中国工业经济,2011(8):36 -46.

[318]孙久文,姚鹏. 空间计量经济学的研究范式与最新进展[J]. 经济学家,2014(7):27 -35.

[319]孙玉涛,刘凤朝,徐茜. 中国高技术产业空间分布效应演变实证研究[J]. 科研管理,2011(11):39 -44.

[320]索尔斯坦 · 凡勃伦. 有闲阶级论:关于制度的经济研究[M]. 北京:商务印书馆,1964.

[321]陶攀,荆逢春. 中国企业对外直接投资的区位选择——基于企业异质性理论的实证研究[J]. 世界经济研究,2013(9):74 -80.

[322]田巍,余淼杰. 企业生产率和企业"走出去"对外直接投资:基于企业层面数据的实证研究[J]. 经济学(季刊),2012,12(2):383 -408.

[323]王方方,赵永亮. 企业异质性与对外直接投资区位选择——基于广东省企业层面数据的考察[J]. 世界经济研究,2012(2):64 -69.

[324]王敏,辜胜阻. 中国高技术产业技术创新能力的实证分析[J]. 中国科技论坛,2015(3):67 -73.

[325]王一卉. 政府补贴、研发投入与企业创新绩效[J]. 经济问题探索,2013(7):138 -143.

[326]王英,刘思峰. 国际技术外溢渠道的实证研究[J]. 数量经济技术经济研究,2008(4):153 -161.

[327]王永伟,刘胜春. 技术创新在企业成长中的演化分析[J]. 华东经济管理,2011(11):87 -91.

[328]王子龙,谭清美,许箫迪. 高技术产业集聚水平测度方法及实证研

究[J]. 科学学研究,2006,24(5):706－714.

[329]吴崇,胡汉辉. 基于实物期权视角的企业国际化研究进展评析与趋势展望[J]. 外国经济与管理,2012(4):29－38.

[330]吴金光,胡晓梅. 财政支持对区域技术创新能力的影响分析——基于1997—2010年中国高技术产业数据[J]. 系统工程,2013,31(9):121－126.

[331]吴先明. 中国企业对发达国家的逆向投资:创造性资产的分析视角[J]. 经济理论与经济管理,2007(9):52－57.

[332]吴延兵. R&D存量、知识函数与生产效率[J]. 经济学(季刊),2006(3):1129－1156.

[333]吴延兵. 知识生产及其影响因素——基于中国地区工业的实证研究[J]. 世界经济文汇,2009(2):57－73.

[334]吴玉鸣,李建霞. 中国区域工业全要素生产率的空间计量经济分析[J]. 地理科学,2006(8):385－39.

[335]吴玉鸣. 工业研发、产学研合作与创新绩效的空间面板计量分析[J]. 科研管理,2015,36(4):118－127.

[336]吴玉鸣. 空间计量经济模型在省域研发与创新中的应用研究[J]. 数量经济技术经济研究,2006(5):74－85.

[337]吴玉鸣. 中国区域研发、知识溢出与创新的空间计量经济研究[M]. 北京:人民出版社,2007.

[338]席艳玲,吉生保. 中国高技术产业集聚程度变动趋势及影响因素——基于新经济地理学的视角[J]. 中国科技论坛,2012(10):51－57.

[339]向永辉. 空间计量经济学的发展及其应用[J]. 浙江科技学院学报,2014,26(2):77－85.

[340]肖文,林高榜. 海外研发资本对中国技术进步的知识溢出[J]. 世界经济,2011(1):37－51.

[341]徐卫武,王河流. 中国高新技术企业对外直接投资的动因分析[J]. 经济与管理,2005(2):69－72.

[342]许和连,邓玉萍. 外商直接投资导致了中国的环境污染么?[J]. 管理世界,2012(2):30－44.

[343]薛求知,朱吉庆.中国对外直接投资发展阶段的实证研究[J].世界经济研究,2007(2):36-40,88.

[344]闫笑非,杜秀芳.我国中部地区大中型工业企业技术创新能力实证研究[J].科技进步与对策,2010(1):92-96.

[345]阎大颖,洪俊杰,任兵.中国企业对外直接投资的决定因素:基于制度视角的经验分析[J].南开管理评论,2009(6):135-142.

[346]颜银根.论新经济地理学的理论脉络——从新经济地理到“新”新经济地理[J].中南财经政法大学学报,2013(6):3-13.

[347]杨建清,陈思.对外投资促进产业升级的机制与对策[J].经济纵横,2012(6):41-44.

[348]杨青峰.剥离环境因素的中国区域高技术产业技术效率再估计——基于三阶段 DEA 模型的研究[J].产业经济研究,2014,71(4):94-102.

[349]杨清可,段学军.基于 DEA-Malmquist 模型的高技术产业发展效率的时空测度与省际差异研究[J].经济地理,2014(7):103-110.

[350]杨汝岱.中国制造业企业全要素生产率研究[J].经济研究,2015(2):61-74.

[351]于晓媛,陈柳钦.产业集群、技术创新和技术创新扩散[J].山西财经大学学报,2007(12):66-71.

[352]余淼杰,徐静.中国企业“走出去”会减少其出口吗?浙江省企业对外直接投资与出口关系层次的实证研究[R].北京大学中国经济研究中心工作论文,No. C2011002, 2011.

[353]余淼杰.对《中国企业“出口—生产率悖论”研究综述》的评述[J].世界经济,2015 (5):180-181.

[354]余永泽.创新要素集聚、政府支持与科技创新效率:基于省域数据的空间面板计量分析[J].经济评论,2011(2):93-101.

[355]俞立平.高技术产业研发经费投入绩效的地区差距研究——基于动态面板变系数模型的估计[J].北京理工大学学报(社会科学版),2013(4):63-67.

[356]张宏,郭庆玲. 中国技术获取型ODI逆向溢出效应的实证分析——基于DEA和省际面板数据的检验[J]. 山东大学学报(哲学社会科学版),2011(6):38 -43.

[357]张建红,周朝红. 中国企业“走出去”的制度障碍研究——以海外收购为例[J]. 经济研究,2010 (6):80 -91.

[358]张杰,李克,刘志彪. 市场化与企业生产效率——中国的经验研究[J]. 经济学季刊,2011,10(2):11 -26.

[359]张杰,李勇,刘志彪. 出口促进中国企业生产率提高么?——来自中国本土制造业企业的经验证据:1993—2003 [J]. 管理世界,2009(12):571 -602.

[360]张杰,李勇,刘志彪. 制度对中国地区间出口差异的影响:来自中国省际层面4分位行业的经验证据[J]. 世界经济,2010(2):83 -103.

[361]张军,吴桂英,张吉鹏. 中国省际物质资本存量估算:1952—2000[J]. 经济研究,2004(10):35 -44.

[362]张林. 凡勃伦的制度变迁理论解读[J]. 经济学家,2003(3):104 -110.

[363]张林. 制度主义中的凡勃伦—艾尔斯传统:文献综述[J]. 制度经济学研究,2004(1):1 -29.

[364]张娜,杨秀云,李小光. 我国高技术产业技术创新影响因素分析[J]. 经济问题探索,2015(1):30 -35.

[365]张倩肖,冯根福. 三种R&D溢出与本地企业技术创新——基于我国高技术产业的经验分析[J]. 中国工业经济,2007(11):64 -72.

[366]张宗和,彭昌奇. 区域技术创新能力影响因素的实证分析——基于全国30个省市区的面板数据[J]. 中国工业经济,2009(11):35 -44.

[367]赵伟,古广东,何元庆. 外向FDI与中国技术进步:机理分析与尝试性实证[J]. 管理世界,2006(7):53 -60.

[368]赵伟,江东. ODI与母国产业升级:先行大国的经历及其启示——多视野的考察与分析[J]. 浙江社会科学,2010(6):2 -10.

[369]赵伟,江东. ODI与产业升级机理分析与尝试性实证[J]. 浙江大

学学报(人文社会科学版),2010(3):116 - 125.

[370]赵伟. 中国企业“走出去”——政府政策取向与典型案例分析[M]. 北京:经济科学出版社,2004.

[371]赵玉林,徐娟娟. 创新诱导主导性高技术产业成长的路径分析[J]. 科学学与科学技术管理,2009(9):123 - 129.

[372]中华人民共和国商务部,中华人民共和国统计局,国家外汇管理局. 2014 年度中国对外直接投资统计公报[M]. 北京:中国统计出版社,2014:3 - 4.

[373]中华人民共和国商务部,等. 2013 年度中国对外直接投资统计公报[M]. 北京:中国统计出版社,2013.

[374]中央经济工作会议在京举行 习近平李克强作重要讲话[EB/OL]. 新华网,http://news.xinhuanet.com/fortune/2014 - 12/11/c_1113611795.htm.

[375]钟昌标,李富强,王林辉. 经济制度和我国经济增长效率的实证研究[J]. 数量经济技术经济究,2006(11):13 - 21.

[376]周立群,邓路. 企业所有权性质与研发效率——基于随机前沿函数的高技术产业实证研究[J]. 当代经济科学,2009,31(4):70 - 75.

[377]朱巧玲,董莉军. 西方对外直接投资理论的演进及评述[J]. 中南财经政法大学学报,2011(5):26 - 32,142.

[378]朱严林,许敏. 对外直接投资逆向技术溢出对我国高技术产业技术创新的影响[J]. 科技管理研究,2015,3:81 - 86.

[379]朱振锴,项歌德. 高技术产业增加值率偏低原因探析——以上海、江苏和浙江比较为例[J]. 中国科技论坛,2013(4):41 - 47.

[380]庄子银. 创新、企业家活动配置与长期经济增长[J]. 经济研究,2007(8):82 - 94.

[381]宗芳宇,路江涌,武常岐. 双边投资协定、制度环境和企业对外直接投资区位选择[J]. 经济研究,2012(5):71 - 81.

[382]邹玉娟,陈漓高. 我国对外直接投资与技术提升的实证研究[J]. 世界经济研究,2008(5):70 - 77.

# 重要术语索引表

# 致 谢

2013 年 5 月,我有幸考取了杜江老师的博士研究生,是杜老师引我步入统计学和计量经济学研究的殿堂。杜老师学识渊博、宽厚待人。在学术上,杜老师对我们每个博士生都提出了非常高的要求,也对我们寄予厚望。"好论文是写出来的,更是改出来的","认真做好每一篇论文,争取写出更多高质量的论文","搞学术与做其他任何事情类似,需要两件东西:一把不动的椅子和一个充满智慧的脑袋。做学术需要的是理性,而不是任性,要坐得住,踏踏实实,集中精力,勤学善思,勇于求教,多写,才能取得丰富的成果",杜老师的这些教导深深影响了我。我还清楚地记得第一篇发表论文的构思、写作、修改、发表过程。在修订模式下,杜老师深夜两点钟仍在帮我修改论文。周末,我们整个团队在商学院金融实验室逐字逐句、一遍又一遍地修改、完善论文。杜老师严谨的治学态度至今仍让我难忘。为了按时完成一篇约稿,杜老师和我从当天上午 9 点一直加班到第二天早上 7 点,连续工作了将近 24 个小时。论文所需数据需要从多个部门收集,杜老师带着整个团队从企业到相关政府部门,跑了大半个蓉城。杜老师的这份耐心和坚持是我终身学习的榜样。杜老师每天早上 7 点以前就会到办公室,晚上一直工作到学院关门,从周一到周日、从寒假到暑假,这种工作状态持续了 20 年。

本书由我的博士论文修改而成。我的博士论文的写作前后历经一年半时间,期间遇到各种各样的挑战,我的心情也是跌宕起伏。我还清楚地记得写作过程中遇到技术瓶颈时的苦闷、解决难题时的喜悦、初稿出炉时的舒缓、反复修改时的郁闷、定稿时的期待、论文盲审时的忐忑,这一切让我深深地感受到了做学问的不易与艰辛!从论文选题、拟定提纲、构思写作直至最终定稿，杜老师提出了很多中肯的建议。在论文初稿完成以后，杜老师又在逻辑思路、框架安排、格式排版等方面帮我做了详细的修改，提出了诸多建设性的意见。在这里，对我的恩师致以最诚挚的谢意。

除了感谢恩师以外，我还要感谢经济学院的老师与杜门大家庭成员的支持与帮助。感谢吴耀国同学，我们是一个战壕里的战友，在论文的开题、写作、审稿过程中，他曾给予我无私的帮助，尤其是微观部分数据的处理，他帮我解决了许多难以克服的困难；感谢杨文溥师弟和何明圆师妹在论文排版、纠错、制图等方面的鼎力相助；感谢张伟科师弟在生活、学习、工作等方面给予的真诚帮助；感谢张灵科师兄在读博期间给予的诸多支持和帮助，我们从硕士到博士都在同一师门下，这真的是一种难得的缘分，希望师兄早日毕业；感谢博士同学杨浩宇、沙砾师弟、祝小宇师妹、蒲贞子师妹；感谢程聪、盎冉、彭海峰、田晓丽、聂竹波、苗苗、王胜斌、李青等师弟师妹的帮助。

我出生在一个普普通通的农民家庭，我的父亲是一个做事踏实、待人诚恳、勤奋朴实的人，我的母亲是个朴实无华、任劳任怨的人。为了儿子和女儿能够顺利读完博士和硕士，我的父母省吃俭用，30 多年来一直默默付出着。如今，父亲早已两鬓斑白，母亲的手脚也不再灵活，岁月无情地将痕迹写在了他们的脸上，将病痛带到他们身体里，此刻心里有种说不出的心酸和感伤。感谢二老的养育之恩，当儿子为人父时，终于能深深地体会到你们的无私与伟大！

最后，感谢我的妻子崔起兰。从 2008 年认识开始，我们一起走过了九年的美好时光，是她让我真真切切地感受到爱情和家庭带来的幸福感，让我这个一无所有的穷小子拥有了一双天真、活泼、可爱的儿女，让我深刻感受到一个男人应该承担的责任。

宋跃刚

2017 年 10 月于四川大学望江园